新时期河南省
国土空间整治路径与实践

陈伟强　关小克　刘晓丽　等　著

中国农业出版社
北　京

本书作者名单

主要作者

陈伟强（河南农业大学）

关小克（郑州轻工业大学）

刘晓丽（河南省国土资源科学研究院）

其他参与作者

刘大勇（河南财经政法大学）

路　婕（河南农业大学）

王秀丽（河南农业大学）

李纪伟（河南农业大学）

毕庆生（河南农业大学）

马月红（河南农业大学）

宾予莲（河南省水文水资源局）

刘奕博（河南大学）

郭　艳（河南省国土资源科学研究院）

郭　蕊（河南省土地调查规划院）

王鹏瑞（河南省地质环境监测院）

FOREWORD

前 言

党的十八大把生态文明建设纳入中国特色社会主义事业“五位一体”总体布局，明确提出大力推进生态文明建设，努力建设美丽中国，实现中华民族永续发展。党的十九大对生态文明建设和生态保护与修复进行了战略部署，实施山水林田湖草生态保护与修复工程，实行耕地数量、质量、生态“三位一体”保护，实施藏粮于地、藏粮于技战略，统筹城市地下地上空间开发和推进以人为中心的新型城镇化等。十九届三中全会组建自然资源部，统一行使全民所有自然资源资产所有者职责，统一行使所有国土空间用途管制和生态保护修复职责，着力解决自然资源所有者不到位、空间规划重叠问题，实现山水林田湖草整体保护、系统修复、综合治理。

开展国土整治是开展生态文明建设、保障社会经济可持续发展的重要手段。当前，我国基本资源国情没有变化，资源环境约束的态势没有变化，国土整治在经济社会发展大局中的作用和地位更加凸显，客观上要求土地整治工作承担更多稳增长、调结构的使命。实施藏粮于地战略，必须始终坚持以土地整治为平台推进高标准农田建设这条主线不变。开展山水林田湖草系统保护和修复工作需要以国土综合整治为依托。乡村振兴发展和精准扶贫、精准脱贫等同样需要国土整治这个平台与抓手。

目前河南省正在全面建设中原城市群，加快中原崛起。面对新机遇、新任务和新挑战，大力开展国土空间整治，是保证中原城市群高质量发展的必然要求。2017 年，河南省作为全国 9 个试点省之一，率先完成了省级国土空间规划，河南省国土整治是其中的重要专题。本书是项目组成员在河南省国土空间规划之国土整治专题基础上，结合已完成的其他相关项目成果，综合编写而成。

本书由陈伟强、关小克、刘晓丽、刘大勇、路婕、王秀丽、李纪伟、毕庆生、马月红、宾予莲、刘奕博、郭艳、郭蕊、王鹏瑞等 14 人编写。本书分为 4 个部分 15 章。第一部分国土空间整治理论篇，包括 1～4 章，1～3 章由关小克编写，第 4 章由刘大勇编写；第二部分国土空间整治条件篇，由5～6章组成，第5章由陈伟强编写，第6章由路婕、刘晓丽和王秀丽编写；第三部分国土空间整治路径篇，由7～10章组成，第7章由李纪伟编写，第8章由路婕编写，第9章由王秀丽编写，第10章由刘晓丽、刘奕博编写；第四部分国土空间整治实践篇，由11～15章组成，第11章由陈伟强编写，第12章由马月红、郭蕊、王鹏瑞编写，第13章由毕庆生编写，第14章由宾予莲编写，第15章由刘晓丽、郭艳编写。

本书的编写得到河南农业大学、郑州轻工业大学、河南省自然资源厅、河南省国土资源科学研究院、河南省土地调查规划院等单位的大力支持，为项目组提供了大量参考资料，使本书的编写工作得以顺利完成，在此一并表示衷心感谢。另外，由于本书引用资料和数据较多，公开发表的文献注明了出处，但有些未发表的资料，没有注明出处，在此特予说明。

国土整治是一个随时代发展不断演变的主题，从不同的角度出发也会有不同的理解，本书难以做到系统、全面，受我们水平和资料所限，欠妥与不当之处，敬请同仁与读者批评指正。

作　者

2020年8月8日于郑州

CONTENTS 目录

国土空间整治

LILUN PIAN 理论篇

1 绪论

1.1 研究背景与意义

1.1.1 国土空间整治的时代背景

(1) 国土空间整治承担着稳增长、调结构的历史使命

党的十八大以来，党中央坚持稳中求进总基调，推动经济建设取得重大进展，经济运行总体平稳，稳中有进，稳中有好，经济保持中高速增长，经济结构进一步优化。当前，我国基本资源国情没有变化，资源环境约束态势没有变化，土地整治在经济社会发展大局中的作用和地位更加凸显，客观上要求土地整治工作承担更多稳增长、调结构的使命。一是继续实行耕地占补平衡政策，对国务院确定的铁路、水利等符合条件的重大工程项目建设，将继续允许实行耕地占补平衡承诺制、先行用地政策，切实做好用地保障和服务。二是创新土地整治政策，激发地方积极性和经济发展活力。科学统筹经济发展与耕地保护，有效破解耕地后备资源日益匮乏情况下占补平衡难题。三是倒逼节约集约用地，着力盘活存量用地。我国的用地政策一贯强调坚持最严格的节约集约用地制度，调整建设用地结构，完善和拓展城乡建设用地增减挂钩试点，推进城镇低效用地再开发和工矿废弃地复垦，鼓励企业利用荒废地、存量土地开展技术改造，盘活用地，严格控制农村集体建设用地规模，统筹施策，促进区域协调发展。

(2) 国土空间整治是落实藏粮于地战略的基础平台

有土斯有粮，手中有粮，心中不慌。党的十八大以来，逐步形成了新时期新的粮食安全观。实施藏粮于地、藏粮于技战略，坚持最严格的耕地保护制度，坚守耕地红线，提高粮食产能，确保谷物基本自给、口粮绝对安全。藏粮于地、藏粮于技，是确保我国粮食安全的战略支柱，其中藏粮于地是根本。藏粮于地，就要像保护大熊猫一样保护耕地，就要善待耕地，不断加大投入治理和建设耕地的力度。

藏粮于地战略的实施，将使我国粮食之基更牢靠、发展之基更深厚、社会之基更稳定。实施藏粮于地战略，无论政策怎么创新，必须始终坚持以土地整治为平台推进高标准农田建设这条主线不能变，在实践探索中形成的“划得准、调得开、建得好、保得住”12 字宝贵经验不能丢。

在 2020 年新冠肺炎疫情的冲击下，国内和国际形势都发生了大的变化。中央提出以国内大循环为主体、国内国际双循环相互促进的新格局，全力巩固农业基础地位，国土空间整治是实现耕地数量、质量、生态“三位一体”保护的重要抓手。

(3) 对山水林田湖草进行系统保护和修复需要以国土综合整治为依托

当前我国资源约束趋紧、环境污染严重、生态系统退化的形势十分严峻，已经对经济社会持续健康发展形成了极大制约，成为全面建成小康社会、实现中华民族伟大复兴的重要障碍。对山水林田湖草进行系统保护和修复、加快推进美丽中国建设是一项重大历史任务，习近平总书记提出山水林田湖草是一个生命共同体，与“绿水青山就是金山银山”的“两山”理念一脉相承。

中共中央、国务院印发的《生态文明体制改革总体方案》强调，要按照生态系统的整体性、系统性及其内在规律，对生态系统进行整体保护、系统修复、综合治理，增强生态系统循环能力，维护生态平衡，将山水林田湖草是一个生命共同体的理念落到实处。

开展国土空间综合整治，应贯彻落实国家区域发展战略、主体功能区战略和精准扶贫战略，以国家“十三五”规划纲要为引领，根据不同区域经济社会条件和自然资源条件不同，以提升土地资源和生态环境承载力、优化国土空间开发格局、助力精准扶贫、助推经济社会持续健康发展为主要目标，以山、水、林、田、湖、路、村、矿综合治理与生态修复为主要内容，在一定区域内统筹开展土地整理、损毁土地复垦、矿山地质环境综合治理、污染土地生态修复等工程，综合施策、统筹解决土地利用和生态环境存在的突出问题，促进生产空间集约高效、生活空间宜居适度、生态空间山清水秀。

在农产品主产区，以及土地荒漠化、石漠化、盐碱化和水土流失等土地退化严重区域，积极开展生态良田建设和生态型土地整治，推进耕地数量、质量、生态“三位一体”保护；在自然灾害损毁和生产建设损毁、废弃土地集中分布的区域，按照宜耕则耕、宜林则林、宜水则水、宜牧则牧的原则，大力推进废弃土地复垦利用和矿山地质环境综合治理，达到合理利用损毁土地、改善生态环境、优化国土空间结构和布局的目的；在受污染严重的耕地集中分布地区，以建设生态良田、提升耕地生态服务功能、保护生物多样性、改善区域生态环境为主要目标，积极推进污染耕地综合治理和生态修复，提高土地生态系统的自我修复能力；在建设用地散乱、废弃、闲置和低效利用以及环境问题突出的农村地区，按照加快美丽乡村建设的要求，大力推进农村建设用地整理，强化山水林田路综合治理，加强农村基础设施建设和农村环境集中连片整治，加快空心村整治改造；在城市化重点地区，在严格保护历史文化遗产、保持特色风貌的前提下，着力推进城镇低效用地再开发；在农林、农牧复合区，加强土地生态治理修复，完善配套基础建设，提高园地、林地、草地产出效益和生态效益。

（4）国土空间整治在美丽乡村建设中发挥着引擎驱动作用

《关于加快推进生态文明建设的意见》（以下简称《意见》）把加快美丽乡村建设作为推进生态文明建设的一项重要任务，美丽乡村建设成为美丽中国建设的重要内容。土地整治是推进美丽乡村建设的基本驱动力和重要平台，用好农村土地综合整治、工矿废弃地复垦和城乡建设用地增减挂钩政策，可以统筹解决耕地保护“缺动力”、农民增收“缺渠道”、新农村建设“缺资金”、城镇化建设“缺土地”、城乡统筹“缺抓手”等一系列难题，在推动美丽乡村建设、促进城乡统筹发展方面发挥了重要作用，得到了广大农民群众的拥护和支持，利民利国、利农利工、利乡利城。《意见》把加强农村基础设施建设、强化山水林田路综合治理作为美丽乡村建设的重要内容。2016 年中央 1 号文件进一步提出，完善和拓展城乡建设用地增减挂钩试点，将节余指标交易所得收益用于改善农民生产生活条件，从而在国家政策层面解决美丽乡村建设的驱动力和资金保障问题。从中央总结浙江省“千村示范、万村整治”工程经验中得到的启示：一是应把增减挂钩政策放到农村发展大局中统筹考虑和安排，才能做到站位更高，围绕中心。二是要充分认识增减挂钩政策在促进城乡统筹发展和加快美丽乡村建设中的重要作用。三是要继续总结完善各地增减挂钩试点经验模式，从全国层面加以谋划推广，全面实行城镇建设用地增加与农村建设用地减少相挂钩的政策。为贯彻落实习近平总书记对浙江“千村示范、万村整治”工程重要批示精神，按照《乡村振兴战略规划（2018—2022 年）》相关部署要求，自然资源部下发《自然资源部关于开展全域土地综合整治试点工作的通知》（自然资发〔2019〕194 号），组织开展全域土地综合整治试点工作。

（5）新时期国土空间整治把促进精准扶贫、精准脱贫作为重要工作目标

到 2020 年实现全面建成小康社会的宏伟目标，是我们党提出的一项重大历史性任务。“十三五”期末是我党确定的全面建成小康社会的时间节点，全面建成小康社会最繁重、最艰巨的任务在农村，特别是在贫困地区。2015 年 11 月，中共中央、国务院印发《关于打赢脱贫攻坚战的决定》，把推进土地整治特别是城乡建设用地增减挂钩、城镇低效用地再开发、工矿废弃地复垦利用、低丘缓坡荒滩等未利用土地开发利用试点作为脱贫攻坚重要措施。这充分说明党中央高度重视土地整治及相关部门在扶贫开发中的重要作用，并做出明确部署。

2016年初，国土资源部印发《关于用好用活增减挂钩政策积极支持扶贫开发及易地扶贫搬迁工作的通知》，就拓展贫困地区增减挂钩节余指标使用范围、规范扶贫开发增减挂钩节余指标使用管理、切实保障农民土地合法权益、规范增减挂钩资金收益管理等做出一系列具体规定，力求在精准施策上出实招、在精准推进上下实功、在精准落地上见实效，充分发挥增减挂钩政策对精准扶贫精准脱贫的支持促进作用。

1.1.2 国土空间整治的历史意义

建设美丽中国作为全新的理念，是中国发展进入新阶段的迫切需要，也为提升发展质量提供了新的战略指导。建设美丽中国，需要按照生态文明要求，坚持节约资源和保护环境的基本国策，加快实施主体功能区战略，优化国土空间开发格局，大力推进国土综合整治，促进生产空间集约高效、生活空间宜居适度、生态空间山清水秀，“给自然留下更多修复空间，给农业留下更多良田，给子孙后代留下天蓝、地绿、水净的美好家园”。

近年来，土地整治在内涵、外延上都发生了重大转变，呈现出“规模扩展、内涵延伸、品质提升”的发展态势。在范围上，由分散的土地开发整理向集中连片的田水路林村综合整治转变；在内涵上，由增加耕地数量为主向增加耕地数量、提高耕地质量、改善生产生活条件和生态环境并重转变；在实施手段上，由以项目为载体向以项目为载体结合城乡建设用地增减挂钩、工矿废弃地复垦利用、低丘缓坡地开发等政策的综合运用转变，重大工程和示范建设逐渐成为新时期推动土地整治工作的重要抓手。土地整治内涵的综合性、目标和效益的多元化特征越来越鲜明，成为促进城乡协调发展和工业化、城镇化、农业现代化同步发展的重要平台。

当社会经济发展到一定阶段时，对土地资源的利用逐渐从单一的管理向综合开发利用转化，土地整治的内容也不断增加，在整个社会以及经济领域中所起的作用也日益增强。从土地整治向更高层次的国土综合整治转变，是新时代建设美丽中国的必然要求。土地整理、土地整治和国土整治的概念和内涵不断发生演化，但其实质内涵一直未变，即在不同的时空背景下通过综合治理实现国土资源的科学配置。当今的国土综合整治，一般是指通过采取综合措施对某一空间范围内的自然资源进行开发、利用、整治、保护的全部地理建设活动和过程。在开发国土资源的同时，通过采取经济、法律、行政等手段和工程、生物等措施，对国土资源进行综合整治，是我国可持续发展的重要组成部分。国土综合整治的战略目标就是要在区域基础上，协调好自然生态系统和人类社会系统二者关系，从而建立一个和谐的人地关系系统。同时，国土综合整治还是国家行使政府宏观调控功能的重要手段，对于协调全局与局部、长远与近期、城市与乡村、发展与环境，以及产业之间、地区之间利益冲突，合理有效配置资源，都有着重要的战略意义。由于国土整治或土地整治的概念演化均是在资源成为稀缺因素且生态安全深入人心的背景下对土地资源科学配置及合理利用的理性探索，因此，本书对其不同章节的表达不再做统一的要求。

1.2 研究内容与方法

1.2.1 研究内容

本书主要分为以下四个部分：

①第一部分国土空间整治理论篇，包括第 1 章、第 2 章、第 3 章和第 4 章。第 2 章系统梳理了我国国土空间整治的发展历史与演化进程，并对河南省土地整治工作进行了一定的历史回顾。第 3 章对发达国家的土地整治特点进行一定的总结，为探索符合中国国情的多功能土地整治提供了经验借鉴。第 4 章对国土空间整治的基本属性和基本理论做出一定的梳理，为新时期的生态文明建设和国土空间规划高质量落地提供理论指导。

②第二部分国土空间整治条件篇，由第 5 章和第 6 章组成。第 5 章对河南省国土空间整治的基础条件（自然条件、社会经济条件、生态环境条件）做了全面分析。第 6 章重点剖析了河南省农业空间、城镇空间、生态空间和矿业开发空间利用存在的突出问题，进一步明晰国土空间整治的重点任务和方向。

③第三部分国土空间整治路径篇，由第 7 章、第 8 章、第 9 章和第 10 章组成。第 7 章是城镇空间整治的模式与路径。第 8 章重点对河南省农业空间进行了整治分区，提出了不同农业空间整治的模式和路径。第 9 章基于新时期的生态文明理念，提出了不同生态类型区整治的模式与路径。第 10 章提出了河南省矿产资源集中区的综合整治路径。

④第四部分国土空间整治实践篇，由第 11 章、第 12 章、第 13 章、第 14 章和第 15 章组成。该部分基于已经开展的实践案例，分别从基于大数据的城

镇低效用地功能评价与整治、河南省农田生态安全评价与整治、乡村全域土地综合整治、河南省生态空间治理与修复实践等方面进行案例剖析，最后研究了新时期国土空间整治的体制机制创新。

研究过程中，贯彻以下国土整治理念。

（1）努力构建国土空间整治的“共生”文化

人类和一切生命都依附于其上的大地，也就是由山水林田湖草构成的生命共同体。没有任何一种生命能够离开大地而存在，天空中的飞鸟也不例外。《易传》主张，人与大地本来就是统一的，二者不能分类。人类离开了大地，就不存在生命。大地离开了人类，基本上就失去了存在的价值。大地之上的山水林田湖草生命共同体，具有无限性和永恒性。所谓“天地之道恒久不息”，就是说明地之厚能够“生物”，也能够“载物”，从而使一切生命的存在能够“生生不息”。但是这种无限性和永恒性，是建立在“共生”基础之上的一种存在。原本共生（Symbiosis）只是生物科学中的一个概念，但在人类进入生态文明时代的框架下，共生是一种进化理念，更是一种共生理念、合作理念和互惠理念。动物、植物和微生物的互利共生，揭示了生命发展的动力源泉和发展机制。正是相互联系，相互依存，相互帮助，才能在协同中激活双方，才能在协同中进化发展。土地整治及其工作者需要向生物圈学习、向动物学习、向植物学习、向基因学习，建立与自然共生的文化，要践行“人类的善，是灵魂在一个完美的生活里依照德行而活动”。要着力推进国土空间整治的文化复兴，构建“共生文化”的学习机制，打造土地整治与生命之约，创设国土空间整治与生命共同体对话。用《易传》的话说：“生生之谓易”。国土空间整治的根本精神，在于以“共生”为其基本的存在方式。无论是在同类整治单元之间还是在异类整治单元之间，不是相互排斥，而是相互依存和相互合作；不是整治单元自身性质和状态的丧失，而是整治单元内在性质和存在状态的继承和保留；不是整治单元的相互替代，而是相互补充、相互共生，这是国土空间整治的生命价值和存在境界。

（2）积极创设国土空间整治的“回乡”之路

所谓土地整治“回乡”之路，主要是指在土地整治过程中需要遵循返璞归真、道法自然、天人合一的生态美学指导原则。“回乡”就是返归于最本初、无污染、非异化的“无何有之乡”。自然性与文明性相协调的“乡村家园”是最具人性的、理想的生存之地，国土空间整治就是要构建一个返璞归真、和合共生、天人合一的诗意栖居家园。国土空间整治的“回乡”之路不是单一的，而应该包括以下多项功能：a. 改善区域交通运输；b. 改善区域水资源管理；

c. 促进城乡共同发展；d. 提升环境保护、供给以及废物处理能力；e. 提高自然保护和景观保护能力；f. 促进旅游休闲业的发展；g. 预防洪涝灾害；h. 保存文化遗产；i. 创建现代基础设施以减少人口迁移。

国土空间整治模式必须坚持“回乡”之路，绝不能把城市建设模式复制到乡村土地整治中去。过分强调城镇建设带动模式、工业企业带动模式、专业市场组织模式、特色产业发展模式等，从长远来看必然会影响土地整治的终极宗旨。创设国土空间整治“回乡”之路中两个最终的目标是：为了乡村居民，改善他们的生产生活质量；为了全国人民，改善乡村的发展质量。通过国土空间整治重新寻回田园牧歌生活，希望温饱有余的农民可以继续享受青山绿水和蓝天白云，可以继续享受家庭和睦和邻里友爱，可以继续享受陶渊明式的“采菊东篱下，悠然见南山”的休闲与情趣。

(3) 重构国土空间整治的评价主旨和范式

如何对土地整治的绩效进行评价，倡导何种价值意义，对国土空间整治的模式选择、范式转换和发展方向都有着重要的影响。然而，评价是一种主观活动，是主体对客体的价值判断。不仅价值标准因人而异，由此导致每个人的评价标准可能不同，而且还可能会出现昨天做出的评价结论不同于今天做出的评价结论，明天的又不同于今天的的现象。所以，为了国土空间整治走向生命共同体建设：a. 需要持续倡导人与自然共生的评价文化，改变当下国土空间整治主要服务于增加耕地和实现占补平衡的主旨，着眼于生命共同体建设的价值关系发展，融入新的生命共同体价值观和发展观；b. 要增强生命共同体建设目标在国土空间整治评价中的韧性，在宏观空间性方面不能因人、因时、因境而变化，在微观地区性评价方面可以有差异性的评价标准，但不能违背宏观空间的约束；c. 重构国土空间整治评价的范式和指标体系，不断倡导和引入国土空间整治对生物多样性的影响、对景观格局的影响、对生物地球化学循环的影响、对地下水动态演化的影响、对公众生命健康的影响等指标，坚持激励和约束并举，逐步引导国土空间整治走向生命共同体建设。

(4) 着力推进生命共同体建设工程

国土空间整治走向生命共同体建设，是一种新的价值观和工程范式，既需要人们逐渐理解和接受这一观念，又需要按照工程的思维扎实推进建设。

①推进生命共同体建设的总体规划。国土空间整治走向生命共同体建设，需要有一个以生命共同体建设为切入点和主线的总体规划，为其可持续发展提供系统化的路径、战略和规划指引，提供制度安排和机制设计，确定行动方

案、重点议题和推进计划。

②推进生命共同体建设的工程路线图设计。要从基本国情和区域实际出发，科学制定国土空间整治走向生命共同体建设的工程路线图。包括：如何提升意识、凝聚共识，如何合理编制重大议题清单，如何科学分析、支撑决策，如何提出国土空间整治走向生命共同体建设的实施方案，如何落实政策及资金匹配的措施，如何组织实施部门和行业专项行动，如何跟踪评价和监督实施，如何跨越生命共同体建设系统的社会分工、跨越地域空间限制、跨越传统规划的用途管制、跨越制度资本的边界限制等。

1.2.2 研究方法

本书主要研究方法如下。

(1) GIS 空间分析方法

地理信息系统（GIS）是用于采集、模拟、处理、检索、分析和表达地理空间数据的计算机信息系统，对空间地理数据的强大空间分析功能是其与一般信息系统最显著的区别。空间分析主要通过空间数据和空间模型的联合分析来挖掘空间目标的潜在信息，是从一个或多个空间数据图层中获取信息的过程；其将空间目标的空间数据和属性数据结合起来作为数据组织、查询、分析和推理的基础，进行许多特定任务的空间计算与分析，从 GIS 目标之间的空间关系中获取派生的信息和新的知识，使操作者在获取分析对象空间信息的同时，还可以利用属性信息对空间信息加以直观描述和解释说明，使输出结果更加清晰明朗。在本书的研究中，借助于地理信息系统强大的数据处理与空间分析能力，对数据资料进行空间处理和分析，获取空间评价结果，以此作为分析、决策的依据，所用到的主要软件有 ArcGIS10.2、GEO-DA 等。

(2) 实地调查、访谈法

实地调查是社会调查的一个重要步骤，它不仅与研究目的及研究内容紧密相关，而且还直接关系到资料的收集、整理和分析，通过对实地调查资料的分析和处理，有利于将理论与实践相结合，将感性认识上升为理性认识，直接指导于研究工作。

访谈法就是通过访谈者与被访谈者之间的交流来获得信息的方法。可以通过电话进行访谈，可以面对面进行访谈，也可以通过信函的方式进行访谈。这种访谈可以一对一地进行，也可以以一对多、多对多地召开座谈会的形式进行。在获取有关事项的背景知识或者分析造成问题的原因以及寻求解决问题的建议时，访谈法是一种非常有效的方法。

（3）数理统计分析法

所谓数理统计分析法就是通过统计调查收集大量原始资料，结合数理统计知识经过分组管理加以分析，从中找出事物矛盾运动的内在联系及其发展规律的方法。数理统计方法和模型化方法是紧密相连的，数理统计分析是进行适宜性评价、构筑评价模型的关键，是深入了解土地利用复杂性的重要手段。本研究中，借助数理分析对大量的土地利用现状数据、社会经济数据进行规整分类，通过多元分析与综合比较获得土地综合整治研究的一手数据。

2 国土空间整治的历史演化

本章主要从土地整治的概念演化、我国土地整治的发展以及河南省土地整治的发展三个方面，刻画国土空间整治的历史演化。

2.1 土地整治概念与内涵演化

2.1.1 土地整治概念的演化

土地整治在我国最初被称为土地整理，下面将从土地整理和土地整治的定义演化过程出发，分析土地整治内涵的变化。土地整理的基本内涵是：在一定区域内，按照土地利用的用途和目标，采取行政、经济、法律和工程技术手段，对土地利用状况进行调整和改造、综合整治，提高土地利用率和产出率，改善生产、生活条件和生态环境的过程。从土地整理的任务来说，它主要包括两个方面：一是对无序混乱或者不合理的土地利用现状进行整理，提高土地利用率和生产能力；二是由于种种原因造成土地权属混乱或者分配上的不合理，通过整理对土地权属进行调整。从土地整理的目的来看，有的是因为相邻单位地块插花或者犬牙交错导致权属不清，需要进行整理；有的是城镇土地利用布局不合理，旧城改造需要进行土地整理；有的是村庄内部闲散宅基地挖潜需要进行土地整理；有的是对低产田的改造进行土地整理；等等。

《中华人民共和国土地管理法》对土地整治的定义：对低效利用、不合理利用和未利用的土地进行整治，对生产建设破坏和自然灾害毁损的土地进行恢复利用，提高土地利用率。由此可见，土地整治是盘活存量土地、强化集约用地、适时补充耕地和提升土地产能的重要手段。当前将土地整治与农村发展，特别是与新农村建设相结合，是保障发展、保护耕地、统筹城乡土地配置的重大战略。土地整治的概念演化是在资源成为稀缺要素，且生态安全深入人心的背景下对土地资源科学配置及合理利用的理性探索。

当前，国土空间整治是推动生态文明建设、协调经济社会发展和落实国土空间规划、促进国土空间优化的重要抓手。新时期下国土空间整治有六大总体目标，包括国土生态系统平衡、国土利用格局优化、推动城乡统筹发展、促进区域协调发展、实现陆海联动统筹和助力国土制度建设。与之相对应的主要任务包括整治多重生态资源以构筑国土生态安全屏障、以“三生空间”（生产空间、生活空间、生态空间）为承载重构国土空间、开展田水路林村镇整治以推动城乡统筹、开展跨区域资源调配以统筹区域发展、进行蓝色国土综合整治与安全建设和完善国土综合整治制度体系等六大方面。

2.1.2　土地整治内涵的演化

在新型城镇化建设与生态文明战略的宏观背景下，土地整治围绕着一系列国家战略要求在不断演化发展，逐步拓宽整治范畴、明确整治目标、深化整治内涵以及升级整治方式，呈现出明显的阶段性特征。土地整治的作用由最初的保障国家粮食安全、加快农业现代化、促进城乡统筹发展、维护农民权益等演变为优化国土空间格局与生态文明建设的重要抓手。

（1）土地整治 1.0 时代

从 1997 年开始，由于中国人多地少的基本国情，为增加耕地数量，保障安全，《中共中央、国务院关于进一步加强土地管理切实保护耕地的通知》首次从政策层面提出“积极推进土地整理”，这一时期土地整治的主要措施是通过未利用地开发，确保耕地面积不减少，积极实施土地整理项目，改造中低产田。

（2）土地整治 2.0 时代

1999 年，为避免“重数量、轻质量”的问题发生，土地整治重点趋向基本农田建设与保护，聚焦数量与质量并重。该时期，土地整治的重点是通过提高农田基础设施水平，以耕地质量建设，促进耕地保护，土地整治工作进入了 2.0 时代。

（3）土地整治 3.0 时代

2004 年，国家决定大规模实施土地整治，2006 年，全国各地出现了城乡建设用地增减挂钩试点、工矿废弃地复垦利用试点、城镇低效用地再开发试点等建设用地整治探索。该时期的土地整治工作围绕提升土地利用的质量和效益展开，土地整治成为促进城乡统筹与效率提升的重要抓手。2012 年，“全域”土地整治概念首次提出，多类型土地整治成为主导方向，生态型土地整治的萌芽出现，进入了土地整治 3.0 时代。

（4）土地整治 4.0 时代

2016 年以来，为有效应对资源环境衰竭，促进城乡统筹发展，党中央、国务院要求大力推进生态文明建设，加快推进田水路林村镇综合整治。遵循山水林田湖草生命共同体理念，对新时期的土地整治提出更大要求，重点对城市化地区、农村地区、重点生态功能区、矿产开发集中区以及海岸带海岛实行分类有序整治工作，以期提升国土开发的质量和效率，增强国土开发利用与资源环境承载能力之间的匹配程度，推进美丽国土建设。

2.2 我国土地整治历史阶段

2.2.1 土地整治历史阶段的演进

我国的土地整理可以追溯到西周时期的井田制度，这可以说是我国古代早期的土地整理。我国的土地整理在《史记》《尚书》等古籍中都有记载。在史籍《商君书·徕民》中有通过土地整理安排国计民生的范例。我国完整意义上的土地整理开始于民国时期。国民党政府制定的土地政策带有强烈的实用主义色彩。1932 年蒋介石在谈到土地改革蓝图时就说："我们急需研究的内容，一种是土地制度，一种是改革土地制度的技术。"在国民党统治区，一些地方也进行了改良，颁布了《土地整理章程》《变更地籍整理章程》和《县行政区域整理办法大纲》等文件。1933 年到 1934 年，陈果夫在江苏开展地籍整理工作，丈量土地，并把淮河干涸的土地整理后，租给农民耕种，取得一定成效。1934 年前后南京也掀起一次整理地籍的舆论高潮。此后，陈果夫和刘峙等人提出一些土地整理的法规措施，中日战争全面爆发后，国民党无暇顾及土地整理。抗日战争胜利前夕，1945 年 5 月，国民党第六次代表大会的决议中又重新提出了完成地籍整理等土地政策。但沉迷于内战的国民党政府根本就没有能力来完成这项工作，这就注定了国民党的土地整理政策在大陆的失败（吴怀静，2005）。

新中国成立初期，土地整理主要是一平二调，以变更权属关系为主要内容（王如渊，1999）。20 世纪 50 年代借鉴苏联的做法，主要内容转向土地利用规划，土地整理内涵在当时就是土地利用规划。60 年代由于三年困难时期和"文化大革命"的影响，土地整理处于停滞状态。70 年代，土地整理转向以大搞农田基本建设为主，以平整土地、合并地块、兴建新村、整理沟渠和道路来组织土地利用（国家土地管理局规划司，1997）。80 年代，土地整理以推行农村联产承包责任制及兴办乡镇企业为主线，土地利用方式与用地结构均发生巨大变化；《中华人民共和国土地管理法》（1986 年 6 月 25 日通过）第三十一条提出"占多少，垦多少"的原则，要求"由占用耕地的单位负责开垦与所占耕地的数量和质量相当的耕地"或"缴纳耕地开垦费、专款用于开垦新的耕地"。90 年代，国民经济迅猛发展，耕地锐减，土地整理开始转向以编制土地利用总体规划来大力挖掘土地利用潜力，增加耕地面积，提高耕地质量主方向，同时通过土地整理来改善生产、生活和环境（夏莉莉，2001）。1997 年 4 月发布的《中共中央、国务院关于进一步加强土地管理切实保护耕地的通知》中，明确指出“各地要大力总结和推广土地整理经验，按照土地利用总体规划的要求，通过对田、水、路、林、村进行综合整治，搞好土地建设，提高土地质量，增加有效耕地面积，改善农业生产条件和环境”。1999 年 1 月 1 日正式颁布施行的新《中华人民共和国土地管理法》将土地整理作为提高土地利用效率、增加有效耕地面积的重要途径，正式收录其中，国土资源部又明确将该法律规定的“征收新增建设用地土地有偿使用费”作为土地整理的专项经费，于 2000 年启动了国家投资开发整理项目，并成立了专门机构——土地整理中心，负责全国土地整理工作及理论技术的运作和指导。2008 年十七届三中全会提出“大规模实施土地整治，搞好规划、统筹安排、连片推进”，土地整治也迎来综合发展阶段。此时期，城镇低效用地再开发、城乡建设用地增减挂钩、农村建设用地整理、工矿废弃地复垦利用、低丘缓坡荒滩等未利用地开发利用、土地生态整治等进一步丰富了传统土地整理概念内涵，土地整理抬升到土地综合整治的新高度，并逐渐成为新农村建设、城乡统筹、乡村振兴、精准扶贫等战略的抓手，土地整治实施模式多样化、内容综合性等特点越来越鲜明。

十八大以后，生态文明理念不断丰富发展，生态优先、绿色发展的生态文明思想逐渐渗入土地整治、生态建设修复、灾害污染治理各项活动中。2015 年《关于加快推进生态文明建设的意见》和《生态文明体制改革总体方案》要求“编制实施全国国土规划纲要，加快推进国土综合整治”“树立山水林田湖是一个生命共同体的理念……进行整体保护、系统修复、综合治理”。

2.2.2 改革开放以来我国国土整治阶段划分

改革开放实现了经济、社会多方面体制机制变革，发达国家花费上百年走过的城镇化、工业化道路，中国短时间内基本完成，但高速发展中的国土开发利用带来了国土空间资源生态的诸多问题。其间，国土整治的发展随国家机构变革、政策调整而呈现出诸多变化，但总体来看，国土整治已从考察、开发、利用、治理、保护五个方面相互关联的国土“整”治转变为处置国土“开发”“利用”带来的国土环境“负外部性”问题，并成为对国土空间生态环境开展“治理”“保护”的国土“整治”。

(1) 改革开放初期，全盘统筹、规划布局（1981—1997 年）

①1981—1983 年国土整治统筹国土资源管理。党的工作重点在十一届三

中全会后转移到社会主义现代化建设上来，强调充分利用国土资源发展国民经济。“国土整治”是对我国领土领海领空全域内的一切资源包括人口劳动力资源和自然资源的整治开发保护，目的是正确处理经济发展与人口、资源、生态之间的关系。国土整治性质是计划经济理念影响下国土资源管理工作的抓手，是生产力布局的平台，是宏观资源战略布局。

1981 年中央书记处首次提出“国土整治”并将其定为一项长远性和全局性任务。同年，《关于开展国土整治工作的报告》明确，“国土整治包括对国土资源乃至整个国土环境进行考察、开发、利用、治理、保护这些相互关联的五个方面的工作”。1983 年，组织、协调部门、地区国土整治工作，组织编制有关规划，研究政策法规条例等国土整治职能由国家计划委员会主导。国民经济与社会发展“六五”计划首次将“国土开发与整治”单列一章，国土开发与整治内容包括国土立法、重点地区国土考察、加强国土保护和治理、搞好测绘工作等内容，确定编制部分地区国土开发整治规划。此时期，社会各界主要关注经济区划、环境保护，矿产、水、林草、滩涂等资源的利用，以及解决沙漠化、水土流失等国土生态破坏问题。

②1984—1990 年国土开发整治依国土规划布局。随着国土整治理念认知逐渐深入，各界认识到国土规划是国土工作的龙头，是优化资源配置、进行生产力布局的理论依据与技术手段。此时期，“开发”作为国土整治“五位一体”的重要内容凸显出来，形成“国土开发整治”概念，对国土“保护”和“治理”两部分的认知更加细化，但是“重开发利用，轻治理保护”的问题凸显，开发利用与保护治理不够平衡。1984 年《全国国土总体规划纲要》编制办法明确“国土开发整治”的方案是“国土规划”，“国土规划”以解决国土资源综合开发布局、环境综合整治为目的。1988 年 4 月，新的国家计委“三定方案”在保留原有国土整治职能的基础上，成立国土综合开发规划司以组织研究全国和重点地区综合开发整治的方向、目标和重大问题，组织编制全国和区域的国土开发整治规划。

国民经济“七五”计划与“六五”计划相比较，国土整治“五位一体”内容中的“保护”与“治理”部分更加细化。这一时期在国民经济计划关照下，水土保持、大江大河综合治理、防护林建设、土地沙漠化防治等活动相继开展。但是总体而言，国土开发整治仍存在资源开发、生产力布局不够合理以及国土生态环境遭到破坏等问题。

③1991—1997 年市场经济下国土开发整治搁浅。此段时期是改革开放深化的关键阶段，市场经济热潮袭来，经济体制迎来大变革，重“地区经济发展

战略”轻“资源开发利用布局”导致国土开发整治工作半途夭折。1991年国家计划委员会进行机构调整，国土开发整治工作改由国土规划和地区经济司主导，“八五”计划里“国土开发整治和环境保护”章节明确国土开发整治规划编制要“合理确定重点经济开发区、各经济区的主体功能和生产力布局”，国土规划开始转向以区域发展战略和发展规划为重点。1996年“国土开发整治”概念不再出现在“九五”计划中，只是在报告“可持续发展战略”部分提到国土资源的保护和开发以及生态环境的保护。1997年党的十五大明确建立社会主义市场经济体制，让市场在国家宏观调控下对资源的配置起基础性作用，“国土开发整治”这种计划思维影响下的国土资源考察、开发、利用、保护、治理的大统筹综合战略，一定程度上不再适应社会主义市场经济的要求，国土整治侧重点开始转向助力于可持续发展理念的国土“保护”和“治理”。

（2）市场经济初确立：整治割裂、统筹难调（1998—2017年）

国土整治“五位一体”搁浅后，作为“国土整治”实施方案的“国土规划”职能伴随机构改革从国家计划委员会转到国土资源部，2001年“国土整治”再次出现在政策文件中，国土资源部制定了国土资源“十五”计划纲要，纲要提出国土综合整治的主要预期目标是：逐步开展国土整治，促进陆地、海洋生态建设和环境保护。但是全国统一的国土综合整治工作一直在探索阶段，统一部署和管理尚未形成。此外，国土资源部的职能不能涵盖国土综合整治的目标，水利、林业等各部门开展分属部门领域的专项国土整治活动，本书将国土整治归纳为早期国土综合整治、生态保护与建设、环境污染与灾害治理三方面，以回顾此时期分散的专项国土整治。

①早期国土综合整治。国土整治“五位一体”搁浅后，我国资源管理领域发生变革，原地质矿产部、国家海洋局、国家土地管理局和国家测绘局组成了原国土资源部。1998年，国家机构改革“三定方案”明确“国土资源部是主管土地、矿产资源等自然资源的规划、管理、保护与合理利用的国土资源部门”。

国土整治在国土资源部以“国土综合整治”形式出现。国土资源“十五”“十一五”“十二五”“十三五”四个规划启动并推进了国土综合整治和国土规划，其中国土资源“十一五”规划纲要提出开展国土综合整治试点，有差别地制定国土综合整治政策的构想，国土资源“十三五”规划纲要则提出“四区一带”国土综合整治格局。但是，多轮规划提出的“国土综合整治”一直在探索部署，全国性统一国土综合整治并未开展，但分属国土资源部门的专项国土整治却取得积极进展，主要包括土地整治、矿山环境治理、海岸带海域治理三部分内容。

首先是以耕地保护、统筹城乡发展为主要目标的土地整治。为应对工业和房地产业发展带来的耕地损失的外部性问题，1997 年，中共中央、国务院明确“实行占用耕地与开发、复垦挂钩”，此后土地整理积极推进，以保护耕地总量，维护粮食安全。随后，国家于 1998 年 1 月组建国土资源部土地整理中心，负责全国土地开发整理项目计划编制与实施监督。在《全国土地开发整理规划（2001—2010 年）》《全国土地整治规划（2011—2015 年）》《全国土地整治规划（2016—2020 年）》指导下，国家积极部署开发整理重大工程补充耕地。

其次是以实现矿产开发与环境保护协调为主要目标的矿山治理。在矿山环境治理方面，我国积极探索矿山生态环境恢复治理新机制，明确开展矿山分类治理，推动矿山环境保护和土地复垦履约保证金制度。原国土资源部在《矿山环境保护条例》《全国矿山地质环境保护与治理规划（2009—2015 年）》的指导约束下，在多轮矿产资源规划确立的重点治理区之上开展了重点治理，实施了重大工程。此过程中，国家行业标准、技术规程相继推出，矿山治理取得明显成效。

最后是以提升海域资源环境品质为目标的海岸带海域治理。在海岸带海域治理方面，2010 年国家推出《全国海洋功能区划（2011—2020 年）》确立了海域海岸带整治修复目标。2011 年国家海洋局发布《关于开展海域海岛海岸带整治修复保护工作的若干意见》，对规划、计划、资金投入、项目配套工程提出明确要求，各省市制定了诸多海岸带海岛整治修复规划，海域海岸带整治修复走上正轨，“蓝色海湾”“南红北柳”“生态岛礁”等多类型整治修复工程相继开展。随海陆统筹战略开展，海洋生态红线逐渐与陆地生态红线对接，海洋整治修复进入新阶段。

②生态保护与建设。国土整治搁浅后，生态保护建设活动一直由国家统筹规划和系统化布局。在原国家计划委员会、国家发展和改革委员会的推动下，生态保护建设在林业、环保、农业、水利等部门的配合下具体开展实施，小流域治理、天然林保护工程、退耕还林还草、京津风沙源治理、生态屏障建设等生态工程均属于生态保护与建设内容，生态修复则是生态保护建设的重要内容，是生态保护建设的深化和发展，也是思路的重大战略调整。

“九五”和“十五”期间，生态保护建设格局在酝酿构想之中。1998 年国家计委组织编制《全国生态环境建设规划（1998—2050 年）》，提出“通过重点工程的建设，把这些关系全局发展的重点地区的基本农田、优质草地、水源涵养林和防风固沙林建设起来，形成带网片结合、纵横交错、相互联结、结构合理的林草植被体系和水土流失防治体系”。其“生态分区＋主要方向＋重要工程”模式与“部际联席会议”制度在我国《全国水土保持规划（2015—2030年）》《岩溶地区石漠化综合治理规划大纲（2006—2015年）》等规划中体现，诸多生态建设治理工程延续至今。2000年国务院颁布了《全国生态环境保护纲要》，明确开展全国生态功能区划工作，“十五”期间全国生态功能区划工作陆续开展，此时期全国重点生态功能区建设构想开始形成。

“十一五”期间国家生态保护理念发生转变，生态保护建设格局开始形成。国民经济“十一五”规划将“保护修复自然生态”单列一章，提出“生态保护和建设的重点要从事后治理向事前保护转变，从人工建设为主向自然恢复为主转变”，并且提出“建立生态功能区促进自然生态恢复”的重要论断。“十一五”期间构思多年的《全国生态功能区划》《国家重点生态功能保护区规划纲要》和《全国生态脆弱区保护规划纲要》相继颁布，“三区推进”的生态保护战略构想形成。

“十二五”和“十三五”期间生态保护建设格局构想进一步完善细化，“保护优先”和“自然修复为主”成为重要原则。国民经济与社会发展“十二五”规划提出，构建“以生态安全屏障为骨架，其他国家重点生态功能区为重要支撑，以点状分布的国家禁止开发区域为重要组成构建生态安全战略格局”。“十二五”期间，《全国生态保护与建设规划（2013—2020年）》提出构建以“两屏三带一区多点”为骨架的国家生态安全屏障以及针对森林、荒漠、草原、农田、城市、湿地与河湖、海洋七大生态系统开展的十二项建设任务，《推进生态文明建设规划纲要（2013—2020年）》也要求着力构建十种重大生态修复工程体系。国民经济“十三五”规划则将“加快改善生态环境”单列一篇，将四大生态文明战略举措融入其中，并提出了八种山水林田湖草生态工程，以期推进自然生态系统保护与修复。

③环境污染与灾害治理。我国环境污染区域协调联动的格局逐渐形成，生态环境系统性统筹趋势明显，灾害治理注重重点地区重点突破、系统防治，这些特征或变化让区域层面系统地、有重点地开展污染灾害防治成为可能。

首先是生态环境区域性空间统筹和重点攻坚成为污染治理的新特点。国家“九五”和“十五”规划期间，国家污染治理主攻方向仍是工业污染控制和重点区域的重点工程，区域环境系统治理只是理念性倡议。国民经济与社会发展“九五”计划着重关注工业和城市污染，提出“三河”“三湖”“两区”环境治理工程。“十五”期间，又陆续启动长江上游、三峡库区、黄河中游和松花江流域水污染综合治理工程以及南水北调（东线）治污工程、北京碧海蓝天工程等十项重点工程。“十一五”时期区域性环境综合治理的雏形显现。“十一五”期间，主体功能区开始构想实施，重点生态功能区启动，《环境保护“十一五”规划》中明确，实施区域发展总体战略是保护生态环境基础性、长远性根本措施，要对接主体功能区分类指导，逐步实行环境分类管理。“十二五”期间区域协调有重点开展的环境综合治理格局逐渐细化。国民经济与社会发展“十二五”规划提出“以解决饮用水不安全和空气、土壤污染等损害群众健康的突出环境问题为重点，加强综合治理”。“十二五”期间，大气、水、土壤污染防治行动计划相继推出，打好大气、水、土壤污染防治三大战役政策引领布局正式形成。长三角、珠三角、京津冀等重点区域的大气污染联防联控机制建立起来。《重点流域水污染防治规划（2011—2015年）》也创新机制，以“流域＋控制区＋控制单元”构建流域污染综合治理体系。土壤污染防治行动计划也确定“开展污染治理与修复，改善区域土壤环境质量”的硬任务。此外，全国四十个城市的城市环境总体规划编制工作正式启动。总之，“十二五”时期区域性的环境综合治理格局开始形成。“十三五”期间强化生态空间管控、区域绿色协调发展，成为环境治理强化源头防控、夯实绿色发展基础的重要内容。2016年11月，国务院印发《“十三五”生态环境保护规划》，首次将生态和环境统筹，“坚持空间管控、分类防治”“坚持质量核心、系统施治”的原则首次确立，“规划”要求在主体功能区基础上制定落实“三线一单”的技术规范，强化“多规合一”的生态环境支持。省域、区域、城市群生态环境保护空间规划的研究也从2018年开始启动。上述一系列政策，推助区域性空间统筹、生态环境绿色协调的实现。

其次是以系统布局、重点区域重点防治为特点的灾害防治。我国灾害治理活动主要集中在原国土资源部地质部门和水利部分别牵头的地质灾害、洪涝灾害防治。我国地质灾害防治系统性体系逐渐形成。我国依据2003年推出的《地质灾害防治条例》和2011年推出的《国务院关于加强地质灾害防治工作的决定》，先后制定了全国地质灾害防治“十一五”“十二五”“十三五”三轮规划，对崩塌、滑坡、泥石流、地面塌陷、地裂缝、地面沉降等与地质作用有关的灾害开展治理。此期间，国家区分地质灾害易发区、地质灾害重点防治区，开展一系列1∶50 000地质灾害详细调查、布置地质灾害预警监测网络、搬迁防治重大工程。我国洪涝灾害治理取得积极成果。20世纪90年代洪涝灾害频发，国家开展了黄河、淮河、珠江七大流域的大江大河治理，并制定流域整治规划。此后，《全国山洪灾害防治规划》《全国山洪灾害防治项目实施方案（2013—2015年）》相继推出，编制重点地区洪水风险图，对山洪进行详查，并着重开展中小流域、山洪沟等治理。《全国中小河流治理和中小水库除险加固、山洪地质灾害防治、易灾地区生态环境综合治理总体规划（2011—2015年）》出台，《全国中小河流治理项目和资金管理办法》《江河湖库水系综合整治资金使用管理暂行办法》相继颁布，助力我国水系疏浚、水库加固等山洪灾害防治工作。

（3）生态文明新时代：生态优先、综合整治（2017年至今）

2017年《全国国土规划纲要（2016—2020年）》明确“四区一带”国土综合整治格局，其内容基本涵盖了早期的国土综合整治、生态保护建设、环境污染灾害防治内容。纲要要求“分区域加快推进国土综合整治”“实施综合整治重大工程”，以修复国土功能，增强国土开发利用和资源环境承载能力的匹配程度。2018年原土地整治中心立足未来发展，颁布《土地整治术语》，明确了国土综合整治的内涵：国土综合整治针对国土空间开发利用中产生的问题，遵循“山水林田湖草生命共同体”理念，综合采取工程、技术、生物等多种措施，修复国土空间功能，提升国土空间质量，促进国土空间有序开发活动，是统筹山水林田湖草系统治理、建设美丽生态国土的总平台。上述格局要求和内涵的确定对国土综合整治开展极具指导意义。

2018年3月自然资源部成立，新成立的自然资源部统一行使全民所有自然资源所有者职责，统一行使国土空间用途管制和生态保护修复职责，改变了“种树的只管种树、治水的只管治水、护田的单纯护田”而相互掣肘、顾此失彼、无法形成合力的局面，让国土空间生态修复尤其是山水林田湖草生命共同体的整体保护、系统修复、综合治理成为可能。“三定方案”也明确，国土空间生态修复司牵头组织编制国土空间生态修复规划，实施有关生态修复重大工程，负责国土空间综合整治、土地整理复垦等工作。2019年初，原自然资源部土地整治中心更名为自然资源部国土整治中心，预期将为我国国土整治事业提供主要支撑。2019年5月，中共中央、国务院发布《关于建立国土空间规划体系并监督实施的若干意见》，将全国国土空间规划定位为“全国国土空间保护、开发、利用、修复的政策和总纲”，以“五类三级”构架明确开展专项性规划。

至此，国土整治的国家机构统筹和规划体系指导的前景变得清晰起来。机构和政策经上述一系列变革调整，让国土整治实质性统筹推动、统一谋划布局成为可能，以生态优先、综合整治为特点的国土整治被提上日程。

2.3 河南省土地整治的历史回顾及近期成效

2.3.1 河南省土地整治历史回顾

河南省近现代的土地整治工作肇始于民国时期。1930 年 10 月 7 日，中原大战后，蒋介石亲信刘峙主政河南省。刘峙为了执行中央政府有关田赋、土地整理的相关政策，在省政府下设民政、财政、教育、建设四厅。民政厅开始筹划河南省的土地整理，这是近现代时期河南省第一次有组织地开展土地整理工作。

20 世纪 30 年代的河南省，是一个工商业落后、以农业为主的省份，田赋成为省县财政收入最主要的来源。在“中华民国”建立的前 20 年里，河南省是遭受天灾兵祸最严重的省份之一，尤其是 1930 年发生的中原大战，更使得河南省人口锐减，大批耕地被抛弃，荒地随处可见。刘峙任省政府主席后，河南省才算有了一段相对稳定的时期。刘峙新组建的省政府，开始规划各种事业，因而需要大量的资金投入。当时河南省政府的财政状况和中央政府的财政状况是相似的，都异常困难。为了解决财政困难，中央要求各个地方政府开展整理田赋工作。整理田赋的首要条件，是地籍册要完备详细。经过几十年动乱的河南省，地籍册早已不全。在这种情形下，政府实行整理田赋工作，必须要掌握精确的地籍册，因此整理地籍也就成为政府的当务之急。河南省的地籍整理工作由民政厅负责。1932 年开始筹划，1933 年开始实施，但仅为试办性质，从省地政机关被命名为“河南省试办土地清丈办事处”即可略见一斑。原计划试办整个开封县，但由于经费所限，只试办了开封的三个旧自治区。1934 年和 1935 年又分别在郑县及祀水县开展地籍整理工作。1937 年中日战争全面爆发前，河南省只在这 3 个县开展了地籍整理工作，而且工作并没有完成。究其原因，不外乎以下几点：a. 经费短缺。整理地籍就是为了增加财政收入，当时的省财政已入不敷出，没有足够的经费来办理地籍整理了。b. 人才缺乏。试办开封县地籍整理的三个区的测量员都是借调省陆地测量局的技术员，但经常借调不够，清丈办事处自己训练的人员又不够使用，以致土地测量工作迟迟不能完成。土地测量工作不能完成，土地登记工作就没有办法开展，就没有办法收取登记费及土地所有权状书费，土地登记工作不开展，即使规定了地价，也没有办法去征收土地税，形成了恶性循环。

为了节省经费和简化田赋整理程序，从 1935 年起，河南省又开始办理土地陈报。从陕县开始试办，为了做出个全省的模范，省财政厅邀请财政部的专家驻县指导，在河南省第十一行政督察区专员兼县长的督导下，工作还算有些成绩，被财政部通令嘉奖。从第2期8县的办理开始，土地陈报就没有什么成绩可言了。综合来看，抗日战争前的河南省土地整理工作，在没有财政支持、连年遭受自然灾害、民众不理解，甚至反抗的情况下，要想取得预期效果，是不现实的，也是无法实现的。

中华民族的苦难历史，在河南从未有过缺席，黄河花园口事件是中国抗日战争史上的一件大事。黄河决口实现了一定的军事目的，以水代兵、阻止日军西进，掩护国民政府军主力西撤，达成了相应的战术意图，然而黄河泛滥造成的后果比战争破坏还要惨重，既有村庄淹没、人员伤亡、财产损失等巨大的即时性损害，又有难民逃亡、生态环境恶化、农业经济衰退等继发性社会灾难。从1938年6月9日花园口决堤到1947年3月15日堵口成功，这期间河南人民承受着战火与洪水的双重煎熬。抗日战争胜利后国民政府组织开展战后黄河工程，这包括黄河堵口、下游复堤，又含有黄泛区水道系统的整理，黄河工程在接受大量外援的情况下，耗费国家巨额的人、财、物等资源，堪称近代史上最大水利工程，这段时期河南省的土地整理工作主要围绕花园口堵口而开展系列国土空间整治。

新中国成立以来，河南的土地整理工作与全国的土地整理工作同步进行，结合省域情况，河南省的土地整理工作有所侧重。在新中国成立初期重点开展了黄泛区的综合治理工作，相继成立了黄泛区农场，开展了黄河沿岸盐碱地改造、黄河古道沙地整治等系列工程。进入20世纪70年代，河南省在全省范围内开展了大规模的农田基本建设活动，建设大中型的农田水利工程，构建起较为完善的灌排体系。从90年代起，河南的国民经济开始迅猛发展，耕地锐减对耕地保护工作造成了巨大压力。2003年河南省在全省范围内开展了以空心村、砖瓦窑、工矿废弃地整治为主要内容的“三项整治”工作。南水北调中心工程开工以来，河南作为南水北调中线工程的核心区域，为协调移民安置搬迁工作，配套实施了南水北调渠首及沿线土地整治重大项目，为了解决南水北调中线水源地淅川县库周的生态环境、调水水质及库区沿岸滞留移民生产生活问题，实施了南水北调中线工程丹江口库区（淅川县）移土培肥土地整治重大工程，这些工程的实施有力改善了区域的生产、生活条件，推动了整治项目区农业现代化进程。

2.3.2 近年来河南省土地整治的主要成效

“十二五”时期，河南省全面贯彻落实党中央、国务院关于加强土地管理的一系列重要决策部署，依据《河南省土地整治规划（2011—2015 年）》，大力推进土地整治，加强高标准农田建设，全面完成了“十二五”时期各项土地整治目标任务，在促进耕地保护和节约集约用地、推动城乡统筹发展和生态文明建设中发挥了不可替代的作用；同时，逐步形成了规划体系健全、建设标准完备、资金保障到位、产权保护有力、监测监管全覆盖、队伍支撑可靠的工作格局，为规范有序开展土地整治奠定了坚实基础。

（1）大规模开展高标准农田建设，落实“藏粮于地”战略

“十二五”期间，全省建成高标准农田 4 057 万亩*，其中通过土地整治建成高标准农田 1 923 万亩。通过建设灌溉与排水工程，项目区农田灌溉率由原来的不足 60%提升到 95%以上，农作物得到及时有效的灌溉，耕地质量等级提高 0.5～1 个等级，耕地产能提高 22.32 亿千克，粮食综合生产能力显著提升。通过整治，原来的望天田成了高产田，原来的旱地成了高效农业的宝地，耕地使用权流转收入平均提高 200 元以上。“十二五”期间河南省连年增产，5 年总产量累计达到 2 654.9 亿千克，年生产能力稳定在 500 亿千克以上，向省外输出原粮及制成品能力达到 150 亿千克以上。土地整治和高标准农田建设为落实国家“藏粮于地，藏粮于技”战略，推进现代农业发展，实现河南粮食生产持续高产稳产发展发挥了重要的支撑作用。

（2）调整优化土地利用结构布局，推动城乡统筹发展

2011 年以来，河南省开展了城乡建设用地增减挂钩、工矿废弃地复垦利用、城镇低效用地再开发等工作，全省共整理农村闲置、散乱、粗放建设用地 94.62 万亩，复垦历史遗留工矿废弃地 25.6 万亩，改造开发城镇低效用地 4 万亩。“十二五”期间，全省批准增减挂钩项目 2 198 个，通过实施城乡建设用地增减挂钩，优化了城乡用地结构和布局，促进了节约集约用地，并进一步拓展了城镇建设发展空间。

（3）改善农村生产生活条件，带动农民增收和农业增效

“十二五”期间，全省土地整治总计投资 520.66 亿元，其中，国家投资 319.09 亿元，省级投资 173.46 亿元，市县投资 28.11 亿元。新建、改建田间道 15.73 万千米，生产路 4.59 万千米，桥涵（含渡槽、倒虹吸）4.61 万座，农用桥 4.34 万座，新增和改善机耕面积 1 764.48 万亩。在已经实施的土地整治项目中，使用当地农民工比例达 85%以上。项目建成后农民人均新增农业年收入 701 元，新增土地租金收入 295.68 元/亩。项目建设过程中 11.76 万人

* 1 亩=1/15 公顷。——编者注

参与了项目施工，获得收益 2.18 亿元，45.06 万人到企业务工，共获得务工收入 39.8 亿元。全省积极稳妥推进“千村整治”试点，以“整村推进”的方式开展田、水、路、林、村、房综合整治，有效增加了耕地面积，改善了农村生活居住环境，促进了美丽乡村建设。同时，支持国家扶贫开发重点县开展土地整治工作，全省有 7 个贫困县被纳入全国高标准农田建设示范县，以高标准农田建设项目实施精准扶贫。

（4）加大基础设施建设，显著提高农业防灾抗灾能力

“十二五”期间通过农用地整治，新打机井 13.4 万眼、新建塘堰 13.4 万座，新建、改建灌排渠（沟、管）道 19.4 万千米，新建水闸 1 992 座、泵站 8 558 座、高低压输配电线路 56.14 万千米。新增和改善农田防涝面积 621.18 万亩，新增和改善节水灌溉面积 6 824.96 万亩。项目实施后通过对区内主干沟渠的清淤疏浚，将主要灌溉渠道进行硬化，排涝标准由 3～5 年一遇提高到 10 年一遇，农田基础设施配套更加完善，抗旱防涝能力不断加强。在 2015 年新乡和安阳等地发生的重大洪涝灾害中，土地整治项目区的基础设施发挥了明显的抗灾作用，项目区的灾毁面积和灾损远远低于非项目区。

（5）加强土地生态环境整治，促进生态文明建设

“十二五”期间土地整治区种植防护林 2 616.54 万株，林木覆盖率普遍比整治前提高 5 个百分点。因地制宜采取生态环境整治措施。在开封、新乡、安阳等风沙较大的地方通过建设田间林网，增加植被覆盖率；洛阳、南阳等地通过开展缓坡地综合治理，增加田间蓄水量。通过实施土地整治和生态建设减少了项目区风沙、水土流失、泥石流等自然灾害的发生，改善了农田生态环境，增强了农作物的抗逆能力，有效促进了土地整治区生态环境质量提升。

（6）加强土地整治管理能力建设，保障土地整治持续发展

建立了“政府主导、国土搭台、部门参与、统筹规划、整合资金”的工作机制，各级政府落实土地整治责任制，将土地整治年度目标完成情况纳入地方政府绩效考核。建立了农村土地整治监测监管系统，完成土地整治日常监测监管、项目数据管理、综合知识库建设等工作，提高了土地整治监测监管能力和管理水平。制定和出台了一系列关于农村土地整治项目管理、项目区选址、项目库管理以及项目工程建设标准、施工质量管理等有关土地整治标准和管理的文件，为土地整治规范有序推进提供技术支撑。加强土地整治机构队伍建设，基本建立了省—市—县土地整治机构，并建立土地整治项目规划设计评审专家库。建立了农田整治、土地复垦等经济激励机制，有效调动了土地整治积极性。

(7) 以土地整治为平台，推进“三块地”改革

“十二五”期间河南省充分发挥土地整治的平台作用，积极推进“三块地”（城镇规划区内建设用地、农村耕地和乡村建设用地）改革，通过创新“三块地”的规划、开发、供应、利用方式，完善土地资源配置机制，激活土地资源要素活力，提升土地资产资本价值，促进生产、生活、生态用地结构和布局不断优化，加快推进河南新型城镇化、农业农村现代化和城乡融合发展。“十二五”期间，河南省土地流转面积 108.08 万亩，进一步夯实了农业现代化的基础。

3 发达国家的经验借鉴

土地整治，英文一般称为 Land Consolidation（LC，土地整治），Land Readjustment（土地调整），Land Replotting（土地重划），Land Assembly（土地合并）等；德文则称为 Ordnung von Grund（土地整治）；法语为 Amenagement Desterre（土地整治）（王万茂，1997）。在土地整治的起源和发展中，各国土地整治的内容随着其自然、社会和经济发展的变化不断地进行调整和完善，逐步形成了各自相对完善的体系，并且各国根据自身的情况和特点，开展了土地整治的实践活动，把土地整治作为实现土地利用长远战略目标、促进土地合理利用、调整土地利用结构和土地关系的重要手段。发达国家多功能土地整治的成功经验，对于更好地谋求中国土地整治的发展之道，系统贯彻绿色发展理念具有重要的理论价值及现实意义。

3.1 发达国家的农业空间整治

3.1.1 发展历程

世界上一些国家的土地整治工作实施效果较好，积累了丰富的经验，例如德国、荷兰、美国、日本、韩国等。归纳而言，其土地整治的发展主要经历了4个阶段，见表3-1。

表3-1 发达国家土地整理的发展阶段

发展阶段	目标	形　式
权属调整	治理农地细碎化	交换土地、归并地块、调整权属
设施改良	提高农地生产效率	治理细碎化并配合基础设施建设，使农田更适宜耕作管理和机械化经营
综合整治	提高农地集约利用水平	村庄环境整治
综合发展	土地多功能融合	生态保护、景观保持、乡村振兴

第一阶段是以治理农地细碎化为目标的权属调整阶段。由于土地私有和继承的不断分割，农地破碎、零散，降低了利用效率。这一时期的土地

整治主要通过有组织、有规划地交换土地、归并地块、调整权属，将原来不适于耕种的农地规划成一定的标准地块，治理农地细碎化，增加耕地面积。

第二阶段是以提高农地生产效率为目标的设施改良阶段。这一时期的土地整治主要在治理细碎化的基础上，配合基础设施建设，使农田更适合耕作管理和机械化经营。特别是第二次世界大战后，为了尽快扭转经济秩序的瘫痪状态，缓解匮乏的食物供应，农业发展被置于突出位置。此阶段的土地整治强调农地的生产功能，为了增加耕地面积，大量砍伐生态防护林，扩建灌排水渠道，损害河域景观，直接导致项目区的生态环境被破坏。

第三阶段是以促进农地集约化利用为目标的综合整治阶段。随着城市化进程的加速，农村人口外流严重，村庄凋敝衰退。为了促进城市和农村地区经济社会的均衡发展，土地整治的内涵与功能逐步扩大，增加了村镇改造的内容，以促进农地合理与集约利用。

第四阶段是以体现土地多功能融合为目标的综合发展阶段。由于早期土地整治缺乏生态理念，各地区社会、经济、生态的系统平衡被破坏，这一时期的土地整治转变为生产、生活和生态的全面改善，实现乡村全面振兴与发展，在世界范围内成为人们利用与保护土地资源的重要途径。

可见，建设“山水林田湖草生命共同体”，最重要的基础和保障是实现土地整治的综合发展，在此选取德国和日本作为研究对象进行研究。德国开展土地整理时间最早、效果较好，在以农村创造与城乡平等的发展条件为理念，进行景观保持及生态保护、村庄革新、农村振兴等方面具有独特的经验。日本和中国都属于人多地少的国家。日本作为亚洲土地整理的先导者，在有限的土地面积上以较小的用地代价获得了较快的经济发展速度，不仅有效保护了耕地，也为城市发展提供了用地保障。借鉴和学习这些国家多功能土地整治的成功经验，无疑会增进认识、拓宽视野，更有利于完善当前的制度、改进今后的做法。

3.1.2　德国农村空间整治的特点和经验

（1）德国农村空间整治的阶段划分

德国土地整理的功能演变经历了四个发展阶段，见表3-2。德国国土面积一半以上为农业生产用地，主要以旱地和水浇地为主，早在16世纪中叶便率先开展土地整理，其初始功能是调整农用地的地块结构，以改变私有制和继承法导致的农地无限制细分和无效率占有。此阶段土地整理仅有农地合并与产权调整和田间道路设置等简单措施。

表 3-2　德国土地整理的措施与功能

土地整理措施	土地整理功能
地块形态改良与产权结构调整、配套基础设施建设、结合农业专项发展计划	治理农地细碎化、改善农业生产条件、发展现代农业
打造富有地方特色和乡村气息的居住区、工作区和生活区	维持乡村活力、促进城乡均衡发展
设置景观用地与自然保护用地、推广农村景观再造与生态修复技术、实施城市景观与绿化再造	保持美丽的自然和生态景观
开展村庄历史研究、保留与修缮古老建筑物与天然景观、复兴民俗文化和艺术	保护农村文化和历史风貌

为了增加第二次世界大战后粮食产量，1953 年德国颁布了世界上第一部《土地整理法》，农业发展被置于重要地位。经济实力雄厚的农场主收购破产农民的土地，通过土地整理将土地集中，以扩大生产规模并满足战后粮食需求。此阶段一味重视农地经济功能，对项目区生态环境造成了损害。为了治理农地掠夺性开发的负面影响，1976 年德国《土地整理法》进行了第一次修订，增加了改善人们生存环境的内容。乡村景观规划被纳入土地整理的强制性程序，增加了土地整理的环境承载力评价、挖掘乡村地域和文化资源、弥补战后村庄重建的资源损失等内容。为了改善城市化进程中乡村衰败现象，1982 年《土地整理法》进行了第二次修订，新增村庄改造内容，实现村庄的经济、社会、生态环境、历史文化功能。土地整理逐渐成为越来越多乡村实施其发展计划的重要途径。1994 年《土地整理法》进行了第三次修订，增加了市地整理的内容，有效推动了城市更新与可持续发展。

(2) 德国农村空间整治的特点

德国多功能土地整理的特点是在完善的法律保障和现代整治技术的支撑下，以农村地区振兴与发展为重点，重视自然景观保护的综合性、区域可持续性。

①具有完善法律体系的保障。德国土地整理的法律体系具有时效性强、体系完整、权能完善的特点。为了适应社会经济的变化，《土地整理法》从颁布到多次修订，由单一关注农业生产目标向农村综合发展延伸；一系列与土地整理相关法律，如《空间规划法》《德国联邦自然保护和景观保存法》《法兰克福地产整理法》《不动产市场价值评估法》《联邦建筑法》《建筑法典》的颁布，使土地整理的法律体系更系统；为了实现法律权能的完善，政府从程序、组

织、技术和特殊事项各方面对土地整理全过程进行规范化管理。

②具有现代科学技术的支撑。德国土地整理从区域整体出发，制定区域用地的控制性原则和总体安排，统一布局和设计土壤保护与改善、农田水利基础设施、道路交通网络、自然景观保护及村庄更新等内容，主要依靠土地评价技术、土地信息化技术、景观塑造与保护技术、地籍测量技术、空间规划技术等支撑，且土地整理要与各种技术的整体性、一致性和协调性融合。

③重视村庄更新与乡村振兴。20 世纪 80 年代以来，德国城乡差距日益明显，农村之间的发展速度也有所不同。土地整理不仅可提高农业生产条件、创造农村的就业机会、改善农村的住房条件及公共基础设施，保护农村的自然环境和人文环境，实现农村经济、社会、制度和自然环境等条件整体性地提高，还为乡村创造和保持与城市同等的条件。

④突出生态景观重塑和保护。除了农、林用地外，土地整理还构建自然保护区和优先区，丰富物种的多样性和保护基因资源。对林地、水域及休闲用地建设时，既要使其满足作为公园、运动场地、露宿营地、研究和观察自然生态用地等的既定功能，又要使新建景观与周边景观和谐地融合在一起，达到较高的经济、生态和美学价值；在村庄重建发展项目中，土地整理还注重保存农村地区的自然特征和文化景观等。

⑤倡导综合化的区域整理模式。土地整理注重区域的综合治理，挖掘种植业的发展潜力和农业竞争力，提高农村地区旅游、休闲和康复功能以及村庄居住质量，保护自然景观和生态环境，改善农村生产、生活、生态条件。另外，德国的土地整理涉及各个利益主体、不同的行政部门，最终的顺利实施依靠各个利益主体与多部门之间充分沟通、有效协作和相互配合。

（3）德国农村空间整治的经验

①面向社会的多元需求，打造多功能土地整理模式。只有目标明确，功能定位才能清晰。依据“治理细碎化、战后经济恢复、改善生态环境、城乡平等发展”的社会演进，德国土地整理从狭义上的农业结构改善逐渐向区域综合治理转变，注重“地块调整、粮食增产、生态保护、景观保持、乡村更新”等功能的不断递进，成为谋求经济、社会、环境、历史文化综合效益的系统方案。

②强化景观生态保护，促进人与自然和谐。德国已经形成了以一系列立法为依据，以经济、行政、技术措施为支撑的景观生态保护体系。立法上，《土地整理法》《空间规划法》《德国联邦自然保护和景观保存法》充分将景观生态保护融入国土空间资源规划利用的综合保护体系中。经济上，土地整理中景观生态保护的经费全部由国家财政支付，采用生态指标交易的方式进行生态补

偿。行政上，通过用途管制等相关措施，对一些具有重要的景观生态价值的土地（包括开敞空间和文化景观）进行保护。技术上，采用景观再造及生态修护技术，重点保留整理前自然生长的植物群落、建设整理后路旁的重构绿带、启动景观改造及再造工程、进行生态修复治理环境污染、恢复农田水利设施中的“渠、沟、桥、涵洞”的自然拟合性和生物多样性。

③重视村庄更新，促进乡村发展。德国主要从空间规划、工程技术、利益协调与公众参与、拓宽融资等方面促进村庄更新活动。规划理念上，将“可持续的区域发展”作为国土空间规划中心性原则，以解决城市蔓延对乡村土地空间的蚕食。技术上，利用地籍测量、更新、信息化，土地评价，景观重塑，生态“占补平衡”等技术对村庄更新的整个过程进行规划与实施。利益分配上，不仅考虑城乡之间的利益联结关系，还重视村庄更新过程中利益主体间的网络关系；公民有权参与村庄更新的整个过程，保障村庄更新方案兼顾公共利益与个人利益。资金上，政府加大对土地整理的资助力度，拓宽多元化的资金来源渠道，并注重不同筹资方式和渠道的适配。

3.1.3 日本农村空间整治的特点和经验

(1) 日本农村空间整治的功能演变

日本人多地少，山地、丘陵占国土面积的80%；耕地资源稀缺、零星分散，属于小规模家庭经营。通过土地整理，日本以较少的用地取得了较快的经济社会发展速度，其功能演变经历了四个发展阶段（表3-3）。第二次世界大战后，日本开展耕地整理，兴建农田水利设施，缓解粮食供应紧张；城市土地区划整理被广泛运用在战后城市重建及自然灾害的预防上。经过这一阶段的土地整理及第一次国土综合规划，日本实现了战后复苏。

表3-3 日本土地整理的措施与功能

整理类型		土地整理措施	土地整理功能
农村土地整理	耕地整理	土地改良与合并、农业基础设施整顿、培育新型农业经营主体	形成初具规模的优质耕地、促进农地规模化经营、实现多功能农业发展
	村庄整理	村落综合发展规划、新农村建设	打造多活力的农村社区
	农地保护管理	采用生态型整理技术、公众参与生态维护、进行生态教育	保护多样性的生态环境
城市土地整理		灾后恢复与重建、城乡接合部整理、旧城改造	城市复兴

由于上一阶段已出现生产过剩，下一阶段耕地整理的目标聚焦于提高耕地的质量。利用田块合并改善农地细碎化，并通过扩大农户经营规模、调整农业生产结构、建设农业生产基地等措施，初步实现农业现代化。与此同时，在第二次国土综合规划的指导下，城市土地经历了大规模的土地开发阶段，实现城市中枢管理功能的充实和基础设施的完善。

20 世纪 70 年代中期，由于城市化进程的推进，农村劳动力外流，耕地撂荒、空心村现象普遍，耕地整理的功能向村庄治理延伸。城市土地的整理和开发立足于第三次、第四次全国综合开发规划的“定居构想”概念，注重综合居住环境的整治，以治理城市蔓延引发的公害污染、住宅困难、交通拥挤、绿地减少等问题。

20 世纪 90 年代以后，城市化进程趋于稳定，城乡收入差距逐渐缩小。为了解决人口老龄化、房地产泡沫崩溃带来的社会经济问题，倡导人与自然的协调发展等，土地整理升华为国土空间整治。国土空间整治立足于第五次全国综合开发规划，使国土形态与 21 世纪的时代发展相适应。

（2）日本农村空间整治的特点

日本农村地区与城市地区土地并重，以居住空间与农业用地共生为目标。

①具有完善的立法体系。日本颁布的有关土地管理方面的法律多达 130 部，这些法律构成完备的制度体系，可以分为土地管理基本法规、土地政策、国土规划、土地整理相关法规、资源环境相关法规等，该体系以土地基本法为基础，以土地政策、国土规划为指导，以土地整理相关法规为主体，以资源环境相关法规为限制条件。其中，农村地区土地整理的核心法律是《土地改良法》和《农地法》，城市地区土地整理的核心法律是《土地区划整理法》及《都市计划法》。

②农村地区与城市地区土地整理并重。土地整理是日本农业、农村与区域发展的重要推动力，也是解决社会发展过程中城市土地利用问题的一项重要措施。农村土地整理通过耕地整理、村庄整理和农地保护管理等措施，治理农地细碎化并促进规模经营、优化农居点的布局结构、改善农居环境和生态景观、促进农村的振兴与发展。城市土地整理包括灾后恢复与重建、城乡接合部整理、旧城改造、填海造地与开发等内容，可提高城市土地的利用价值、改善城市的基础设施与环境、恢复城市的活力、促进区域自立与协作。

③重视居住空间与农业用地共生。日本的农村土地整理是一个全方位、综合性的系统工程，注重居住空间与农业用地之间的共生关系，通过耕地整理、村庄整理和农地保护管理，促进多功能农业、多活力社区和多样性生态的建设

与发展。如1950—1975年的25年间，日本村庄数量从10 411个减少到3 257个，村庄数量减少了近70%。对衰败的村庄进行合并和建设，优化农居点的布局结构，节约的土地可补充耕地和提供城市建设用地，以协调城市郊区化、农村城镇化和农业现代化突出的用地矛盾。

(3) 日本多功能土地整理经验

①强调细碎化治理，促进现代农业发展。日本从法律保障、资金来源、区域选择、经营模式等方面采取措施治理农地细碎化。《土地改良法》《农地法》等法律对土地交换、分割、合并的规划、程序、权属关系调整做出了详细的规定。农地合并大部分由国家和当地政府出资扶持，小部分通过预留地、低息贷款等方式由受益农户承担。区域选取上，高山河谷地区地势平坦，土壤肥沃，有机物丰富，适宜种植，成为耕地整理的重点区域。使原有的零散破碎的地块成为初具规模的优质地块，并通过培养专业农户、发展规模稻作农业、农地流转等模式，促进农地规模化经营和现代化发展。

②发展生态型整理，促进人与自然可持续发展。依据地域可持续发展的战略目标，日本从生态技术、公众参与生态维护、生态教育等方面大力推行生态型土地整理。生态水域规划、生物资源开发与利用技术、生态型农业机械运用较为广泛。通过生态水域规划，洄游鱼类可利用水系网络进行繁殖，非洄游鱼类通过保护池繁衍生息。生物资源的利用主要是家畜排泄物和农作物秸秆的堆肥还田，废弃食用油的生物燃料化使用；科研院校、相关企业、财团组成“联协会”，共同参与生物资源的合作开发与研究。设立农民组织，动员项目区农民参与生态维护，不仅可强化其生态理念，更充分激发其生态保护的热情。建立学习基地，开展各类型的生态保护活动，注重生态保护文化的传承。

③重视城市土地整理，促进城市复兴。利用造地开发、新城建设、旧城改造等方式，促进城市土地高效集约利用。填海造地开发经历了“海岸线向外延伸——人工岛屿——有机垃圾和泥沙填埋”的过程；用途从初始的工业用途向第三产业综合用地转变；从强调经济价值变为重视维持水体交换和海洋生态系统的综合价值。面对城市化的发展需求，大量新城在原有大城市郊区产生，规划建设成为功能独立的“副都心”城市（东京先后建立7个“副都心”城市），分散了城市的中心区功能，有效缓解了大城市病。通过实施“换地、区划整理、权益分配”措施，对旧城区进行盘活、改造与开发，恢复其生机活力。

3.1.4 经验启示

为了适应经济发展水平和地域特色，各地实施多功能土地整治的时间和特点具有差异，但一致的是，都拥有完善的土地整治法律保障，注重多尺度生态化整治与景观空间优化配置的统筹设计，配合农村社区发展与乡村规划的需要，实现“三生同步”的综合效益，助推乡村振兴与发展，这对探索符合中国国情的多功能土地整治具有重要的借鉴价值。

（1）健全法律制度，实现土地整治的规范化管理

德国和日本都拥有一套涵盖土地基本法、土地利用法、规划与建设立法、土地整治法、资源环境保护法等内容的法律体系。土地整治的实施以土地基本法为基础，以土地利用法、规划与建设立法为指导，以土地整治法为主体，以资源环境保护法为限制条件，其特点是操作性和现实性强，对多功能土地整治的全过程实行规范化管理。目前，中国土地整治已经建立了一定的法律法规和行业标准，但相关法律规范等级较低，系统性不足，未颁布专门的土地整治法，制约着土地整治事业的科学推进。完善相关法律制度，提高土地整治的规范化管理水平，是推进中国土地整治由单一的土地整治活动向多功能发展的必然选择。

（2）治理土地细碎化，提高农业生产力

德国和日本土地整治聚焦于治理农地细碎化并促进农地现代化。为了保障国家粮食安全，中国当前农地整治仍以增加耕地为首要任务，尚未全面进入以改善生活环境和提高农地生产质量的阶段，与建立规模化、集约化和机械化的现代农业生产体系还存在较大差距。多功能土地整治是对“以我为主，立足国内，确保产能，适度进口，科技支撑”国家粮食安全战略的具体落实。在这一方面，山东省潍坊市南张楼村已经做出了积极的探索。南张楼村是典型的中国北方农村，学习德国“巴伐利亚经验”，通过土地整治开展片区规划、地块整合集中、机械化耕作、农村基础设施建设、推进教育等，初步实现了农业生产水平提高、农民工作模式改变、生活方式改善的目标，一定程度上缓解了农村人口外流。

（3）强化景观生态保护，促进人与自然和谐共生

德国和日本多功能土地整治是修复景观、保护生态的有效工具，旨在协调人类的长远利益与系统发展的眼前利益之间的矛盾。中国土地整治不应仅仅立足于短期内单纯的地块合并、调整和村庄的改造，而应着眼于创设区域内永久的人地共荣的生态系统。中国景观生态保护方面在江、河、湖、泊流域的实践较为丰富。浙江省安吉县被国务院列为太湖水污染治理重点区域，通过土地整治全面展开生态县建设，围绕“村村优美、家家创业、处处和谐、人人幸福”四个方面，建设气净、水净、土净的“三净”之地，成为“联合国人居奖”唯一获得者。山东省无棣县黄河岛处于滨海平原与海岸滩涂交接地带，生态环境脆弱、土壤盐碱重、地下水位高。在实施土地整治时重点建设野外科学观测基地，在盐碱地生态检测、科学研究、科学教育的基础上，配合优质粮棉基地、现代渔业示范区建设，辅以滨海旅游开发，逐步引导土地整治走向生命共同体建设层面。

(4) 改善农村“三生”条件，促进乡村振兴与发展

德国和日本多功能土地整治是促进农村地区生产空间集约高效、生活空间宜居适度、生态空间山清水秀的重要手段，也是推进乡村振兴与发展的有效工具。整体谋划多功能国土空间综合整治，对于合理布局“三生”空间具有重要意义，也是农民建设美丽乡村的愿景，以及弘扬优秀传统文化、保留村庄原始风貌等精神的具体落实。当前，一些具有资源特色的农村开展了相关工作。江西省九江市龙安山风景区依托土地整治项目，在保护庐山沿线优质山水资源的基础上，发展地方特色农业，挖掘红色文化、宗教文化以及古艾文化，打造“红色旅游、休闲运动、禅修养生、宗教体验、生态体验”五条游线，是促进“三生同步”协调发展的美丽乡村建设样本。

(5) 关注人的需要和公平正义，构建城乡平等的生活条件

德国和日本土地整治以人为本，重点资助农村地区的发展，为人们构建城乡平等的生活条件。在中国，城市对农业产出的需求缺乏有效的传导机制，缺乏城乡要素的互动交换机制。通过多功能土地整治平台推进城乡统筹，从城乡建设用地挂钩到城市土地的大规模整治，逐步缩小城乡差距，支撑中国经济的发展愈来愈具有全局性的意义。在这一方面，上海市做出了一系列关于城乡要素自由流动的有益探索。上海市针对建设用地瓶颈约束和郊区发展短板等问题，通过浦南、浦北的联动发展，与松江新城共同构成城乡一体化的土地整治示范区，积极推动土地整治与艺术、体育、景观风貌、自然教育等跨界融合，逐步形成“土地整治+”框架下城乡良性互动的实施路径。

3.2 发达国家的城镇空间整治

3.2.1 发展历程

发达国家的城镇空间整治主要以城市更新为代表，城市更新的概念起源于西方，是西方国家为了应对城市发展中所出现的问题而提出的一系列的解决方案。城市更新的相关术语也经历了将近一个世纪的演变（表 3-4），从第二次世界大战后的“城市重建”（Urban Renewal）到“城市再开发”（Urban Redevelopment)、“城市振兴”（Urban Revitalization)、“城市复兴”（Urban Renaissance)，再到如今的“城市更新”（Urban Regeneration)，由于每个阶段城市更新的侧重点不同，因此不同阶段的城市更新的命名也有差异，厘清“城市更新”定义在每个阶段的侧重点，有助于我们更加深刻地对于城市更新的命题做出理解和判断。

表 3-4　城市更新相关术语的演变

城市更新的术语	时间阶段	语义侧重点	术语的主体
城市重建 Urban Renewal	普遍存在于第二次世界大战后，在某些国家开始于 19 世纪末期	推土机式地大拆大建，带有一定的贬义色彩	政府机构为主导，到后期逐渐演化为多方合作
城市再开发 Urban Redevelopment	集中在 20 世纪 50 年代的美国	一般指政府与私人机构联合	政府及私人开发商
城市振兴 Urban Revitalization	20 世纪七八十年代	赋予新生，常常指一定的区域	城市开发公司集团，也有社会团体的介入
城市复兴 Urban Renaissance	20 世纪八九十年代	重生，带有乌托邦色彩的城市理想	政府、私人开发商、社会团体、公众等
城市更新 Urban Regeneration	20 世纪 90 年代之后	主要是针对城市衰退现象而言的城市再生	政府、私人开发商、社会团体、学者、公众等多方协作

西方城市更新已有将近一个世纪的历史，城市更新政策在每个阶段也有显著的变化。西方城市更新的历程可以划分为 4 个阶段：第二次世界大战后至 20 世纪 60 年代初，20 世纪 60 年代至 70 年代，20 世纪 80 年代至 90 年代，20 世纪 90 年代之后（表 3-5)。

表 3-5　城市更新发展的阶段及特征

城市更新的发展阶段	更新内容	更新机制	更新特征	更新侧重点
第二次世界大战后至 20 世纪 60 年代初	居住空间的改善，尤其是贫民窟的清理	各级政府主导	推土机式重建	注重城市物质空间的改善
20 世纪 60 年代至 70 年代	以福利性住房为主的带有国家福利主义色彩的社区建设	政府和私人部门的合作逐渐加强	社区范围内的更新	城市社会福利制度的健全

（续）

城市更新的发展阶段	更新内容	更新机制	更新特征	更新侧重点
20世纪80年代至90年代	地产导向的旧城开发	私人部门和市场的力量占主要地位，政府处于协调地位	城市企业主义的力量增强	经济的发展作为城市发展的引擎
20世纪90年代之后	社会、经济、文化、生态等综合维度的更新，文化因素占据主导	多方多维度合作关系的形成，更加注重全球化的影响以及区域间的合作	小规模渐进式、针灸式有机更新	城市历史文化的保护及城市市民的公共利益

第一阶段，第二次世界大战后至20世纪60年代初的推土机式重建。第二次世界大战结束后，由于受到了战争的破坏，人们的住房条件十分恶劣，政府开始对居民的住房水平给予高度的重视，这个时期城市更新的文献记载普遍集中在贫民窟的清理以及住房的改善方面。然而这种推土机式的重建摧毁了有特色、有活力和储存着当地历史文化的建筑物、城市空间等，并受到了学者和社会居民的强烈反对。这些计划只能使建筑师、政客、地产商们热血沸腾，而平民阶层常常成为牺牲者。此外，第二次世界大战后城市更新计划的推动者也在发生变化，政府当局被视为促进者，或是启动力，主要的商业发展不再直接由政府部门推动，而是由私人部门接替。但在具体实施的过程中，政府部门和私人部门一直保持着紧密的联系。

第二阶段，20世纪60年代至70年代的公共住房建设及“邻里复兴”。战后的城市重建虽然使得物质空间得到了改善，但却受到了学者日益强烈的批评和居民的强烈反对。简·雅各布斯、C. 亚历山大对大规模改造都提出过批评，认为其造成了社会不公平和经济的难题。20世纪60年代，城市更新的倾向发生了转移，从清理贫民窟的大拆大建转向建立公共住房体系。这个时期的城市更新发生在社区范围内，一个“城市更新的项目”指的是根据计划更新一个街区所需的举措和活动。此外，这个阶段的城市更新带有明显的福利主义特点。公有的社会住宅体系成为一项重要的城市治理手段，以改善城市居住环境，并为工人阶级提供了良好且价格实惠的住宅。这个时期，城市更新的重点转向社区环境的综合整治、社区经济的复兴以及居民参与下的社区邻里自建。“邻里复兴”的实质是强调社区内部自发的“自愿式更新”，既给衰败的邻里输入新鲜的血液，又可避免原有居民被迫外迁造成的冲突，同时还可强化社区结构的有机性。

第三阶段，20 世纪 80 年代至 90 年代的全球后工业化及经济衰退。受 20 世纪 70 年代开始的全球范围内的经济下滑和 80 年代全球经济调整影响，以制造业为主导的城市衰落，导致城市中心聚集着大量失业工人，中产阶级纷纷搬出内城，造成了内城的持续衰落。进入 80 年代，西方城市更新政策转变为市场主导的以地产开发为主的旧城开发模式。这个时期，国家角色开始发生转变，政府和私人部门深入合作是这个时期城市更新的显著特点，政府出台政策鼓励私人投资标志性建筑及娱乐设施来促使中产阶级回归内城，并刺激旧城经济增长。同时，伴随着城市工业化功能的衰退，城市中的大片工业区的再利用问题也得到了重视。在振兴工业用地的同时，西方也越来越重视城市的文化形象和内涵。

第四阶段，20 世纪 90 年代之后的综合复兴。20 世纪 90 年代之后的城市更新注重人居环境的社区综合复兴。公、私、社区三方的合作伙伴关系随着可持续发展观和人本主义思想的发展被广泛接受并开始加强。相比于政府和私人部门主导的“自上而下”的更新，“自下而上”的更新机制逐渐被认为更具包容性。政府将多方伙伴关系中的社区能力构建和鼓励公众参与作为更新政策的新方向。在这一过程中，随着与可持续发展观相适应的多维更新目标的提出，公众开始意识到城市物质、社会和经济环境的改变需要社区中各部门的共同参与，同时对人的利益和历史建筑的保护也更加关注。

综上所述，第二次世界大战后西方国家的城市更新以物质性规划理论为基础，并以解决居住为主要目标。进入后工业时期，全球性经济衰退，经济结构转型。去工业化和郊区化导致西方国家出现了内城衰败、就业困难等社会问题，城市更新的主要目标转为内城的振兴。进入 20 世纪 90 年代，城市更新朝着更加多元化的方向改变，转变为目标多样化、保护历史环境和注重公众参与的社会改良和经济复兴。

3.2.2　英国城镇空间整治的特点和经验

（1）英国城市更新的历程

英国的真正意义上的城市更新始于 20 世纪 30 年代的清除贫民窟计划。1930 年英国工党政府制定《格林伍德住宅法》，采用当时有影响的“建造独院住宅法”和“最低标准住房”相结合的办法，来解决贫民窟问题。在清除地段建造多层出租公寓，并在市区以外建一些独院住宅村。这一法规首次提出对清除贫民窟提供财政补助。

第二次世界大战后，英国通过新城建设计划，在大城市周边建立了一系列卫星城，将改造地区多余的人口及经济活动安置到卫星城，以缓解大城市的人口、交通、环境等压力。这种办法尽管给城市建设腾出了一定的空间，但也造成了内城人口的外溢及内城的衰落等问题。此外，在清除地段建造出“有规划的”高中层公寓式出租住宅社区，破坏了维多利亚时代的街区风貌。

20 世纪 60 年代末，英国的城市出现了比较严重的衰退，造成衰退的原因是战后城市人口郊区化过程。1946 年英国政府开始推行的新城运动，以及人们收入的提高、小汽车的普及，引起人们自发地离开城市。过度郊区化造成内城的衰退，从而引发物质性表象外的一系列的社会、经济结构问题。更新政策从大规模清除贫民窟转向住宅整修和改善以及中心区、商贸区的复兴，更新过程中的环境保护、文化继承以及保留历史悠久的街区和社会生活特色等问题被提了出来。

20 世纪 80 年代，英国政府的城市更新政策有了重大的转变，以政府计划为主的城市更新政策转向市场引导与私人投资为主的城市更新政策。同时，公众逐渐参与到更新改造规划当中，对城市更新产生一定的影响，英国的城市更新由政府操纵的“自上而下”的方式过渡到“自下而上”的“社区规划”方式。

(2) 英国城市更新的特点和经验

①建立财政补贴制度。财政补贴是英国政府推行城市更新的重要举措，从 20 世纪 30 年代《格林伍德住宅法》实施按人口安置补贴的制度开始，至今已有 80 多年的历史。从英国政府财政补贴的发展历程来看，大致可分为 3 个阶段：第一阶段，始于 20 世纪 30 年代的清除贫民窟运动以及第二次世界大战后大规模住房短缺，政府为大规模住房拆迁重建提供住宅客体补贴，以消除住房短缺及提高市民的居住质量。第二阶段，始于 20 世纪 60 年代末，住房政策转向住房整修和改善，这一阶段政府补贴转为主体补贴，为需要住房改善的市民提供帮助。第三阶段，始于 20 世纪 80 年代，公共支出大幅减少，社会建房备受指责，住房政策转向私人提供。此外受郊区化的影响，内城日渐衰落，为弥补城市建设资金的不足，将私人投资吸引到内城改造中来，英国成立了城市发展基金，主要作为计划内的改造项目补偿金，弥补改造收益的不足，带动私人投资的积极性。

②成立城市开发公司。1980 年，为了解决内城衰退问题，实现内城复兴，英国成立了城市开发公司，一个开发公司对应着一个特定的城市区域，肩负着吸引私人投资、改造内城地区、实现内城复兴的重任。城市开发公司隶属政府环境部，环境部在极度衰退的内城区划出指定区，成立开发公司。开发公司具

有区域管理权，可以通过环境部赋予的合法权利获得有价值的国有土地，地方政府不得不将土地以较低的价格转让给公司，由公司负责经营，地方政府不得干预其经营活动。在运作中规划制定的权利仍属于地方政府，但公司有权审批开发商的规划申请。环境部统筹管理全国的开发公司，公司的管理层由环境大臣任命的官员构成，公司实际上是环境部在地方的派出机构。公司采取以市场为导向的战略，培育资本市场、土地市场和住宅市场等，利用国家公共资金的投入和一些优惠政策，刺激更多的私人资金注入指定区。

③在更新的过程中注重文物保护。英国在城市更新的过程中采用整旧如旧的方法，把对历史建筑物的破坏程度降到最低。同时，配合这些建筑物的风格、特色，建造与其相适应的配套建筑，使其自然和谐地融入周围环境中。

3.2.3 美国城镇空间整治的特点和经验

(1) 美国城市更新的历程

美国的城市更新也是从大规模地清除贫民窟开始。美国 1937 年出台的住宅法，目标就是改善住房：对有能力买房建房的给予抵押贷款；对于买不起也建不起房的，政府提供公共住房。后者的做法就是政府实施公共住房计划，推倒贫民窟，以政府提供补助的高层公寓或公房代之。

1949 年美国住房法规定，清除贫民窟，城市用地合理化和社会正常发展。实施城市更新的主体是地方政府、私人房地产开发公司以及联邦城市更新行政机关等组成的地方公务局。城市重建采用将清除贫民窟得到的土地投放市场出售的办法。这一法令仍然着重住宅和居民区建设，要求每一块重建用地要有一半以上的土地面积用于居住。

1954 年美国对城市更新政策进行修正，提出要加强私人企业的作用、地方政府的责任和居民参与，以期用较少的政府基金取得更多的效果。一方面联邦政府为作为搬迁保障的公共住房增加拨款；另一方面还允许将 10%的政府资助用于非居住用地的重建，或者是开发后不用作居住用地。关于清除贫民窟的条款逐渐转变为大规模的中心城市重建，清除后的土地要求地尽其用，大量的投资用于征购位于市中心的用地，以前要求一半以上的土地用于居住，现在大部分用来建设商贸设施、办公楼或豪华高层公寓。

20 世纪 70 年代末，联邦政府实施“城市复兴”政策，取消或减少对“城市计划”的资助，让州及地方政府对城市计划负责。这种城市政策加速了美国大都市区的不平衡发展，各州在吸引商业、工业和旅游业的竞争中，以减免税收、大力发展债券、贴息贷款及低于市价的土地交易等措施促进了城市中心区及商贸区的开发。在这一政策倾向下，城市复苏以盈利能力强的商业、办公楼用地取代了居住用地。

此外，美国是“棕地”再开发最积极的实践国和倡导国，美国国家环境保护局（USEPA）定义棕地为“废弃的、闲置的或未充分利用的工业或商业用地及设施，客观上存在或有潜在的环境污染，再开发和利用过程复杂的土地”。简而言之，棕地就是废弃或污染的工业用地，主要分布在城市内部或边缘区域。20 世纪 70 年代发生的“Love 运河事件”是美国开始注重污染区域治理的转折点，著名的《综合环境反映、赔偿与责任法》就是在这个背景下出台的。该法案决定对棕地进行治理和再开发，并且建立了超级基金来资助棕地治理。1986 年，美国出台了《超级基金修订与再授权法》，该修订案免除了污染地块购买者的责任，并通过了其他新的责任免除条款使得开发商对棕地再开发承担的法律风险大大降低。此后，新的推动棕地再开发的法律和政策也相继出台，通过一系列法律规范、财政资助和税收减免政策，美国的棕地再开发计划逐步发展成熟，成为土地再开发的成功范例。美国联邦政府是棕地再开发的最高指导机关，环境保护署是主要的领导部门，负责棕地再开发项目的审核和财政支持，州政府相关部门负责管理监督并提供给地方政府响应的技术与资金支持，地方政府通过与实际执行计划单位合作，来控制整个项目的进展，私营部门（通常是企业或非政府组织）从政府部门获得一定的补贴资金来具体执行棕地再开发计划。

（2）美国城市更新的特点和经验

①美国实施的是基于税收奖励措施推动旧城更新改造的模式。实施方式主要有三种：第一种是授权区（EZS），分别在联邦、州和地方层面上运作，将税收奖励措施作为城市更新的政策工具。第二种是税收增值筹资（TIF），是州和地方政府使用的一种融资方式，为在特定地区吸引私人投资，促进地区的再开发。税收增值筹资方式是发售城市债券，筹得的资金可以用于改善公共设施，也可用于向私人开发商贷款进行划定区域的建设。城市债券通过 20～30 年期的地产税收入来偿还。第三种是商业改良区（BID），是一种基于商业利益自愿联合的地方机制，征收地方税为特定地区发展提供资金来源。BID 是一种以抵押方式开展的自行征税，通常是用于划定区域物质环境的改善。

②政府采取多种方式对城市开发提供资助。一方面政府采取多种方式对城市开发提供资助，如“新城镇内部计划”，联邦政府利用它的社区开发街道资金来资助城市开发，期望给私人投资以资助。后来 1977 年的《住房和社区开发法》（卡特政府）采用了城市开发活动津贴来行使资助私人和公私合营的开

发计划，使私人开发商和投资者获得至少等于投资在其他地方的一定水平的回报。另一方面联邦政府根据 1977 年的法案，提供抵押担保，鼓励金融机构利用抵押贷款资金来资助城市开发项目。

3.2.4　德国城镇空间整治的特点和经验

(1) 德国城市更新的历程

第二次世界大战后德国对城市更新的系统性尝试始于 20 世纪 60 年代，以柏林国际建筑展览会（IBA）召开和两德统一为时间节点，德国城市更新可划分为 3 个阶段，即大拆大建阶段（1960—1984 年）、旧谨慎更新阶段（1984—1990 年）、新谨慎更新阶段（1990 年至今）。

第一阶段，大拆大建。第二次世界大战结束后，在形体主义规划理论的影响下，结合战后重建，德国同整个欧洲一样都开始了推土机式推倒重建工作，试图通过大面积清理贫民窟来全面提高城市形象。至 20 世纪 70 年代，“推光式改造”虽然在一定程度上改善了旧中心城区物质环境，却也衍生出一系列社会与生态问题，并未缓解郊区化导致的人口外迁与生活服务设施萎缩，引发居民大规模抗议活动。与此同时，福利色彩的社区更新也在德国兴起，如东德为解决工人阶层住房短缺的问题，兴建了大量板式住宅，柏林也在近郊规划了大量新住宅。

第二阶段，旧谨慎更新。福利主义下的社区更新虽在一定程度上缩小了社会贫富差距，但在应对城市化与城市肌理破坏问题上作用有限，居民对社会公平的诉求将城市更新置于各种矛盾的交汇点。在此背景下，德国城市更新政策开始转变，提出“谨慎城市更新”的思路。该概念源于 1984 年以“在内城中居住”为主题的柏林国际建筑展览会（IBA），旨在探索如何改变欧洲在第二次世界大战后重建中对旧城区的破坏，共提出 12 条谨慎城市更新的基本原则。该更新理念以原住民为主体，充分尊重居民个体差异性和多样性，从社区与城市两个尺度、时间和空间两个维度引导实施者解决各类问题，是对大拆大建式更新的批判和反思。

第三阶段，新谨慎更新。两德统一后，德国联邦政府开始重新审视城市更新的本质，并迎来新谨慎城市更新时代。这一时期，人本主义思想与可持续发展观受到广泛关注，强调从社会、经济、物质环境多维度综合治理城市问题。人们越来越清晰地认识到：城市更新是物质改造与社会统筹的统一体，文化遗产的保护、邻里网络的保持与消除衰败景观同样重要。强调公众参与成为此阶段城市更新的重要特点，其关键在于创新公众参与形式，实现公众参与多样化、参与主体多元化，并鼓励私人投资和自助式改造。此外，由于历史原因，使原东柏林地区重新接受房地产市场化运作模式也是新一轮城市更新的综合功能和任务。

（2）德国城市更新的特点和经验

①多方协调，鼓励多元参与。1971 年，德国联邦政府所颁布的《城市建设促进法》中明确规定，在规划决策过程中，必须充分保证包括建筑和土地租用者、土地所有者以及相关经营性企业单位等在内的多方利益群体的参与，共同决定建设收支计划与改造后的租金调整水平。1977 年，“社会规划”原则的提出进一步明确规定了政府部门、规划师、居民组织参与机制的运行，强调城市更新应是社会力量监督下的“持久性任务”，实现了公众由象征性参与到全程参与的梯级提升。1990 年两德统一后，西德城市规划体系下的“圆桌会议”式协商机制被广泛应用于新联邦各州，为各地探索符合当地实际的更新方案提供了重要支撑。

②增加补贴，资金来源广泛。在持续郊区化与逆城市化背景下，以市镇财政主导公共建设的传统资金筹集模式难以为继，日渐紧缩的财税来源已无法满足巨大的公共投资需求，资金不足成为德国推进城市更新工作所面临的首要问题。为此，德国联邦政府制定了一系列旨在支持城市更新改造的专项补贴计划[如 1999 年启动的“福利城市”计划为 162 个市（区）提供了欧盟计划水平之上的额外资金保障]，并积极拓展公共资金渠道，主要涵盖政府及各级职能部门专项基金、私人自筹资金、开发商和企业投资三方面。其中，政府和各级职能部门专项基金主要用于重要文化遗产保护（如德国遗产保护基金会已资助了大量原东德文化遗产保护工作）。此外，成本节约和效益提升也是德国联邦政府投资更新改造项目时关注的重点。

③完善立法，制度体系完备。城市更新的良性运行与协调运转要有良好的制度环境与之匹配，德国城市更新的有序推进得益于完备的规划体系、系统的相关法律以及多层级管理机构。其一，德国《特别城市更新法》于 1986 正式并入《德国建筑法》，在更新期间赋予了当地政府审批、征购、优先购买地块等权利，并可要求其他部门与之配合。其二，德国实施联邦—州—地方政府三级的规划体系（分别为联邦层面的空间总体规划、州层面的州规划法及城镇子空间规划），另有区域规划介于州规划和城镇规划之间，是跨地方规划和跨专业部门的规划，可有效规避规划系统中职责不清、互不衔接等问题。其三，德国城市更新管理结构层级清晰，以柏林为例，其相关文物保护组织机构主要包括城市发展规划局、州文物保护局、普鲁士宫殿和园林基金会三级。

3.2.5 日本城镇空间整治的特点和经验

（1）日本城市更新的历程

1919 年日本政府颁布的《城市规划法》第一次将土地区划整理写入了法律程序，随后在 1923 年的关东大地震后重建中，土地区划整理成为日本东京、横滨等受灾严重的城市大规模开展援建、复建以及更新的重要工具。1954 年日本政府正式颁布了《土地区划整理法》，为日本的土地区划整理各环节的合法运作提供了法律依据。日本的城市更新事业从第二次世界大战后重建开始，经过 20 世纪 60 年代、70 年代的高速城市化和造城运动之后，80 年代开始注重城市化质量和规划分权，开始对第一代新城和集中式住宅进行改造；90 年代建立了注重多主体协调合作的规划体制，将民间主体和资本引入城市再开发；进入 21 世纪后，受泡沫经济影响，政府为拉动经济发展及解决城市问题，于 2002 年制定《都市再生特别措施法》，开始注重地域价值提升的可持续都市营造，一方面，以举国战略从面上推动城市更新，另一方面，持续鼓励自下而上的“造街”活动和小型更新项目，聚焦街区、社区甚至单体建筑的更新改造。另外，为了应对越来越严重的社会老龄化、少子化的局面，以及人口向东京、大阪等大城市集聚的趋势，2014 年后日本政府修正《都市再生特别措施法》，先后提出了《立地适正化计划》和《立地适正化操作指南》，允许地方政府根据区域人口状况、经济发展要求，合理配置公共服务设施，优化城市建设强度，赋予地方政府更高的自治权利。

（2）日本城市更新的特点和经验

①民间复合开发——多方联合的“PPP”（政府和社会资本合作）架构。20 世纪 80 年代，日本推行“都市再开发政策”，允许私有部门参与日本都市中心区的规划和开发，并于 1988 年将此政策写入更新法。自此，民间多方联合的城市更新开始大规模盛行。日本的私有产权制度与政府对大规模再开发的政策诱导，共同促成东京各区与私人资本联手打造新都市。

②自发社区更新——自下而上的良性改造。日本城市发展的整个过程，贯穿着“自下而上”的力量。最早出现是在 20 世纪 70 年代，由于日本经济飞速增长带来的城市病等负面影响开始显现，以“自治会”为代表的市民自发组织开始进行反对运动，这种运动最后逐渐向改善社区环境、振兴城市经济和历史文化保护方向发展。随着日本政策体系不断完善，城市规划权力不断下沉，出现了所谓的“地区规划”。日本针对郊区住宅地区和市中心商业区，积极推进“地域管理”事业，“地域管理”的组织主要依靠居民委员会、城市规划组织和

各类协会团体，政府充当协助支持的角色。

③纵观日本城市更新的发展历程，日本在面对第二次世界大战后重建、大规模人口迁移、泡沫经济崩溃、地震灾害等一系列挑战的过程中，都市营造和都市更新的主题始终贯穿其中，逐渐发展出来一套都市更新计划体系和都市更新制度。其主要特征表现为两个转变：一是逐步形成由中央政府向地方政府不断分权的规划体系；二是逐步形成由政府包办主导向利益相关者自我组织协调的更新路径和制度体系。

④日本的城市更新往往是以街区、社区、市政道路甚至单体建筑等小地块为更新改造对象，通过强化市政基础配套、提升公共服务等综合措施，提高土地空间利用率和土地空间价值，打造具有现代化特色的新城区，并特别注重传统历史建筑或者历史街区与现代化城市建设的融合协调。日本的城市更新，是土地所有者内部及与政府长期不断沟通协调，实现各方诉求平衡的结果，也是相关法律法规和制度不断完善的过程，因此一个城市更新项目需要十几年到二十几年的逐步演替发展。

3.2.6 经验启示

(1) 注重规划政策法律引领，保持城市更新的整体性

各国不同模式的存量用地再开发，都建立了一套严格的法律政策体系，详细规定了实施的内容、目标、程序以及各方的责任义务等相关内容，以法制约束和指导管理工作，确保在有各方参与和资金保障的前提下，顺利推进存量用地再开发。在我国，城市更新不是一个单一的现象，涉及城市市政基础设施建设、城市环境综合治理、城中村整治改造等，需要有关部门根据发展形势、政策实施的效果适时做出调整，并对相关法律法规及时修订。

(2) 遵循有机更新原则，注重保护与开发相结合

城市更新要寻求保护、改造和发展的结合点，注重保护与开发相结合。城市更新应遵循城市发展的客观规律，秉承有机更新的原则，从不同城市、不同地区发展实际出发，采用保护、整治、重建、开发利用等不同途径实施。同时，将可持续发展理念贯穿于整个更新过程，实现城市由传统的物质更新转向融合社会、文化、经济和物质空间为一体的全面复兴，强调更新规划的连续性及城市的继承和保护，而不仅仅是旧建筑物、旧设施的翻新或重建，也不是单纯以房地产开发为主导的经济活动。

(3) 充分发挥政府作用，建立多元化改造方式、多样化资金渠道

城市更新改造，政府的积极作用不可替代。在城市更新过程中，英美等国家政府既运用一些激励性政策吸引私有部门对城市更新进行投入，又维护公众利益、为社区创造条件，在三方伙伴关系中起到协调、引导、监察和调解的作用，确保社区利益不为商业利益所吞没。在资金运作方式上，充分借鉴国外经验，我国可建立多样化资金渠道，一方面通过政府利用财政、税收等政策扶持旧城更新，对城市更新进行补贴；另一方面充分利用“PPP”等形式鼓励私营机构参与城市更新改造，实现投资主体多元化。

(4) 坚持以人为本，提升人居环境和公众参与度

国外城市更新的重要经验是注重公众的参与度，城市更新建设是一个综合的社会工程，主体是城市的居民，公众的需求决定了城市更新的方向，政府要坚持以人为本的思想，做城市更新规划决策前多吸取公众意见。同时要积极营造宜居的环境和空间，提升人居环境质量，切实考虑人居需要。如在改造旧城公共空间的设计方法时，可以加强对步行街的保护和改造，提高旧城区开放空间的环境质量，增强舒适性；针对旧城区公共空间缺乏的问题，为提高公共活动空间的品质，根据旧城整体风貌，增加供人们休息娱乐的开放公共活动空间。

(5) 设立城市更新局，使其发挥在城市更新中的统筹作用

城市更新是一个系统工程，涉及的利益主体多元，也涉及土地、拆迁、民生、社会、规划、建设等多个领域的相互协调，不可避免地就会与发改、国土、规划、建设、民政、城管等多个部门发生业务往来，受到部门分割的影响，城市更新必然面临诸多障碍。为推动城市更新工作的顺利开展，可借鉴国外经验，在城市更新任务紧迫且繁重的城市，建议设立城市更新局，使其发挥在城市更新中的统筹协调作用，将其他部门与城市更新相关联的职能归并给城市更新局，确保城市更新有效、有序、有力展开。

3.3 发达国家的生态空间整治

3.3.1 发展历程

生态空间整治主要是指对国土空间的生态修复，而生态修复研究的起源可以追溯到100年前自然资源的利用和管理，当时欧美各国普遍重视山地、森林和草地资源的保护性利用，开启了自然资源保护和生态修复活动的先河。例如，20世纪30年代北美大平原的“黑色风暴”使美国和加拿大认识到利用自然资源、保护生态环境的重要性，同时开展了数十年的“大平原”生态修复工程。

20世纪五六十年代，全球范围内的资源过度开发引发了严重的生态危机，欧洲、北美开展了一些工程与生物措施相结合的矿山复垦、水土流失治理、森林恢复等生态系统修复工程，并取得了一定成效。

1975年，美国召开了题为“受损生态系统的修复”的国际会议，此次会议就生态修复的原理、概念和特征问题进行了深入研究和探讨，这是国际上第一次专门系统地讨论受损生态系统恢复和重建等许多重要生态学问题的学术会议。1987年，国际生态恢复学会（SER）在美国成立。

20世纪90年代，随着生态学、环境生态学、恢复生态学的发展，生态修复受到美国等发达国家的广泛重视，并提出了颇多生态修复技术。2002年，国际生态恢复学会提出“生态恢复（Ecological Restoration）是协助已退化、被损害或彻底破坏的生态系统恢复、重建和改善的过程”，该提法基本使国际学界对生态恢复达成了共识，也在一定程度上促进了生态修复理论和实践的发展。如今，生态修复工作在全球仍处于一个快速推进阶段，退化生态系统的恢复正成为陆地和水生环境自然资源管理的一个重要焦点。

3.3.2 发达国家的生态空间整治

(1) 湿地修复

自20世纪70年代开始，一些发达国家就开展了有关退化湿地生态恢复、重建的研究与实践，以保护并修复退化的湿地生态系统。美国受损湿地恢复与重建开展得较早。在1975—1985年的10年间，美国国家环境保护局（EPA）清洁湖泊项目（CLP）的313个湿地恢复研究项目得到政府资助，包括控制污水的排放、恢复计划实施的可行性研究、恢复项目实施的反映评价、湖泊分类和湖泊营养状况分类等。此后的几十年间，美国的水科学技术部（WSTB）、国家研究委员会（NRC）、环保局（EPA）和农业部（USDA）也对此展开了大量的相关研究。加拿大、澳大利亚、英国、荷兰、瑞典、瑞士、丹麦、日本等国家在湿地恢复改善生态环境实践方面也取得了显著成效。比如，日本的霞浦湖湿地恢复计划，应用改进的分散家庭污水处理系统和除磷以及资源回收系统防止富营养化，采用河流/沟渠混合净化系统和电化学净化系统有效去除入湖河流的污染物质，采用疏浚底泥方法去除底泥污染，利用有益微生物去除藻类，获得了良好的效果。另外，随着城市化过程的加快和城市规划思想的发展，景观格局演变和景观生态规划已成为城市湿地研究的重要领域。在城市水环境治理中融入景观元素已经成为国内外研究的趋势，如美国芝加哥海军码头的重建，英国利物浦的阿尔培托码头改建及曼彻斯特的运河河滨改建，巴黎在

1830年的塞纳河污染整治方案中就涉及了两岸绿化带的设计等。

（2）河道修复

20世纪60年代起，西欧和北美等地的发达国家针对人类活动干扰对河道生态系统的负面影响，开发了河道生态修复的理论和技术，主要有修建生态河堤、修复河道形态、河流连续性恢复、河岸带生态修复等，并在河道整治工程和堤防工程设计、施工规范中增加了河道生态建设的内容，或颁布了专门的河道生态工程设计导则。

1938年德国首先提出近自然河溪治理的概念，并于50年代创立了“近自然河道治理工程”，提出河道的整治要符合植物化和生命化的原理。70年代中期，德国进行了称为“重新自然化”的关于自然的保护与创造的尝试，开始在全国范围内拆除被砼渠道化了的河道，将河道恢复到接近自然的状况。1987年提出的莱茵河行动计划，以生态系统修复作为莱茵河重建的主要指标，到2000年让鲑鱼重返莱茵河。2000年时莱茵河全面实现了预定目标，沿河森林茂密，湿地发育，水质清澈洁净，鲑鱼已经从河口洄游到上游产卵，鱼类、鸟类和两栖动物也重返莱茵河，为河道生态修复提供了宝贵的经验。

1989年美国正式探讨生态工程概念，并赋予其定义，生态工程正式诞生。之后不断论证了生态学原理运用于土木工程的理论问题，奠定了“多自然型河道生态修复技术”的理论基础。20世纪90年代，美国将兼顾生物生存的河道生态恢复作为水资源开发管理工作必须考虑的项目。1992年《水域生态系统的修复》出版，1998年《河流廊道修复》出版，指导河道修复工作。美国陆军工程师团水道试验站在1999年6月完成了《河流管理——河流保护和修复的概念和方法》研究报告。2000年，美国环保署颁布了“水生生物资源生态恢复指导性原则”。自1984年开始，美国基西米河的生态恢复工程进行试验性建设，1998年正式开工。工程按照生态系统整体恢复理念设计，采用拆除水闸、重新开挖原有河道、扩大蓄滞洪区、恢复洪泛区和沼泽地等办法，使水质改善、生物数量增加，生态修复取得了明显效果。

1990年，日本推出《近自然工法》，指引治河工程如何保护河道周边环境，恢复自然生境，改良工程措施，包括生物和非生物材料应用等。随后，原建设省提出建设多自然河川的方针，要求治河工程尊重自然的多样性、满足自然的良好的水循环和生态系统的整体性，改变了传统的治河工程理念，目标向不断恢复自然的水边环境建设发展。1996年6月，日本河川审议会通过修改《河川工法》，逐渐改修已建河道的混凝土护岸，在理论、施工及高新技术的各个领域丰富发展了“多自然型河川工法”。21世纪初，日本提出面向21世纪的河道治理策略，明确了河道治理的目标、策略和措施。

英国于20世纪90年代中期成立了河道修复中心，旨在为河道的生态修复提供咨询和服务，其制定的“生物多样性计划”体现了可持续的洪泛区保护与生物多样性保护的结合。英国河道修复中心的工作对推动政府的工作起到了积极的作用，如2002年环境食品和农村事务署发布的《流量指南》对部分河道建议堤坝后退，留出洪水与湿地空间；2003年政府的多个部门又联合发表声明加强“湿地、土地利用和洪水管理”。

（3）矿区修复

美国非常重视生态修复工作，其矿区废弃地的生态修复技术与水平一直处于世界前列，20世纪30年代就开始针对矿区土地复垦工作进行准备和筹划，积极借鉴其他国家的先进技术和经验，于20世纪70年代正式实施《联邦露天采矿控制与复垦法案》，使美国土地复垦史迈入新阶段。这项法案主要是针对美国的矿区开垦和保护制定了规范化的管理制度并提出明确规定，要求国内所有的矿区都不能盲目进行开采，需要用科学的手段进行开采。矿山承包者在申请开采矿山之前，应该按照有关规定缴纳一定比例的复垦保证金，在开采结束后，有关检测部门会按照规定进行检测，达标后把保证金连本带利返还给承包者，缴纳保证金很好地约束了承包企业的开采行为，对矿山的生态环境起到了很好的保护作用。

澳大利亚政府对矿山的开采有着严格的标准和要求：在开采前必须提交矿山环境分析及矿山生态治理和恢复措施的报告，经过有关部门专家评定通过后进行公示，公众参与听证，最后通过公示才可实施；在开采前要对开采矿区进行植物分析和保护，边开发边治理。在开采的同时尽量不对周边环境造成影响；政府部门根据复垦土地的分类、面积、标准等来收取开采企业保证金，缴纳不起的企业可以找银行做担保，正式建设实施后，企业应该在规定年限内上交“年度环境报告书”，并有专门部门进行内容评估。

德国十分重视对生态环境的保护，在矿山的生态修复问题上，政府角色十分重要，先后出台一系列专业法规保证矿产开采，使环境保护有法可依。政府还承担无法追究开采责任矿区的生态修复工作，并对现有企业的开采做出明确规定，要求企业在开采的同时对开采结束后的矿山生态修复与治理做准备：政府收取土地修复准备金，金额由会计师事务所进行估算，起始金额不达标，需要采矿企业尽快补充剩下的部分；企业在开采活动结束前，必须完成对矿山毁坏土地的治理，才能向政府交付终止经营计划书；经政府审查达到标准后，方可批准终止经营活动，否则该企业需要继续修复，审查也会更加严格，直至企业通过审核为止。

(4) 海岸带修复

海岸侵蚀很早就引起人们关注，英国 1906 年就成立了负责治理海岸侵蚀的皇家委员会，1949 年制定了《海岸保护法》。1972 年美国国会颁布了《海岸带管理法》(CZMA)，从而使海岸带综合管理作为一种正式的整治活动首先得到实施，在海岸带资源和环境的保护方面取得了明显的成效。韩国、日本、新加坡、英国等国家也先后制定了海岸带管理法律、法规。

例如，美国的得克萨斯州 Loyal 海岸带生态恢复工程，是一项整合自然景观、岩石、海岸带填充物和当地固有植物的海岸保护计划。从 1990 年开始，美国为了缓解公路加宽对红树林及其生境的影响，进行了佛罗里达红树林和潮汐沼泽恢复计划，该计划采用人工设潮汐流来拯救濒临灭绝的美国鳄鱼以及利用海藻种植来补偿由于替换 37 座桥而引起的海藻损失。在马尔代夫等国家，通过建立人工鱼礁，促进周围生物量的增长，达到让海岸带生物种群恢复和海岸带恢复的目的。

(5) 森林修复

美国在 20 世纪六七十年代开始的北方阔叶林等生态系统受人工干扰后的恢复试验研究，主要探讨采伐破坏及干扰后系统生态学过程的时空变化动态及机制。德国等中北欧国家主要对大气污染如酸雨胁迫下的退化生态系统森林健康和物质循环等方面进行了大量恢复实验。北欧国家对寒温带针叶林、英国和日本等国学者对东南亚热带雨林采伐后植被恢复过程和技术进行了较深入的研究。

在日本，宫胁昭教授从 20 世纪 70 年代开始在大阪、横滨等一些城市开展了建设环境保护林的研究，取得了显著成效，得到了世界公认。

在受损和退化天然林生态恢复与培育方面，美国等北美国家从 20 世纪 80 年代末期开始尝试“生态系统经营”。德国等欧洲国家积极推行“近自然森林经营”，即采取恒续林经营方法。马来西亚把人工促进天然更新作为改善山地雨林林分质量的重要途径，对伐后天然次生林进行林下人工改良，尤其在林下更新树种选择、苗木培育和林下造林方面都形成了成套技术和生产规模，更新林分已经表现出一定的生态效益和经济潜力。

4 国土空间整治的相关理论基础

本章首先从自然、经济、社会和生态四个方面分析国土整治的基本属性，基于此总结了国土空间整治的基本理论。

4.1 国土空间整治的基本属性

4.1.1 国土空间整治的自然属性

土地整治自然属性是指土地整治活动在引起自然环境和生态系统发生变化方面的作用，强调的是人类作用与改变环境的行为，如改变土壤结构和地貌形态、改善土地质量、改变土地利用结构、保护生物多样性、优化国土空间格局等。

在现代科技条件下，实施田、水、路、林、村等土地整治工程比较容易。但是，如果整治目标不明确、规划设计不当，拆除和恢复原有功能却相当不容易，加之人们处理不当、管理不严，围湖造田、围海造田、陡坡开荒、沙地开荒、草地开荒、林地开荒等破坏生态文明的现象就会重演。目前，我国土地整治单纯追求耕地面积增加，引发了不少争议，我国的后备资源质量差，开发整理可能造成生态问题。如果土地整治中缺乏对生态因素的重视和考虑，将会导致工程实践陷入误区，造成土地整治工程“华而不实”，留下不少遗憾。如，在区域层面上，土地整治规划布局很少考虑生态景观因素，往往片面地追求增加耕地面积、提高生产效率，缺乏改善生活条件和生态格局的考虑。在农田层面上，比较多地考虑田块合并、田面平整，忽视农田防护和景观生态效应，从而损害了生物多样性。在工程技术层面，比较多地考虑农田的灌排条件，缺乏对整治区水土保育重构技术和景观生态再造技术的考虑。

因此，针对我国现状，顾及长远利益，应将自然环境和生态景观的保护作为我国土地整治的一个重要方面，土地整治的工作重心应逐渐转移到更加注重质量和生态上来，倡导可持续发展和生态文明建设下数量、质量、生态“三位一体”的土地整治新理念。

4.1.2 国土空间整治的经济属性

土地整治经济属性突出了理性“经济人”的概念，是指土地整治是一项有资金及劳动投入的过程，是一个典型的经济行为，通过土地整治能获得最大的物质性补偿或收益，追求的是经济利益的最大化，也是当前土地整治活动所追求的核心价值。

土地整治经济属性主要表现在：a. 土地整治后的地块集中成片，便于规模化和机械化作业，能够产生规模效益，促进农业现代化发展；b. 通过农村建设用地整治，既能有效解决农村大量土地闲置问题，也能通过空间置换解决城市发展对土地需求的压力，从而实现耕地动态平衡和城镇化建设，实现城乡双赢；c. 对废弃工矿复垦和市地潜力挖潜，有利于促进土地资源的节约集约利用和产业集聚发展，实现工业化快速发展；d. 从国民经济的大方向来看，土地综合整治后的土地更有利于流转，是缩小城乡二元差距、促进城市化进程不可或缺的手段。

因此，长远来看，土地整治应追求经济属性表现形式的多样化和全面性，将促进资源节约集约利用和新型城镇化作为主要发展方向，统筹经济效益的各项作用因素，倡导区位论和城乡统筹理论指导下集约经营的土地整治新理念。

4.1.3 国土空间整治的社会属性

土地整治社会属性是强调人地关系融合的社会和谐，依据人口增长、经济发展、社会进步的客观需求以及资源环境的现实状况和科技进步的可能，对土地整治过程中的人口安置、住房建设、邻里关系以及生活保障等问题进行的统筹安排，属于国土空间整治的高级阶段。

从世界范围看，发达国家的土地整治已经表现出服务于城市建设与农村发展的社会特征。而现阶段我国的土地整治还更多地局限于数量管理的低级阶段。另外，土地整治具有一定的公益性质，是面向服务社会的一项“德政工程”“民心工程”，要使这项工程做得更好、更到位，公众参与是必不可少的环节。通过公众参与提出意见，起到在项目设计和运作中弥补单纯技术研究的不足的作用，使土地整治更具可行性、项目设计更具科学性、保障措施更具力度。一旦项目实施，也会因为有公众参与而更加顺利，使项目少走弯路、节省投资。这种把土地整治建立在坚实的群众基础之上的做法，不仅是一种理念，更是推动土地整治工作向前发展的一种更科学、更高效的方式。

因此，未来我国的国土空间整治，应逐渐向优化人地关系、促进新农村建设以及改善人居环境的服务型模式转变，追求资源、生态、经济和社会协同的综合效益，大力倡导人地关系协调与公众参与导向下以人为本的整治新理念。

4.1.4 国土空间整治的生态属性

生态文明建设背景下，为推进绿色发展方式转变、三生空间协调发展，构建山水林田湖草生命共同体，土地整治理应发挥更多作用，凸显服务生态的价值功能。土地整治的生态属性是基于生态学科知识理论，运用生态学方法与技术，以土地整治为途径，以土地生态化整治为最终目标，强调在优化土地资源、改善农村生产条件的同时，保护原有生态环境，综合进行环境生态化整治，以达到协调土地与环境关系目的的土地整治活动。

青山、碧水、绿树、沃田、蓝天、镜湖，是自然界的美好存在。在这里有春分、清明、夏至、立秋、秋分、冬至，人类的一切与生态时间密切相连。山水林田湖草，细菌、原生生物、植物、动物，通过生物小循环和地质大循环，创造了可持续发展的生命有机循环系统和生物圈的“自创生”系统，这是一个“他弃你用”“你无我补”的互补互动运营紧密的系统。田者出产谷物，维系人类的生命；水者滋润田地，使之永续利用；田、水、山、土、树等构成生态系统中的环境，形成一种共生关系，结成命运共同体。所谓“道生一，一生二，二生三，三生万物。万物负阴而抱阳，冲气以为和”，或者“人法地，地法天，天法道，道法自然”，也充分表达了人类与山水林田湖草同呼吸、共命运的自然法则。

“大音希声，大象无形，道隐无名，夫唯道，善始且善成。”山水林田湖草是无声的，但它像一部精密运行的机器，有着严格的“道”和运行规制。如果违背了这种“道”和运行规则，人类将会面临严重的惩罚。纵观许多古文明的兴衰，可以发现这些文明之所以从强盛走向衰落，是因为当时的人们在文明发展过程中很少或根本没有遵循生态规律，对自然界肆意开发和掠夺，导致自然生态系统的崩溃，最终酿成文明衰败的惨剧。

2013 年《人民日报》公开发表习近平《关于〈中共中央关于全面深化改革若干重大问题的决定〉的说明》的文章，首次阐明了“山水林田湖草是一个生命共同体”的思想，“人的命脉在田，田的命脉在水，水的命脉在山，山的命脉在土，土的命脉在树”。从一种生态整体性的理论视角阐释了人与自然的关系，明确了解决生态环境问题、实现绿色发展、建设生态文明的重要方法路径。土地整治不只是一个工具或某种技术手段，它是人类活动的组织哲学，最终目标是寻求与地球共生存。它把一个整治区域的文脉、历史、文化、工程、利用方式和土地的物质形式当作一个活的生命来对待，当作一种生命的形式、一种生命体系来对待。为了促进人与地球共生，在人类所有能运用的手段中，土地整治可能是最直接而有效的途径之一。土地整治工作者是重构生命景观的“生态工程师”。《论语·雍也篇》指出：“智者乐水，仁者乐山。”当今的国土空间整治工作，应将人与自然和谐相处作为一种存在境界，将个体的生命情感融入大自然的山水林田湖草生命共同体，将土地整治融入生命共同体建设，这是仁智之人的情怀，也是仁智之人的生命依托。

4.2 国土空间整治的基本理论

4.2.1 基于自然属性的基本理论

4.2.1.1 土壤肥力学说

土壤肥力是指土壤为植物生长提供养分水分的能力以及优良环境条件的能力。土壤肥力包括自然肥力、人工肥力，以及二者相结合形成的经济肥力。自然肥力是由土壤母质、气候、生物、地形等自然因素的作用形成的土壤肥力，是土壤的物理、化学和生物特征的综合表现。它的形成和发展，取决于各种自然因素质量、数量及其组合适当与否。自然肥力是自然再生产过程的产物，是土地生产力的基础，它能使天然植被自发生长。人工肥力是指在人类生产活动，如耕作、施肥、灌溉、土壤改良等人为因素作用下形成的土壤肥力。经济肥力是自然肥力和人工肥力的统一，是在同一土壤上两种肥力相结合而形成的。仅仅具有自然肥力的土壤，不存在人类过去劳动的任何痕迹。而具有经济肥力的土壤，由于其中包括人工肥力，则凝结有人类的劳动。

由于人工肥力是凭借人的生产活动形成的，人们就可以利用一切自然条件和社会条件促使人工肥力的形成，并加快潜在肥力转化，使土地尽快投入生产。人类的生产活动是创造人工肥力，充分发挥自然肥力作用的动力。土壤肥力经常处于动态变化之中，土壤肥力变好变坏既受自然气候等条件影响，也受栽培作物、耕作管理、灌溉施肥等农业技术措施以及社会经济制度和科学技术水平的制约。

土壤水、肥、气、热等肥力因子，随着气候、水文等自然环境条件的变化以及农业生产活动的影响，不断地产生变化，有些变化对植物生长发育有利，有些变化则不利。在土地保护过程中，首要保护的是土壤的肥力，要通过各种改良方式，提高土壤质量，增加土壤肥力。提高土壤肥力一般有以下几种方法：增加土壤养分、改善土壤结构、改善土壤的水热状况、增加生理活性物质等。此外，掌握土壤肥力因子的动态变化，及时预测和调控，可使土壤肥力的发展与作物的需求经常处于协调状态，以取得作物高产稳产的效果。土壤肥力分级和土壤肥力监测在土地保护过程中具有重要作用，土壤肥力监测即观测土壤肥力因子动态变化的过程。依据拟定的土壤肥力指标，对土壤肥力水平进行等级评定称为土壤肥力分级。一般包括土壤环境条件（地形、坡度、覆被度、侵蚀度），土壤物理性状（土层厚度、耕层厚度、质地、障碍层位），土壤养分（有机质、全氮、全磷、全钾）储量指标，养分有效状态（速效磷/全磷、速效钾/全钾）等。对土壤肥力进行评定和监测可定期掌握土壤性状，掌握不同土壤的增产潜力，揭示出它们的优点和存在的缺陷，并结合以上改良方式，为各种劣质、低质土地改良提供可能。改善土壤条件、修复土壤环境和提高土壤肥力是土地整治的一项重要内容，所以土壤肥力学说的相关理论和技术要点对土地整治工程设计与实施具有重要的科学指导意义。

4.2.1.2 生产潜力理论

(1) 作物生产潜力内涵

作物潜在的生产力称为作物生产潜力，也叫理论潜力。它是假设作物生长所需的光、温、水、土、气等都得到满足，耕作技术、品种和管理水平等都处于最佳状态时的生产能力。作物生产潜力具有时空性，即作物生产潜力随着地点的改变或社会经济技术条件的改变而变化。根据作物生产潜力的实现层次及对生产潜力开发的意义，作物生产潜力包括光合生产潜力、光温生产潜力、气候生产潜力、土地生产潜力、经济生产潜力和现实生产力等，并具有金字塔的结构特征。

光合生产潜力：除光照以外，其他生活因素（温度、水、气、矿质营养等）满足，生产条件（灌溉、肥料、技术、植保等）最佳，理想作物群体在当地光照条件下，单位面积上所形成的最高产量。它是作物产量的理论上限。

光温生产潜力：除光、温外，其他生态条件（水分、空气等）及所有生产条件（灌溉、肥料、技术、植保等）最佳时，理想作物群体在当地实际光照和温度条件下，单位面积上所形成的最高产量。光温潜力是在当前技术水平下，通过合理投入可能达到的作物产量上限。

气候生产潜力：是指在土壤、投入和管理等条件没有限制的情况下，受水分限制的作物的光温水生产潜力。

土地生产潜力：指受到土壤条件限制的作物生产潜力，或者称作物的光温水土生产潜力。土地生产潜力可作为当地作物生产争取达到的产量水平。

经济生产潜力：在土地生产潜力的基础上，在当地社会经济条件下，通过物质和能量的投入及农业技术作用所能实现的产量。它反映了人类对自然的改造程度，是人们可以实现或基本可以实现的产量。

现实生产力：是在现实条件下，土地的实际产量。它反映了当前的生产水平。

（2）影响作物生产潜力实现的因素

作物生产潜力的实现受诸多因素的影响，用系统科学的观点分析作物生产系统，可将其分为4个子系统：生态系统、技术系统、经济系统和社会系统。作物生产系统的实质就是在一定生态条件下，运用经济学规律和一定的农业技术体系调节和控制的生态系统。生态系统中的气候因子、水分因子、土壤因子及其他生态因子决定了作物土地生产潜力的大小。土地生产潜力的挖掘程度又取决于技术、经济和社会系统中的各因子。在技术、经济和社会系统中的所有因素都可能影响作物生产潜力的实现程度。技术系统中的栽培耕作技术、良种生产技术、机械化程度、管理水平，经济系统中的物质能量投入、人工投入以及社会系统中的政策、市场等因素都制约着生产潜力的实现。

总之，所有以上因素都对作物生产潜力的大小和实现程度起一定的作用，但不是起同等重要的作用，其作用大小随作物种类及作物生产潜力层次的不同而改变。市场经济条件下，土地生产潜力的开发主要受投入与管理水平的制约，肥料投入、病虫害防治水平、机械化水平、农业技术应用以及田间管理等条件都不同程度地影响作物的产量。而投入与管理水平又受两类因素的影响：首先是受当地社会经济发展水平下农民利用土地的能力影响，也就是说农户的资金和管理技术水平决定了农民利用土地的能力；其次，在土地利用能力既定的条件下，对作物生产的投入与管理还受劳动者投入意愿的影响，即农民愿不愿意对土地充分投入。这对于土地整治尤其是耕地质量和综合生产能力的提升具有重要的指导作用。在不同地区，应该根据限制因素的组合情况和可改变的难易程度的不同，因地制宜地挖掘土地生产潜力，优先整治生产潜力提升空间大且改造难度低的土地资源，对于需要投入大且效益低或破坏生态环境的区域应限制或禁止进行土地整治。

4.2.1.3 土地资源特性理论

土地资源是由地球陆地表面一定立体空间的气候、地貌、水文、基础地质、土壤、生物和社会经济等要素组成的复杂的自然经济综合体。在其长期形成、演变过程中，各种要素以不同方式，从不同的侧面，按不同的程度，综合地影响着土地资源的特性。

（1）光照、温度和水分特性的利用

①光照。“万物生长靠太阳”，太阳辐射是地球上所有生命和活动的源泉。绿色植物通过光合作用合成有机物质，为我们提供粮、油、棉等生活必需产品。影响植物光合作用的太阳辐射因子有光照强度和光照长度。光照强度通过影响光合作用影响作物植株生长量和经济产量，光照强度大有利于光合产物的积累。我国青藏高原和新疆地区是光照强度最大的地区，因而那里作物的千粒重特别高，棉花纤维长，瓜、果糖分含量高。光照时间长短对光合作用产量也有重要影响。

②温度。植物生长和人类生产活动要在一定的温度条件下进行。以温度为指标，可把全球划分为不同的气候带，在不同的气候带，土地覆被及适种作物也不同。极地冰沼地带，虽然土地宽广，但因为气候寒冷而只有地衣等低等植物生长，对于人类来说，是不能或难以利用的土地。

我国东部湿润地区作物种类受温度影响显著。自北而南依次是：北温带，只有靠近南部中温带的边缘地区才能种植短生长期的马铃薯、荞麦；中温带，适种作物是玉米、冬小麦、大豆，一年一熟；暖温带，适种作物是玉米、冬小麦、大豆、甘薯、棉花（南部地区）以及苹果、梨等果树，可实行两年三熟制或一年两熟制；北亚热带，种植水稻、小麦、棉花等，可一年两熟或一年三熟（包括一茬绿肥）；中亚热带，一般是双季稻或稻麦两熟，适种茶、柑橘等经济作物；南亚热带，是我国主要的双季稻区，可一年三熟，适种香蕉、甘蔗、菠萝、龙眼、荔枝等经济作物；热带地区，一年三熟，适种橡胶、咖啡、椰子等经济作物。

③降水。水是地球上一切生命活动的源泉之一。在亚热带的非洲大沙漠，还有我国青藏高原和新疆地区，太阳辐射很强、温度高，土地有着相当高的光温生产力，但是因为干旱缺水，实际生产力水平却很低；在那里，只有在有水或有水灌溉的地方，光温水才能耦合，土地才能表现出巨大的生产力。表示降水特征的变量有降水量、降水强度和降水变率。在相同降水量下，降水强度大，容易引起水土流失和洪涝灾害；在相同的年均降水量下，降水变率越大，作物生产的稳定性越低，旱涝灾害频繁。我国属大陆性季风气候，降水变率和降水强度都较大，在西北地区尤为强烈。在这种影响下，我国广大地区雨季集中，旱涝灾害频繁。在农业生产上必须加强防洪排水和灌溉抗旱的农田基本建设，以增加产量和生产的稳定性。但我国气候也有水热同步、有利于作物生长的优势条件，可通过选择优良品种和种植制度，充分利用生长季优越的水热条件，以获得高产。

（2）地形特性的利用

①海拔高度。海拔高度变化造成水热条件的差异，土地利用要根据这些的不同进行立体布置。如在太行山的低山丘陵区，可以安排种植粮食和果树，在中山地带安排水土保持林，在高山地带只能是天然草场，进行季节放牧。

②坡度。坡度的陡缓不仅直接制约着水土流失的强度，也影响着农业机械化和农田基本建设的难易。一般坡度小于 3°的缓坡耕地无多大侵蚀危害，可以使用大型农业机械；坡度大于等于 3°则对土壤侵蚀和机械的使用影响增大。我国多把坡度 25°作为种植业的上限；国外不少国家将坡度 15°作为耕地上限。开垦坡地必须采取一定的防止水土流失的措施，包括工程措施、生物措施、栽培耕作措施。这样才能保证土地资源的永续利用，否则，土地资源就会由于水土流失而退化直至破坏，乃至彻底丧失生产力。

③坡向。不同坡向接受太阳辐射的情形不一样，阳坡比阴坡能接受较多的太阳辐射，东西坡接受太阳辐射的情形介于阴阳坡之间。要根据坡向种植喜阴或喜阳的作物。

（3）土壤条件与利用

土壤是土地的主体部分，直接影响一个地区的土地资源的利用、开发及其生产力。以下从土层厚度、土壤质地、土壤可溶盐含量和酸碱度、土壤的障碍层次、土壤有机质和土壤养分等方面说明土壤条件与土地利用管理的关系。

①土层厚度与土地利用管理。土层厚度关系到植物的扎根条件。深厚土层不但为植物扎根提供了良好的立地条件，而且对养分和水分的保蓄能力强，对农林牧业利用均有利；而薄层土壤对深根性植物的生长就有限制。土地利用时，要根据具体土层的厚度，选择农林牧业和安排对土层厚度适宜的植物或作物品种。比如，谷子是须根系作物，只要有 20～30 厘米厚的土壤就可生长，而洋槐是直根系的树木，需要较厚的土壤才可立地生长，至少要 50 厘米厚的土层。

②土壤质地与土地利用管理。土壤质地关系到土壤的物理性质、蓄水保肥能力以及工程性质。砂性土、轻质地的土壤耕作容易，要求耕作投入的能量少；黏质土壤湿时黏重，干时坚硬，耕作需要较大的能量投入。但砂性土对水分和养分的保蓄能力较差，大量灌水施肥时很容易造成水肥淋失，利用率低。因此，施肥时要采取少量多次的方式，灌溉时要避免大水漫灌，采取喷灌或滴灌方式。黏质土壤对于养分和水分的保蓄能力则较强。含有砾石的土壤，因为含有大量空隙，对水肥的渗漏更迅速；大块的砾石还干扰耕作，撅犁打铧，因此不适于耕作，最好用作林用或牧用。而壤质土壤对于养分和水分的保蓄能力

则较强，也易于田间管理。

③土壤可溶盐含量和酸碱度与土地利用管理。当土壤中的可溶性盐达到一定含量时，土壤溶液的渗透压增大，影响作物吸收水分，从而对作物生长产生抑制作用。一般可溶盐总含量在0.3%以上时即开始影响作物根系对水分的吸收从而阻碍作物生长，当含量达到0.5%时即产生明显的抑制作用，达到0.7%时即严重减产，达到1%时，则土壤成为难以生长植物的盐土。一般pH在6.0～8.5的土壤对大多数作物生长都是适宜的。但也有些喜酸性或喜碱性的作物例外。比如，茶树要在酸性（pH 6.0～5.0）土壤上才能生长好，板栗适宜在微酸性（pH 7.0～6.0）土壤上生长。土地管理上，对于盐碱土或盐化、碱化的土壤，要采取改良措施才能种植作物，或者是选择耐酸、耐碱品种；对于酸性土壤可以通过施用石灰中和其酸性。

④土壤的障碍层次与土地利用管理。某些土壤具有阻碍植物扎根和水分渗透的层次，如砂姜层、黏土磐、铁磐、石灰磐等。这些障碍层次对作物生长的影响视其出现深度的不同而不同，一般在50厘米深度就出现严重影响。在选择土地利用方式时，要充分考虑这些障碍层次对植物或作物的影响。当然这也与种植的作物种类有关。如对于果树，即使这些障碍层次在100厘米深度出现，也会对果树生长产生明显影响，而这个深度对一般的谷类作物的影响就不太大；对于水稻，因为水稻需要一定的保水层次，这些障碍层次即使在50厘米深度出现其影响也不大。剖面中黏土层的厚薄与层位，对土壤水运动也有重要影响。研究表明，毛管水在有黏土夹层的土壤中的上升速度均比沙质土和黏质土小，其上升速度随黏土夹层厚度的增加而减慢，相同厚度时，毛管水上升速度随黏土层位的升高而减小。一定厚度的黏土层会产生滞水作用，造成内涝，比如白浆土，其上种植玉米在雨季可能产生内涝；而种植水稻则可利用其黏土层的托水作用，成为高产优质耕地。

⑤土壤有机质和土壤养分与土地利用管理。土壤有机质不但是植物养分供给的源泉之一，而且也是保持土壤良好物理性质的必要物质。所以，土壤有机质含量的高低可作为表示土壤综合肥力的一项重要标志。我们有必要通过施用有机肥或秸秆还田等措施，来保持或提高土壤有机质的含量。土地开垦后，如果归还到土壤中的有机物少于土壤有机质的减少量，土壤肥力就会下降，土壤结构也会变差；反之，土壤肥力会上升，土壤结构也会变好。施用有机肥，或通过施用化肥促使作物生长，再通过根茬或秸秆等形式归还到土壤中去，都可能提高土壤的有机质含量。土壤中的速效养分含量也影响耕地生产力。人们可以通过施肥，特别是速效化肥来调节土壤中的速效养分含量。但速效养分的变

化大，受耕作施肥的影响大。在土地管理中，要根据养分归还和平衡原理，合理施肥，避免掠夺式经营；在施肥品种上，要根据最小养分律，追施作物最需要的肥料；同时，注意不要过量施肥以至于造成地下水污染。

土地资源所具有的这些特性对土地整治过程中的土地平整、水利设施建设、土壤肥力提升和污染治理、种植作物遴选等均具有重要的指导作用。

4.2.2　基于经济属性的基本理论

（1）土地供给理论

土地供给，是指地球能够提供给人类社会利用的各类生产与生活用地的数量，包括在一定的技术、经济与环境条件下对人类有用的土地资源数量和在未来一段时间内预知可供利用的土地数量，通常可将土地供给分为自然供给和经济供给。土地自然供给指地球所能提供给人类社会利用的各类土地资源的数量，包括已利用的土地资源和未来可利用的土地资源。又称为土地的物理供给或实质供给。它不受任何人为因素或社会经济因素的影响，数量固定不变，因而是无弹性供给。土地自然供给受到气候条件、土壤质地、可资利用的淡水资源、生产资源以及交通条件等因素的影响。中国土地的自然供给极其有限，全国可开垦的宜农荒地资源仅约 3 330 多万公顷，其中 40%～50%为天然草地，主要宜于种植牧草；另外 16%～20%分布在南方山丘地区，主要适宜发展木本粮油；其余 1 330 多万公顷如全部开垦，仅可得净耕地 800 万公顷。土地经济供给是土地在自然供给及自然条件允许的情况下，随着土地利用效益的提高而增加的土地供给量。鉴于土地具有多宜性，土地利用效益存在差异性，因此，土地经济供给随着土地需求的增长和经济效益的提高而变化，具有弹性。在土地作为商品进行交易的条件下，土地经济供给的变动趋势直接与土地的价格、地租发生关系。影响土地经济供给的基本因素有多种：土地自然供给量、土地利用的集约度、社会发展的需求、交通运输条件和现代科学技术的发展等。当然，在这一过程中，人类对自然环境的干预和资源的利用也带来严重的负效应——生态环境恶化，应引起人们高度重视。

土地整治就是通过土地利用环境的改善和生态景观建设，消除土地利用中对社会经济发展起限制作用的因素，促进土地利用的有序化和集约化。其实质是通过对土地利用环境的建设，不断提高土地利用率和产出率，满足社会经济发展对土地资源的需求。通过土地整治来改变影响土地经济供给的系列因素，从而提高土地经济供给的数量，使之表现为动态的、有弹性的供给。总体来说，土地整治对土地供给的影响主要体现在以下三方面：直接增加农用地的经济供给；增强农用地供给的弹性；提高农用地经济供给的稳定性。

（2）土地报酬递减理论

土地利用报酬递减是指在技术不变、其他生产要素不变的前提下，对相同面积的土地不断追加某种要素的投入所带来的报酬的增量（边际报酬）迟早会出现下降。这里的土地报酬，可以理解为土地产品的产量，体现了土地的生产力。土地报酬递减规律已经有200多年的发展历史。它一直被农业经济学视为最基本的规律，同时也广泛地应用于资源经济学、土地经济学、生态学等领域，随之成为工农业生产的普遍规律，并被抽象为“报酬递减规律”或“收益递减规律”。这个规律揭示出，在一定的技术水平下，对土地追加投资，当投入一定量资源时，产出量会因此而增加；而当投入的资源数量超过一定量后，随着追加投入的增加而投入等量资源带来的产出量呈递减之势。

可以认为从土地利用全过程看，土地报酬的运动规律在正常情况和一般条件下，应该是随着单位土地面积上劳动和资本的追加投入，先递增然后趋向递减。在递减后，如果出现科学技术或社会制度上的重大变革，使土地利用的生产资料组合进一步趋于合理，则又会转向递增；技术和管理水平稳定下来，将会再度趋向递减。由于“土地报酬递减规律”的存在，在技术不变的条件下对土地的投入超过一定限度，就会产生报酬递减的后果。这就要求土地整治过程中，人们在利用土地、增加投入时，必须寻找在一定技术、经济条件下投资的适合度，确定适当的投资结构，并不断改进技术，以便提高土地利用的经济效果，防止出现土地报酬递减的现象。从投入产出关系（生产函数）来看，报酬、生产力的递增、递减主要在于投入的变量资源与固定资源（土地）的比例关系是否配合得当，二者在配合比例上协调与否以及协调的程度，决定着土地报酬（收益）和生产力。土地报酬递减规律对土地整治中确定合理的资金和成本投入比例以及土地整治规模等有着重要的指导意义。

（3）区位理论

19世纪30年代，德国农业经济与农业地理学家屠能提出农业区位理论，它解释了农业经济时代中，人类如何选择作为其主要经济活动的农业活动的场所问题。在工业经济时代早期，工业生产活动的场所选择主要取决于生产成本的大小，运费作为一个影响空间成本的重要因子格外受关注，随即产生了韦伯的工业区位论，其核心就是通过对运输、劳力及集聚因素相互作用的分析和计算，找出工业产品的生产成本最低点，作为配置工业企业的理想区位的依据。随着工业经济社会的发展，社会生产更多地受市场的直接制约，市场因子备受关注，随即产生了廖什的市场区位理论，他开始从总体均衡的角度来揭示整个系统的配置问题。再随着人类生活方式和价值观进一步多样化，仅考虑单一的经济因素已经不能全面地反映工厂区位选择的目标，重视非经济区位因子以及行为因素的新区位理论应运而生，其中德国经济学家克里斯塔勒提出的中心地理论反映了作为人类生活基本场所的城市和聚落的空间配置规律，为科学合理地规划区域内不同等级聚落之间的空间关系以及合理布局区域的公共服务设施提供了理论基础。综上这些区位理论对土地整治项目科学选址提供了基本思路，也是土地空间布局合理化的理论基础，应在该理论的指引下，努力调整土地整治项目分布现状，寻求土地整治效益最大化的最佳区位。

在进行土地整治项目区的选址时，决策者必须充分考虑区位因素对土地利用布局和土地整治经济、社会效益的影响，在选择时应该尽量发挥整理区的区位优势。首先是在城乡交错带与农村腹地进行土地整治，就存在着明显的区位差异，因而对土地整治的要求也完全不同。城乡交错带是联系城市与农村的重要通道，具有明显的区位优势，不仅交通便利，各项服务配套设施齐全，且具有农村土地空间开阔、土地肥沃、环境适宜等优点，在这里进行土地整治，就应该多布置些需求量大、不易保鲜的蔬菜类产品生产基地；而在农村腹地，距离城市中心较远，受各项经济条件限制，在这里进行土地整治时，则应主要以种植传统粮食作物为主，发展粮食生产基地。其次是在我国中西部地区和东部地区进行土地整治，也存在着较为明显的区位差别。中西部地区经济基础较为薄弱，尤其是西部地区，各项基础设施条件较差，进行土地整治只能是在改善当地农业生产条件的基础上尽量提高农业粮食产量；东部地区则不同，改革开放后经济迅猛发展，各项基础设施齐全，农业土地利用的区位条件较中西部地区要优越，这时，土地整治就应该是充分发挥现有耕地资源潜力，在增加耕地面积和提高耕地质量的同时，建立一批专业化农业生产区，促进土地的集约利用与规模经营。

（4）利益相关者理论

利益相关者理论属于企业伦理学（或商业伦理学）的研究范围，是社会学和管理学的一个交叉领域。利益相关者理论的出现，是有着深刻的理论背景和实践背景的。从理论渊源上看，利益相关者理论与企业社会契约理论和产权理论有着密切的关系。从实践上看，在20世纪60年代，美、英等国奉行“股东至上”主义，即企业唯一的目标和社会责任就是股东利润最大化，益相关者理论就是在对美、英等国奉行的“股东至上”公司治理实践的质疑中提出（当时并没有得到理论界的广泛认同）并逐步发展起来的。

利益相关者理论的核心是“弱化所有者地位，强调企业社会责任”，即企业在经营管理等活动中要考虑和体现各个利益相关者的利益，同时应当通过协调和整合利益相关者的利益关系，达到整体效益最优化。利益相关者理论的主要观点有：第一，企业依存观：利益相关者依靠企业来实现其个人目标，同时企业也依靠他们来维持生存。第二，战略管理观：强调利益相关者在企业战略分析、规划和实施中的作用，侧重于从相关利益主体对企业影响的角度定义利益相关者，强调企业战略管理中的利益相关者参与。第三，权利分配观：利益相关者参与治理的基础就在于投入的专用性资产以及由此承担的公司剩余风险。既然利益相关者的专用性资本对于公司发展而言是关键的，而且在事实上承担了剩余风险，那么就应该享有相应的剩余索取权。利益相关者的观点是对传统公司目标提出的挑战，即公司的目标不应仅限于股东利益的最大化，也应考虑除了股东之外的利益相关者，如经营者、职工、债权人、顾客、供应商和政府等。因为他们都是特殊资源的拥有者，这些资源对公司来说是同等重要的。他们向公司投入了专用性投资，与股东一样，应该承担风险和享有收益。

利益相关者理论构建了一种管理方法，这种方法系统地将外界环境纳入组织的考虑之中，不仅把影响组织目标的个人和群体视为利益相关者，同时也把当地居民、政府部门、承包商、研究机构、环境保护团体、竞争者等群体纳入利益相关者范畴，因为这些群体同样可以影响组织实现其目标的过程。由于土地整治的复杂性和综合性，越来越多的学者试图从人文因素角度出发研究土地利用问题，其中利益相关者理论的引入，将会成为一个热点。土地整治涉及众多的利益相关者，在现行的土地整治项目操作中，政府出现“包揽一切”的倾向，项目目标的制定并没有顾及某些群体的利益诉求，漠视甚至侵犯某些利益相关者的正当权益，导致利益冲突，影响了项目目标的实现。利益相关者理论的核心思想是将企业视为整个社会环境中的一个组成部分，并非由股东完全拥有，企业与社会的各个方面存在着联系，企业的行为应该考虑社会各个方面的关系，以保证企业的生存和发展。将其引申到土地整治项目中，可以认为：土地整治项目不仅仅是投资者（政府）的项目，而是涉及社会各个方面的利益，项目的实施应当充分考虑众多利益主体的利益，保证他们平等参与项目的决策和利益分配。另外，利益相关者理论可以大大拓展土地整治的视野，将外部环境引入土地整治战略制定与项目操作过程中，突破了原有的思维局限。引入利益相关者共同治理模式，可以通过土地整治项目的正式制度安排来确保每个利益相关者具有平等参与项目决策的机会，同时依靠相互监督机制来制衡各利益相关者的行为，通过适当的投票机制和利益约束机制来稳定利益相关者之间的合作，以实现项目决策的公正、公开与公平，最终实现利益相关者共同利益最大化的项目目标。在土地整治面临着变革与创新压力的时刻，更多地关注众多利益相关者的利益、通过利益相关者共同参与保证他们享有平等参与项目的权利是理想的选择之一。

4.2.3 基于社会属性的基本理论

(1) 公共物品理论

公共物品（Public Goods）这一术语最早是由林达尔于1919年正式使用的。保罗·萨缪尔森认为：公共物品是“每个人对这种产品的消费，都不会导致其他人对该产品消费的减少”。萨缪尔森对于公共物品的定义具有三个特征：一是效用的不可分割性，公共物品为全体社会成员提供，具有共同受益或者联合消费的特点，其效用为整个社会成员所共享，而不能将其分割为若干部分，分别归属于某些个人或者组织所享用；二是消费的非竞争性，是指消费者的增加不引起生产成本的增加，即多一个消费者引起的社会边际成本为零，或者说，一定量的公共产品按零边际成本为消费者提供利益或服务；三是受益的非排他性，公共物品一旦提供，就不能排除任何人对它的消费，这里有三种情况，一是技术上不可能，或者即使在技术上可以排他，但是在经济上不可行，二是任何人不得不消费它，没有办法拒绝，三是任何人都可以消费相同数量。

要全面理解公共物品，还需要进一步理解其他特征：第一是替代性，公共投资对私人投入有替代效应（挤出效应）。第二是外部性，公共物品一般都具有较大的“正外部性”。第三是规模经济性，规模经济性在一定程度上形成自然垄断和进入壁垒。第四是成本集聚性和投入专用性（成本的沉淀性），一般的公共物品投资具有不可逆性和专用性，一旦投入，就无法迅速收回投资，其专有价值也很难移动或者转作他途，需要先期的科学决策。第五是范围性，包括生产的范围性和消费的范围性，需要增强针对性。第六是多样性和多层次性，表现在：首先是受益范围多层次性，其次是公共需求多样性和多层次性。层次性决定了公共物品投资主体、供给模式和职能范围。第七是阶段性，在不同经济发展阶段，公共物品的内容和特性会发生相应的转变。

公共物品是具有消费的“非竞争性”和“非排他性”的物品，土地整治完全具备这样的特征：土地整治提供的产品主要是土地整治对国家粮食安全、生态安全的保障等，可以供全社会消费，某人对土地整治的消费不会影响别人对土地整治的消费，这体现了土地整治的“非竞争性”；某人对土地整治物品的消费不可能排除他人对土地整治的消费，即土地整治具有“非排他性”。由于“非排他性”的存在，导致了私人不愿意提供土地整治这种物品，同时存在

“非竞争性”，导致边际成本定价失灵，因此由私人提供存在无效性。因此，土地整治属于战略性的公共物品。作为一种公共物品，在中国农村土地集体所有的制度背景下，目前中国的土地整治最优配置应是以政府为供给主体，以地方政府和私人企业为生产主体。土地整治作为公共物品，如通过市场供给，不可能实现排他或者导致成本高昂，出现“搭便车”现象。因此政府提供土地整治这种公共产品比市场提供更有效率，但是政府提供并不意味着政府生产，土地整治“提供”和“生产”完全可以实行分离，由各种不同形式的主体来承担，包括企业法人、第三部门，甚至个人。这样，政府可以更加专注于制度环境的建设和市场的监管，提供公平的市场竞争环境，其作用要远远大于其作为生产者的作用。

（2）项目治理理论

项目治理理论的产生、发展与传统政治经济发展模式及传统政治经济理论的危机密切相关。20世纪下半叶以来，随着市场经济的发展和新技术革命的出现，社会经济快速发展，社会利益格局趋向多元化，社会公共领域逐步形成，公民的自主意识日益增强。与此同时，面对这种全球性的经济社会转型，各个国家的传统政治经济体制都出现了不同程度的危机，“政府失灵”与“市场失灵”并存。要解决面临的复杂的社会、经济问题，就必然要在政府和市场之外寻求新的解决方式，于是“治理”便应运而生了。

项目治理是一种制度框架，体现了项目参与各方和其他利益相关方之间权、责、利关系的制度安排，在这种制度框架安排下完成一个完整的项目交易。项目治理的制度安排是为了规范不同利益相关者之间的责任、权利、利益关系，实现项目目标，治理结构的功能就是恰当地处理不同利益相关者之间的监督、激励与风险承担等问题。

项目治理包括内部治理和外部治理：内部治理是体现项目核心利益主体之间的内部决策过程和各利益相关者参与项目治理的方法与途径，通过内部组织结构实现；外部治理则是以项目其他利益相关者所构成的外部市场环境来约束项目的核心利益者主体，通过市场和政府两个体系实现。为完成治理任务，需要构建内部治理机制和外部治理机制：内部治理机制以项目核心利益相关者内部监控为主；外部治理机制则包括以外部市场竞争机制来约束监控代理人和政府对公共项目的监督治理。另外，治理是一个动态的权力过程，而不仅仅是静态的行为结构，在这个过程中，参与治理的不同利益相关者之间结合权力关系进行协商、合作以及利益交换。

治理理念是对传统单一政府管理的反思，它强调治理主体的多中心秩序和治理权力的多向度，它反对自上而下的命令与服从，推崇自下而上的对话、协商与合作，强调政府、项目业主、承包商、非营利组织和公民的互动与协作。在项目实施中强调目标导向的治理理念，是市场经济条件下完善项目管理体制的必然要求。在当前利益格局日趋多元化的背景下，土地整治要完成资源的重新配置和利益分配，现行项目体制也越来越力不从心，难以实现项目目标。引入项目利益相关者共同治理模式，通过合作博弈，实现共同利益最大化不失为一个理想的选择。

（3）公众参与理论

“参与（Participation）”的概念出现在20世纪40年代末期，是指一种基层群众被赋权的过程，被广泛地理解为在影响人民生活状况的发展过程中和发展计划项目中的有关决策主体的积极地全面地介入的一种发展方式。公众参与是通过一系列的措施和手段，促使事物（项目等）的相关群体积极地、全面地介入事物过程（决策、实施、管理和利益分享等）的一种方式，是实现项目管理效果持续性的一种工具，是吸收公众参与投资项目设计、评价和实施的一种有效方法。特别是农业建设项目具有空间布局区域广、项目参与者众、利益相关人群多、社会效益比重大等特点，在农业项目管理中引入参与式方法，通过参与式项目选择、参与式项目计划、参与式项目实施、参与式项目决策和项目评估等技术方法与手段，能有效地保证农业项目从选择、计划、建设、实施到管护充分体现项目区内广大利益相关者的民情、民意，保证项目的有效、安全运行。

土地整治项目作为公益项目的一种，公众参与的特点也十分明显。首先，空间分布广，项目分布在广阔的野外，占地面积大，地理空间布局广，地形、地貌差异显著，同类项目建设在不同区域表现出明显的特质性，当地人的参与度对于项目的成功与完成具有重要意义。其次，地缘性特点突出，土地整治项目在地理分布上多为集中连片式建设，表现出显著的地缘性，区域内自然、地理、人文、文化传统、民族风俗等因素直接影响到项目的建设，充分考虑项目建设地区的自然条件、生物品种、当地民族风俗、社会经济发展水平、农民素质等因素，将外来的技术与乡土知识有机结合与融合，因地制宜地进行项目选择与建设是项目成功的首要条件。再次，社会公益性强，土地整治项目建设直接涉及国家、地方、农民以及不同部门的利益分配，投资效益不仅体现为农业部门内部效益，也直接和间接地辐射到国民经济的各个部门，涉及社会不同阶层的自身利益，投资效益产出具有较强的公益性。所以，土地整治公众参与是指在区域土地整治过程中充分调动项目区域内各个利益主体的积极性和主观能动性，使其深入到土地整治中来，以优化区域土地利用的合理配置，维护各个利益主体的既得利益，实现区域土地利用的可持续经营，保证区域内社会、经济、环境协调发展的过程。

（4）环境行为与环境态度理论

广义的环境行为是指能够影响生态环境品质或者环境保护的行为。它可以是正面的、有利于生态环境的行为，如资源回收等，也可以是负面的行为，如浪费能源等，强调个人主动参与、付诸行动来解决或防范生态环境问题。一般个体最容易做到的是生态管理和财务行动等“私人领域的环境行为”，而政治行动与法律行动等“公共领域的非激进或者激进的环境行为”较难做到。人们往往会从较低程度的行为开始，逐步提高行为的层次，这是一个循序渐进、不断提高的过程。

环境态度作为环境行为的一个重要影响因素，得到了学者们的普遍关注。在环境领域中所研究的态度包括两类：对环境的态度（或一般环境态度）与对某种环境行为的态度（或特定环境态度，例如针对节约能源的态度）。大部分学者都认为一般环境态度预测一般环境行为，特定环境态度预测特定环境行为。

环境态度与环境行为及二者关系研究是环境社会学的研究热点，因为改善环境需要的不仅仅是科技手段，更重要的是人的观念和行为模式的转变。通过探讨如何通过教育和政策等手段改变环境态度，尤其是改变环境价值观，进而树立全社会环境友好的行为模式，是实现可持续发展社会的必由之路。

基于“态度影响行为”这一基本的心理学认知，一些经典的理论研究框架为后续研究奠定了理论和实证基础。如，经典的计划行为论认为，若个人对某行为的态度愈积极、所感受到周遭的规范压力愈大、对该行为所感知到的控制越多，则个人采取该行为的意图便愈强。ABC 理论认为环境行为（B）是个人的环境态度变量（A）和情境因素（C）相互作用的结果，当情境因素是比较中立的或者趋近于零的时候，环境行为和环境态度的关系最强；当情景因素极为有利或者不利的时候，可能会大大促进或者阻止环境行为的发生。生态行为受到态度变量和情境变量的共同作用，尤其是在一些行为难以实施的时候，行为对态度变量的依赖就会减弱，而情境变量的影响力就会增强。

4.2.4 基本生态属性的基本理论

（1）生命共同体理论

用途管制和生态修复必须遵循自然规律，如果种树的只管种树、治水的只管治水、护田的单纯护田，很容易顾此失彼，最终造成生态的系统性破坏。古希腊悲剧大师埃斯库罗斯说：“非但不能强制自然，还要顺从自然。”中国古代的道家学派也持与此相近的观点，荀子却独树一帜，自信地宣布：“人定胜天。”到了近代，黑格尔说：“当人类欢呼对自然的胜利之时，也就是自然对人类惩罚的开始。”恩格斯更明确地指出：“我们不要过分陶醉于我们人类对自然界的胜利。对于每一次这样的胜利，自然界都报复了我们。”自然是人类生存之本、发展之基。自然界先于人类而存在，反映了自然界不依赖于人类而具有内在创造力，它创造了地球上适宜生命生存的环境和条件，创造了各种生物物种以及整个生态系统。因此，推进人与自然和谐共生是一项复杂的系统工程。当人与自然和谐相处，自觉保护生态环境，能动地适应、有效地利用、合理地改造时，得到的往往是大自然的加倍回报和恩惠；当人们破坏性、盲目性、掠夺性地向自然索取资源时，得到的往往是无情的惩罚和报应。这是生态文明理念中人与自然、人与人、人与社会关系和谐的基本要义。为此，我们就要践行“既要绿水青山，也要金山银山。宁要绿水青山，不要金山银山，而且绿水青山就是金山银山”的理念，正确处理好人与自然的关系，与自然和谐共生。

要正确认识人对自然的依存关系。人与自然、人与社会的辩证关系是人类社会永恒的主题。在漫长的物种进化过程中，人从自然界中脱颖而出，成为当之无愧的“万物之灵”。但是无论人如何进化，人类来自自然界，人类的一切创造都来自自然界。物质资料的生产和再生产以及人自身的生产和再生产，都是以自然环境的存在和发展为前提的，没有自然环境就没有人本身。无节制地向大自然索取资源，强调效率，讲求效益，只考虑当前利益和需要，而忽视人与自然关系的和谐统一性，就会造成环境污染，资源缺乏，导致道德退化等社会问题。人类改造大自然的目的在于使人的生活更加美好，但事与愿违，大自然早已在无情地报复人类。人类如果再不改善与自然的关系，必将遭受更大的灾难，会受到自然规律的惩罚。

人与自然的关系实质上就是人与人的关系，是社会关系，人与社会是相互依存的。马克思主义认为，人和社会是辩证统一的关系，不能脱离对方而存在。马克思指出：“人的本质并不是单个人所固有的抽象物，在其现实性上，它是一切社会关系的总和。”一方面，人是社会的人，人只有存在于一定的社会关系中才是真正的人、历史的人、实践的人；另一方面，社会是人的社会，是相互联系的、有组织的个人集合体，脱离了人社会就是毫无内容和意义的概念。因此，人与自然关系的协调，最终取决于人与社会关系的协调，也可以说人与自然关系的协调，是最大的民生工程。

（2）生态系统论

“系统”一词，来自古希腊语，是由部分构成整体的意思。按贝塔朗菲的观点，系统论包括普通系统论、控制论、信息论等。系统被定义为“处于一定的相互关系中并与环境发生关系的各组成部分的总体”。我国著名科学家钱学森也对系统的概念进行了界定：“什么是系统？系统就是由许多部分所组成的整体，所以系统的概念就是要强调整体是由相互关联、相互制约的各个部分所组成的。”系统定义中包括了要素、结构、功能等概念，表明了要素与要素、要素与系统、系统与环境三方面的关系。系统论将对象看作是各要素以一定的联系组成的结构与功能的统一整体，着重考察各部分之间的相互关系与变动的规律。面对越来越多的复杂现象，传统的将事物分解成局部要素的分析方法急需改进，系统论的出现使人们改变了以往的认知与分析习惯，为人们提供了有效的思维方式。“我们被迫在一切知识领域中运用整体或系统概念来处理复杂性问题。这意味着科学思维基本方向的转变。”以系统论、信息论、控制论为代表的三大理论与方法形成了系统科学的基础。

在系统论看来，系统无处不在。系统论的基本思想是强调整体性，整体大于部分之和，是系统论最重要的观点。在贝塔朗菲看来，系统论与机械论思想相对，包含了以下基本原理：整体性、等级结构、关联性、动态平衡等。这些原理既是系统所具有的基本思想观点，而且也是系统方法的基本原则。

整体性原理：贝塔朗菲认为，将有机体的要素简单分解和简单相加是机械论的错误观点之一，必须用作为整体的系统观点来看待研究对象。

等级结构原理：系统存在一定的等级结构秩序，包含着子系统与层次关系，系统的每一个子系统又是下一较低层次的系统。贝塔朗菲也将此称为“层次序列”，认为“一层一层的组合为层次愈高的系统”是作为整体的重要特征。对此，钱学森讲得更明确：“我们把极其复杂的研究对象称为‘系统’，而且这个‘系统’本身又是它所从属的一个更大系统的组成部分。”

关联性原理：指系统要素彼此之间的相互关联，包括相互依赖、相互作用、相互交往、相互制约、互动互应。因此着眼于考察组分之间、要素之间、变量之间的相互关联，也是系统思维的基本要求。

动态平衡原理：系统产生于相互作用中，而随着时间不断发展，系统还会在不同力的作用下不断演化。系统与环境之间、子系统之间、子系统的要素之间存在着相互作用，这是系统演化的动力。系统演化有向上前进的演化也有向下后退的演化，前者是系统演化的主要方向。因此在研究中我们不仅要研究各种系统发展变化的方向和趋势，而且要探索它们发展变化的动力、原因和规律。

(3) 生态恢复力理论

所谓恢复力，是指系统吸收扰动并保持结构和功能的能力，恢复力具有物质性、量性和可塑性特征，是系统持续保存的关键。恢复力理论认为，在人类活动日益频繁、规模日益扩大、扰动日益强烈的今天，地球上的自然生态系统已经越来越少了，社会生态系统几乎已经替代了自然生态系统。这样的系统受到人类活动的扰动和自然灾害的冲击几乎是不可避免的，所以提高对扰动和冲击的抵抗力，也就是建设恢复力，是社会生态系统可持续发展的关键。

恢复力是社会生态系统最基本的属性之一。社会生态系统之所以具有恢复力，是因为社会生态系统是一个时空多尺度系统，且具有自组织特性，当扰动或者变化发生时，系统通过各种反馈和调节作用使自身保持原有状态。恢复力的最直接体现就是阈值效应，当扰动或者变化过大，系统无法保持原有状态，就会发生状态转移。从时间史角度来看，社会生态系统是随时间不断演化的系统，且处在相互嵌套的适应性循环中，社会生态系统通过适应性变化来维持自身的结构和功能。恢复力的基本作用是确保系统的可持续性，即确保社会生态系统按照管理者所期望的方式来持续发展。尺度效应、阈值效应、适应性循环与可持续性是恢复力理论所倡导的基本观点，他们既是社会生态系统恢复力形成的基础，也是社会生态系统恢复力的直接体现。

如果将土地整治的对象视为一个社会生态系统，将土地整治视为一种人类活动，那么根据恢复力理论，土地整治可被认为是一种为减少未来土地利用的生态风险、提高土地恢复力以保持土地的集约与可持续利用的人类活动。因而，恢复力理论的基本观点，具体包括尺度效应、阈值效应、适应性循环、可持续性等。

(4) 景观生态学理论

景观生态学源于土地研究，研究对象是土地镶嵌体，其应用也以土地利用为主。景观生态学是以人类与地表景观相互作用为基本出发点，研究景观生态系统的结构、功能及变化规律，并进行有关评价、规划及管理的应用研究。按照景观生态学的综合整体观，土地是一个由不同土地单元镶嵌组成的地理实体，与广义的“景观”概念是一致的，它不仅涉及土地的自然特性，还包含了人类的干预，兼具经济、生态、社会等多重价值。土地利用目的与管理措施组成了土地利用方式，土地利用方式与土地单元组成了一个土地利用系统，由不同的土地利用系统镶嵌构成了土地利用的景观或者区域。土地利用系统是一个典型的自然—经济—社会复合景观系统，是人与自然环境相互作用的集中体现。生产性、安全性、保护性、可行性与接受性这5个目标构成了土地持续利用评价的基本框架。景观生态学更强调土地持续利用的目标是多重的，追求多目标之间的优化，而不是单目标的最大化。土地利用涉及地块、土地利用方式、土地利用系统、景观和区域多个空间尺度，其中景观和区域是土地持续利用最重要的空间尺度。

空间格局与生态学过程理论指出，结构是功能的基础，功能是结构的反映，景观异质性是其结构的直观表现，间接地反映景观生态系统的内在功能。景观的空间镶嵌结构决定物种、物质、能量和干扰在景观中的流动，只有景观或区域尺度上的空间镶嵌稳定，才能实现景观生态系统的稳定。空间镶嵌稳定不是一种状态，它还包含着变化过程。通过对结构和过程的相互作用分析与模拟，探讨合理的土地利用配置，是土地持续利用评价的基础。任何景观或者区域都存在一个土地利用系统在空间上的最佳配置，能达到整个景观或区域的土地持续利用。景观生态学以人与景观的相互关系为着眼点，既注重景观系统的功能特征，又注重景观系统的稳定性和持续性，与土地资源可持续利用概念具有高度的一致性。因此，景观生态学构成了土地资源可持续利用研究的理论基础之一。而土地整治也属于土地资源可持续利用的范畴，因此，也应将景观生态学作为理论基础。

景观可以理解为地球表面气候、土壤、地貌、生物各种成分的综合体，其内涵接近于土地生态系统的概念，可以认为每一块地块就是一个景观单元，或者说景观主要体现于土地生态系统中。正是因此，景观生态学中的丰富度、均匀度、镶嵌度、连接度、边缘、空间格局、多样性等概念在土地整治中具有很大的实践价值，亦可作为评价土地整治效应的具体指标。在土地整治中不能仅立足于短期的、单纯的地块合并、调整、改造，还须依据景观生态学的有关理论进行综合规划设计，保护农村的自然生态景观，促进生态平衡。当前在我国一些经济较为发达的地区进行土地整治时，存在一种误区，即过分追求高品位的设计，在田间大量铺设混凝土路面和沟渠，这种做法无疑减少了绿地面积和生物栖息的场所，不仅降低了景观的多样性，也使得区域土地生态系统的结构简化，不利于系统功能的稳定与提高。在进行土地整治时，应尽可能改善农村生态系统现有结构简单、生态系统脆弱的状况，注意景观多样性的建设，促进系统稳定性的进一步提高。

国土空间整治
TIAOJIAN PIAN 条件篇

5 河南省国土空间整治的基础条件

河南省地处我国中部、黄河中下游，土地面积 16.56 万千米^2，占全国总面积的 1.73%；现辖 17 个省辖市，1 个省直管市，10 个省直管县，下面从自然条件、社会经济条件和生态环境条件 3 个方面概述河南省基本情况。

5.1 河南省的自然条件

5.1.1 气候条件

河南位于北纬 31°23′～36°22′，地处亚热带向暖温带过渡地区，光、热、水、气资源丰富。近 30 年来，河南省年平均气温为 12.1～15.7℃，年均降水量为 532.5～1 294.1 毫米，年均日照时数为 1 848.0～2 488.7 小时，全年有效积温为 4 452.3～5 655.7℃，全年无霜期为 189～240 天，属大陆性季风气候，四季分明、雨热同期，适宜多种农作物生长。河南省的降水量对农业生产的影响最为明显，河南省降水量整体呈现出南多北少的趋势，濮阳市、焦作市、三门峡市降水量不足 600 毫米，济源市、洛阳市、郑州市、开封市、新乡市等地降水量在 600～700 毫米，商丘市、周口市、平顶山市一带可达到 700～900 毫米，驻马店市和南阳市可达 900～1 000 毫米，信阳市在 1 000 毫米以上。

河南省各地因地理条件、受太阳辐射和季风环流影响的程度不同，形成了明显的气候差异。根据各地光、热、水气候资源条件，河南省可划分为 7 个农业气候区。

淮南春雨丰沛温暖多湿润区。该区水分、热量资源丰富，能满足稻麦两熟及双季稻的需要，但春秋季气温变化不稳定，对水稻育秧、安全抽穗有不利影响。降水季节分布不均，春季雨多，初夏雨少，盛夏雨多，秋季雨少。

南阳盆地温暖湿润夏季多旱涝区。该区降水适宜，年际变化较小，旱涝灾害较少，适宜夏粮小麦生产，盛夏季节降水量较为集中，旱涝频繁，特别是“卡脖旱”严重威胁晚秋作物高产稳产。

淮北平原温暖易涝区。该区地势平坦低洼，夏季雨水过分集中，易发生洪涝灾害，尤其在夏秋季节。该区夏季降水年际变化大，遇缺水年份，多在夏季发生旱灾。该区春播基本无春旱，对春播十分有利，小麦全生育期降水适中，产量较为稳定。

豫东北平原春旱风沙易涝区。该区是河南省春旱、低温、风沙、盐碱、干热风等各种自然灾害发生比较多的地区，加上地势平坦和排水不畅，常易形成涝灾。春季少雨，土壤蒸发量大，对春播和小麦生长发育有严重不利的影响。此外，寒潮大风和霜冻低温危害也较重。

太行山区夏湿冬冷干旱区。太行山前丘陵地带背风向阳，热量条件好，但夏季暴雨易引起山洪暴发、山坡塌方和水土流失。该区基本无涝灾。

豫西丘陵干旱少雨区。该区降水量 600 毫米左右，但因地势起伏，保水性差，水资源不足，抗旱能力弱，所以干旱对农业生产影响最大。

豫西山地温凉湿润区。山区温度随高度递减，南北坡亦有明显不同，该区的气候表现出垂直地带性的特征。

5.1.2 地形地貌

河南省地处全国第二阶梯和第三阶梯的过渡地带，地势西高东低，地貌类型复杂多样，由中低山地、丘陵过渡到平原。北、西、南三面太行山、伏牛山、桐柏山、大别山沿省界呈半环形分布，中部有嵩山、熊耳山等，山间有丘陵和陷落盆地。基本地形可分为中部和东部的豫东平原，西南部的南阳盆地，西北部的豫北山地，西部豫西山地和南部的豫南山地五大区。西北部的太行山地主要山峰大多海拔在 1 000 米以上，全省最高峰是灵宝市境内的老鸦岔，海拔 2 413.8 米，东部平原大都在海拔 100 米以下，最低处在固始县三河尖，海拔仅 23.2 米。全省山地面积约占 26%，丘陵占 18%，其余 56%为平原、河谷和盆地等。

5.1.3 土壤条件

河南省土壤类型多样，主要有棕壤、黄棕壤、褐土、潮土、砂姜黑土、盐碱土和水稻土等共 17 个土类。河南省土壤分布的一般规律是，豫东北、黄淮海冲积平原上主要是潮土、砂姜黑土和风沙土等；黄河两岸与黄河故道两侧分布有盐土和碱土；豫西和豫西北地区，黄土丘陵分布着褐土，浅山丘陵分布着红黏土；伏牛山北坡山区主要为棕壤和褐土，沿河两岸分布有潮土、新积土等；豫南山地丘陵上分布着大面积黄褐土和黄棕壤；淮河波状平原、山间盆地及河谷两侧有水稻土分布；桐柏山、大别山广泛分布着黄棕壤，个别平缓山顶部分有棕壤；豫西南的南阳盆地低洼易涝区主要分布着砂姜黑土，唐白河河漫滩分布着灰潮土，其二坡地及垄岗上分布着黄褐土；伏牛山南坡山地主要分布有棕壤、黄棕壤和黄褐土，部分山顶有零星山地草甸土，山谷地有零星紫色土。总之，河南省地跨两个气候带，在水平带分布上，从北向南分布规律为褐土—黄褐土—黄棕壤，南北过渡带土壤比较突出。在垂直带谱上，豫南山地从下到上为黄褐土—黄棕壤—山地棕壤—山地草甸土；北部山地为褐土—淋溶褐土—山地棕壤—山地草甸土。

5.1.4 水资源条件

（1）水资源总量

根据河南省水资源综合规划成果，全省（1956—2000 年）多年平均水资源总量为 405 亿米^3，其中地表水资源量约为 304 亿米^3，地下水资源量为 196 亿米^3，地表水与地下水资源重复量约为 95 亿米^3（表 5－1）。

表 5－1　河南省当地水资源情况

分区	面积（万千米^2）	降水量（毫米）	地表水资源量（亿米^3）	地下水资源量（亿米^3）	地表水、地下水重复量（亿米^3）	水资源总量（亿米^3）	占全省比例（%）	人均水资源量（米^3）	耕地亩均水资源量（米^3）
海河流域	1.53	610	16.35	17.81	6.54	27.62	6.82	220	251
黄河流域	3.62	633	44.97	41.00	20.51	59.87	14.79	340	338
淮河流域	8.83	842	178.29	116.12	48.33	246.08	60.78	418	380
长江流域	2.72	822	64.38	26.66	19.74	71.44	17.61	642	489
合计	16.68	771	303.99	196.00	95.13	405.00	100.00	414	341

河南省水资源分布特点是西、南部山丘区多，东、北平原少。豫北、豫东平原 10 个市（安阳、鹤壁、濮阳、新乡、郑州、开封、商丘、许昌、漯河、周口）的水资源量为 126.6×10^8 米^3，只占全省水资源总量的 30%左右，人均水资源量为 261 米^3，每公顷平均水资源量为 3 510 米^3；而南部、西部山丘区 7 个市（信阳、驻马店、南阳、三门峡、洛阳、平顶山、焦作）的水资源量占全省水资源总量的约 70%，人均水资源量为 673 米^3，每公顷平均水资源量为 8 895 米^3。

按流域划分，省辖海河流域水资源总量 27.62×10^8 米^3，产水模数 18.0×10^4 米^3/千米^2，产水系数 0.30。黄河流域水资源总量 59.87×10^8 米^3，产水模数 16.2×10^4 米^3/千米^2，产水系数 0.26。淮河流域水资源总量 246.08×10^8

米^3，产水模数 28.5×10^4 米^3/千米^2，产水系数 0.34。长江流域水资源总量 71.44×10^8 米^3，产水模数 25.8×10^4 米^3/千米^2，产水系数 0.31。

(2) 地表水资源量

地表水资源量是指河流、湖泊、冰川等地表水体中由当地降水形成的、可以逐年更新的动态水量，用河川天然径流量表示。

1956—2000 年，河南省平均地表水资源量 303.99×10^8 米^3，折合径流深 183.6 毫米。其中，省辖海河流域地表水资源量最贫乏，多年平均为 16.35×10^8 米^3，折合径流深 106.6 毫米。黄河流域多年平均为 44.97×10^8 米^3，折合径流深 124.4 毫米。淮河流域多年平均为 178.29×10^8 米^3，折合径流深 206.3 毫米。长江流域地表水资源量相对最丰富，多年平均为 64.38×10^8 米^3，折合径流深 233.2 毫米。

河南省 17 个省辖市和 1 个省直管市中，信阳市地表水资源量最丰富，多年平均 81.687×10^8 米^3，折合径流深 432.0 毫米；其次是南阳市、驻马店市、洛阳市、三门峡市、平顶山市，地表水资源量分别为 61.689×10^8 米^3、36.279×10^8 米^3、25.995×10^8 米^3、16.415×10^8 米^3、15.657×10^8 米^3，折合径流深均超过 160 毫米；濮阳市地表水资源量最贫乏，多年平均 1.861×10^8 米^3，折合径流深仅 44.4 毫米。另外，地表水资源较贫乏的市还有开封市、商丘市、许昌市、新乡市，地表水资源量分别为 4.044×10^8 米^3、7.705×10^8 米^3、4.19×10^8 米^3 和 7.521×10^8 米^3，折合径流深不足 100 毫米。

(3) 地下水资源

河南省地下水资源区划分为太行山地下水资源区（Ⅰ）、黄河地下水资源区（Ⅱ）、淮河地下水资源区（Ⅲ）、汉水地下水资源区（Ⅳ）。依据其地质、地貌特点，分别划分出地下水资源亚区，包括太行山山区地下水资源亚区（Ⅰ1），范围是林州市和焦作市北部山区；太行山前倾斜平原地下水资源亚区（Ⅰ2），范围是安阳县、淇县、获嘉县、修武县和武陟县；宏农—青龙涧河地下水资源亚区（Ⅱ1），范围是三门峡市西北部；伊洛河地下水资源亚区（Ⅱ2），范围是洛阳市大部分地区；沁蟒河地下水资源亚区（Ⅱ3），主要包括济源市；黄河冲洪积平原地下水资源亚区（Ⅱ4），主要包括焦作市南部、新乡市南部、郑州市、开封市、濮阳市、商丘市和周口市东北部等区域；沙颍河上游地下水资源亚区（Ⅲ1），范围是平顶山市中西部地区；桐柏山大别山地下水资源亚区（Ⅲ2），范围是驻马店西部、桐柏县和信阳市南部山区；淮河冲洪积平原地下水资源亚区（Ⅲ3），范围是许昌市、漯河市、驻马店中东部、信阳市中北部等区域；伏牛山—桐柏山地下水资源亚区（Ⅳ1），范围是南阳市西北部；南阳盆地地下水资源亚区（Ⅳ2），范围是南阳市中南部区域。

地下水资源量，也称地下水资源模数，是指地下水系统中参与现代循环和水交替，可以恢复更新的重力地下水。一般属于潜水或微承压水，以现状均衡状况下的补给总量（或排泄总量）表示。地表水体渗透补给量由湖泊（水库、坑塘）周边渗透补给量、河道及渠系渗透补给量和田间灌溉入渗补给量组成。某时段地下水资源量的大小与该时段的降水量大小和强度、地表水体的特征（如湖泊、水库、坑塘的分布面积及水面高程，河道、渠系的长度、宽度、水位及过水时间长短，灌溉次数及灌水定额大小等）、人工回灌的规模、包气带岩性和厚度及渗透性能、地下水埋深等因素有关。由于各年的降水量大小及强度、地表水体特征、地下水埋深等因素各不相同，因此，各年的地下水资源量亦不相同，有时差异很大。由于不同地区在同一时间段的降水量大小及强度、地表水体特征互不相同，不同地区的包气带岩性、厚度及渗透性能和地下水埋深等水文地质条件可能差异很大，因此，各地的地下水资源量亦不相同。河南省地下水资源模数最高可达 30 万～40 万米^3/(千米^2·年)，少的不足 5 万米^3/(千米^2·年)。从空间上分析，河南省地下水资源模数较高的区域有安阳县周围的太行山前倾斜平原、伊洛河两侧阶地、黄河冲洪积平原、淮河冲洪积平原和南阳盆地，地下水资源模数较低的区域主要分布在太行山、伏牛山、桐柏山和大别山一线的山地丘陵区。

地下水资源按地下水资源区进行计算，依地质构造、地貌、含水层及包气带岩性等水文地质条件的差异，选取不同的参数划分块段计算。河南省地下水资源分区资源情况如表 5-2 所示。

表 5-2　河南省地下水资源分区资源情况

单位：×10^2 米^3/年

区	亚区	天然补给资源量	可开采资源量
Ⅰ	Ⅰ1	80 579.33	76 550.38
	Ⅰ2	65 015.41	56 402.44
	小计	145 594.74	132 952.82
Ⅱ	Ⅱ1	35 094.73	36 864.01
	Ⅱ2	103 340.71	72 354.55
	Ⅱ3	12 177.31	11 445.84
	Ⅱ4	534 103.13	553 128.02
	小计	684 715.88	673 792.42

（续）

区	亚区	天然补给资源量	可开采资源量
Ⅲ	Ⅲ1	77 644.35	56 872.00
	Ⅲ2	55 442.67	27 721.34
	Ⅲ3	470 899.04	392 824.28
	小计	603 986.06	477 417.63
Ⅳ	Ⅳ1	105 245.43	77 031.87
	Ⅳ2	97 481.53	94 447.97
	小计	202 726.96	171 479.84
合计		1 637 023.64	1 455 642.71

河南省各行政单位的地下水资源量，按各行政单位面积占各地下水资源区、水文地质条件相近似地区的面积比例计算，结果如表 5－3 所示。

表 5－3　河南省各市地下水资源情况

单位：$\times 10^7$ 米^3

地区	总天然补给资源量	总开采资源量
郑州市	7.63	7.96
开封市	7.76	7.95
洛阳市	8.53	5.98
平顶山市	6.59	5.00
安阳市	9.57	8.68
鹤壁市	2.58	2.29
新乡市	10.57	13.47
焦作市	5.00	4.45
濮阳市	5.29	8.23
许昌市	6.46	5.36
漯河市	3.81	3.19
三门峡市	5.79	5.05
南阳市	19.99	16.88
商丘市	12.83	10.56

（续）

地区	总天然补给资源量	总开采资源量
信阳市	18.39	14.12
周口市	14.10	11.34
驻马店市	17.22	13.89
济源市	1.56	1.17
河南省	163.67	145.56

5.1.5 土地资源

根据河南省第二次土地利用现状调查2015年度更新数据，河南省土地面积约为16.57万千米^2。

其中，耕地总面积8 105 927.45公顷（1.2亿亩），占土地总面积的48.9%。耕地中，水田占9.3%，水浇地占56%，旱地占34.7%，耕地面积居全国第4位。

园地220 558.72公顷，占土地总面积的1.3%；林地3 471 702.25公顷，占土地总面积的21.0%；草地648 733.07公顷，占土地总面积的3.9%。

城镇村及工矿用地2 218 391.43公顷，占全省土地总面积的13.4%。城镇村及工矿用地中，城市占9.7%，建制镇占11.7%，村庄占72.6%，采矿用地占4.6%，风景名胜及特殊用地占1.4%。

交通运输用地465 620.06公顷，占土地总面积的2.8%。

水域及水利设施用地1 019 686.01公顷，占土地总面积的6.2%。

其他土地面积415 745.66公顷，占土地总面积的2.5%。

从土地总规模看，南阳市、信阳市、洛阳市和驻马店市的面积排在前几位。从耕地所占比例看，周口市和漯河市的耕地所占比例高达70%以上，许昌市、开封市、濮阳市、商丘市和驻马店市的耕地比例也在60%以上，耕地主要分布在豫东平原区。从林地所占比例看，三门峡市的林地所占比例高达53.98%，济源市、洛阳市和南阳市的林地比例也在30%以上，林地主要分布在豫西山地区。河南省土地利用状况如表5-4所示。

从空间分布上看，河南省东部平原和南阳盆地以耕地为主，太行山、伏牛山、桐柏山和大别山一线以林地为主，城镇和村庄散布其中。

表 5-4 河南省土地利用状况（2015 年）

单位：公顷

地区	土地面积	耕地面积	园地面积	林地面积	草地面积	城镇村及工矿用地面积	交通运输用地面积	水域及水利设施用地面积	其他土地面积
郑州市	756 718.42	319 178.46	10 052.76	89 176.90	46 354.25	185 798.35	33 723.33	45 986.68	26 447.69
开封市	624 022.20	413 976.55	4 137.96	40 880.91	563.16	102 030.71	21 335.56	37 134.38	3 962.47
洛阳市	1 523 584.62	430 928.76	12 669.83	639 067.52	132 787.23	145 749.45	26 509.15	58 990.78	76 881.90
平顶山市	791 012.22	319 505.09	2 967.25	180 188.31	80 680.98	100 862.19	21 313.42	53 482.66	32 012.32
安阳市	735 154.45	407 770.81	4 893.29	67 444.16	34 367.22	111 487.81	22 356.18	21 199.99	65 634.99
鹤壁市	214 043.03	119 674.11	1 269.68	10 235.63	1 730.52	33 092.53	6 959.52	8 066.32	33 014.72
新乡市	829 089.12	473 099.66	5 692.19	92 444.49	4 834.15	132 131.86	29 967.78	62 331.35	28 587.64
焦作市	397 258.16	194 888.47	3 605.37	60 753.84	10 890.61	77 563.14	14 323.56	28 310.40	6 922.77
濮阳市	427 116.28	282 704.44	1 651.90	18 058.05	1 301.02	77 678.35	12 000.20	28 729.29	4 993.03
许昌市	497 882.84	335 845.12	469.97	17 584.26	9 969.10	95 068.26	16 284.35	14 202.46	8 459.32
漯河市	269 241.31	188 818.02	542.02	8 004.06	0.26	48 600.93	9 737.78	12 163.19	1 375.05
三门峡市	993 573.89	176 155.77	51 985.34	536 303.20	109 696.69	57 349.48	14 956.97	20 586.05	26 540.39
南阳市	2 651 148.07	1 051 686.83	28 834.06	913 503.13	125 864.41	232 881.22	66 332.39	184 573.51	47 472.52
商丘市	1 070 355.40	703 997.55	13 655.77	76 170.73	184.70	191 716.38	35 633.01	47 474.24	1 523.02
信阳市	1 891 561.35	841 782.27	66 919.38	429 289.94	55 325.73	222 077.32	40 849.77	213 972.71	21 344.23
周口市	1 196 104.32	853 062.86	4 831.08	43 200.17	112.44	193 688.72	37 528.82	61 092.62	2 587.61
驻马店市	1 508 627.79	947 076.45	2 612.84	160 853.52	28 495.07	190 740.69	51 093.70	108 877.30	18 878.22
济源市	189 871.18	45 776.23	3 768.03	88 543.43	5 575.53	19 874.04	4 714.57	12 511.58	9 107.77
河南省	16 566 364.65	8 105 927.45	220 558.72	3 471 702.25	648 733.07	2 218 391.43	465 620.06	1 019 686.01	415 745.66

5.1.6 矿产资源条件

河南省的矿产资源分为能源矿产、金属矿产、非金属矿产和水气矿产四大类。河南是国内矿产资源较丰富的省份之一，现已发现矿产资源 127 种，探明储量 75 种，储量在全国居首位的有钼、镁、蓝晶石、红柱石、天然碱、珍珠岩等 13 种，居第二位的有铝土矿、耐火黏土等 13 种，居前三位的共有 36 种。河南省矿业总产值长期居国内第四或第五位，属于矿业大省之一。但河南铜矿、高品位铁矿、高品位磷矿和钾盐等重要矿产资源匮乏，煤炭、石油、天然气、高品位铝土矿、金矿等优势资源开发耗竭过多，后备资源紧缺。

河南查明资源储量的矿产地绝大多数分布在京广铁路以西和豫南的山地丘陵及毗邻地区，东部平原矿产地屈指可数。省内油气产地主要分布于豫北的东濮凹陷和豫西南的南阳盆地。煤炭产地主要分布于鹤壁、焦作、义马、郑州、永城、平顶山等地。金属矿产地主要赋存于华北陆块成矿区（豫北、豫中、豫西北）和秦岭造山带成矿区（豫西南、豫南）的山丘地带。非金属矿产地除岩盐和砖瓦黏土外，也多分布于上述两个成矿区的山丘地带。

至 2015 年底，全省共有各类矿山 2 608 个，其中大型 153 个、中型 256 个。全省固、液体矿石产量总计 31 973 万吨。开采矿种以煤矿、铁矿、铅锌矿、金矿、铝土矿、钼矿、银矿、水泥石灰岩、萤石、建筑石料、矿泉水、地下热水等为主。煤炭开发强度较大，接替建井资源不足；铝土矿露天开采资源不足，开采深度加大；金矿、铅锌矿等浅部矿开采殆尽，多数矿山已出现不同程度的资源危机。

全省依托矿产资源开发形成了一批工业城市，并通过大力推进资源整合，进一步优化了矿产资源开发布局，资源开发规模化、集约化程度显著提高，对经济发展的保障和支撑能力不断增强。

河南省采矿业发达的同时，矿山地质环境问题也较为突出，计划经济时期对矿山地质环境保护未引起足够的重视，致使地面塌陷、地裂缝、崩塌、滑坡、泥石流等地质灾害，地貌景观被破坏，含水层被破坏，土地资源被损毁等严重影响矿区生产生活环境，威胁矿区人民群众的生命财产安全。

矿山地质环境治理恢复任务艰巨，矿山开采占用、损坏土地面积 8.11 万公顷，历史遗留及责任人灭失亟待治理矿区面积 2.78 万公顷。矿山开采尾矿及固体废弃物积存总量 86 728 万吨，矿坑水等废水、废液年排放总量 48 081 万米^3。

5.1.7 生物资源条件

全省自然生态条件较好，植被类型丰富多样，有阔叶林、针叶林、灌丛等，森林主要分布在西部、北部和南部地区，栽培植物资源丰富。动物资源，北部属于华北动物区系，南部属于华东动物区系，各类陆栖脊椎动物多达520余种。特别是随着林业生态省规划的实施和一批自然保护区的建设，森林资源得到进一步保护，生态环境明显改善，为生态省建设奠定了良好基础。

5.2 河南省的社会经济条件

5.2.1 社会经济发展概况

2017年末全省总人口10 852.85万人，常住人口9 559.13万人，其中城镇常住人口4 794.86万人，常住人口城镇化率50.16%。

多年以来，河南省经济总量位于全国第五位。初步核算，2017年全省生产总值44 988.16亿元。其中，第一产业增加值4 339.49亿元；第二产业增加值21 449.99亿元；第三产业增加值19 198.68亿元，三次产业结构为9.6∶47.7∶42.7。人均生产总值47 130元。

进入21世纪以来，河南省经济进入了快速发展的阶段，地区生产总值增长较快。按可比价计算，地区生产总值从2000年的4 947.14亿元增长到2017年的28 878.29亿元，年均增长速度为10.3%，增速最高的为2007年，高达14.6%（图5-1）。河南省经济增长速度为波浪式变化，2000—2011年经济增长速度呈现波动上升趋势。受全球经济危机的影响，2008年起稍有下降，不过影响不大且之后有回升。近几年经济增速相对趋于平稳，一直保持在7%～10%，这是经济增长阶段的根本性转换，也是经济发展中长期的客观趋势，体现在减速度，提质量，经济增速要从高速增长转变为中高速增长，也体现在经济结构调整，一些高污染、高消耗的落后产业正在被淘汰，一些低消耗创新型产业正在慢慢兴起。

人均地区生产总值是将一个地区的生产总值与这个地区的常住人口相比进行计算得出的，是衡量该地区生活水平的一个重要指标。虽然河南省的经济总量居全国第五位，但是河南省的人均地区生产总值在全国处于中下游，以1999年为基期，按可比价格计算，相当长的一段时间内，河南省的人均地区生产总值和全国人均GDP有差距，但是差距一直保持在相对稳定的状态，差值稳定在2 500～4 000元（图5-2）。人均地区生产总值增速从2000年的

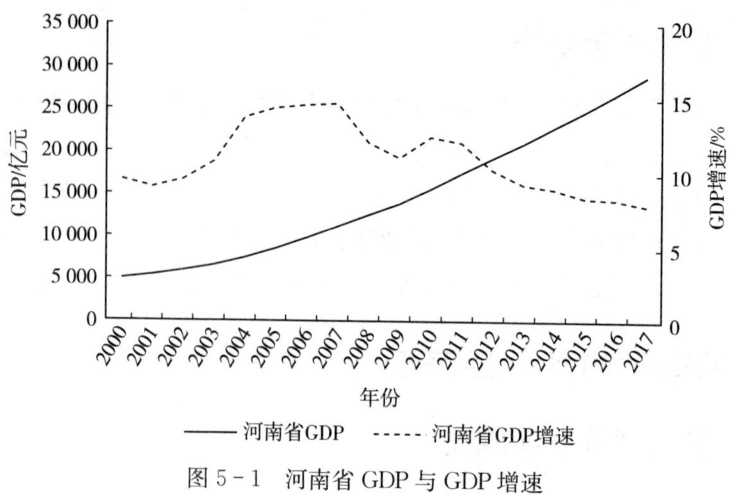

图 5-1　河南省 GDP 与 GDP 增速

8.5%下降到 2017 年的 7.4%，2000—2011 年，人均地区生产总值增速是波动增长的，2011 年之后出现明显的下降状态，这和地区生产总值增速下降的情况一样。

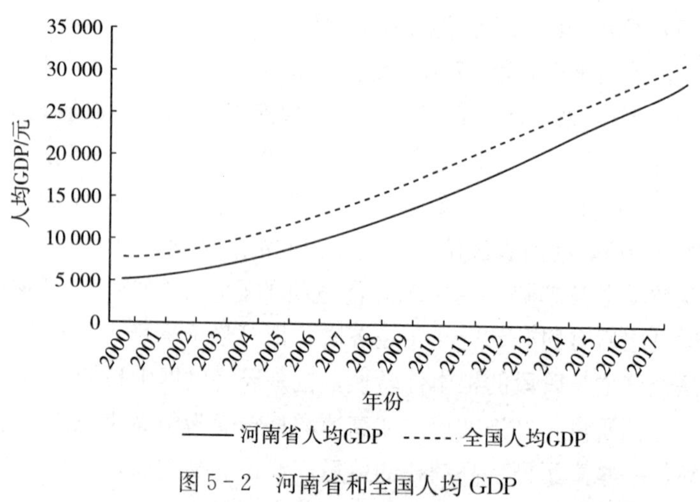

图 5-2　河南省和全国人均 GDP

早些年，河南省的主要产业是农业，河南省一直是农业大省，经济相对落后，与全国其他省份相比有一定的差距。这种情况出现的原因是河南省的工业基础相对薄弱，工业经济发展落后，对于工业的投资也少，工业的落后使河南省的经济难以快速发展，较其他省有所差距。要分析河南经济的发展水平，就必须要关注河南省工业化的进程和工业发展的状况。一般来说，在经济增长的初级阶段，支柱产业是第一产业，随着经济水平的提高以及科技的发展，创新能力也在不断提高，工业逐渐取代了第一产业成为经济的核心，当经济取得了进一步的发展时候，第三产业会作为主导，工业第二，第一产业占经济总量的比例是最低的。进入21世纪，河南省的第一产业比重在不断下降，从2000年的23.8%下降到2017年的9.16%，第二产业比重在不断上升，从2000年的44.9%上升到2017年的58.97%，河南省在进入21世纪以后，经历了由农业为主导逐渐向以工业为主导的产业结构过渡。第三产业的增加值虽然从2000年的1 543.8亿元上升到2017年的9 084.1亿元，但是第三产业的占比基本上没有变化，这18年间一直在30%上下波动（图5-3）。

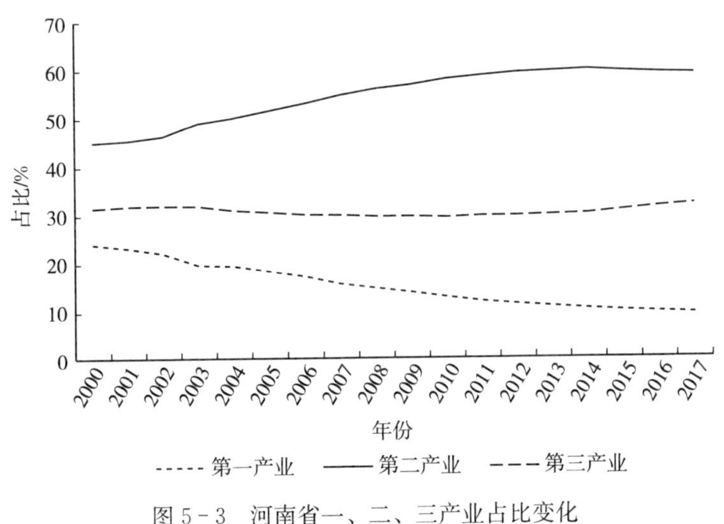

图5-3 河南省一、二、三产业占比变化

2017年，全年财政总收入5 238.35亿元，一般公共预算收入3 396.97亿元，其中税收收入2 329.00亿元，占一般公共预算收入的68.6%。一般公共预算支出8 224.66亿元，其中民生支出6 389.86亿元，占一般公共预算支出的77.7%。

在固定资产投资中，第一产业投资2 382.58亿元，第二产业投资19 172.70亿元，第三产业投资22 335.07亿元。基础设施投资8 831.39亿元，占固定资产投资的20.1%。民间投资34 276.03亿元，占固定资产投资的78.1%。工业投资19 190.97亿元，增长3.5%，占固定资产投资的43.7%。

5.2.2 社会经济发展格局

5.2.2.1 人口空间分布格局

根据河南省统计公报，2017年末，全省总人口10 852.85万人，比上年末增加 64.71 万人，常住人口 9 559.13 万人，比上年末增加 26.71 万人，其中城镇常住人口 4 794.86 万人，常住人口城镇化率 50.16%，比上年末提高 1.66 个百分点。全年出生人口 140.13 万人，出生率 12.95‰；死亡人口 75.42 万人，死亡率 6.97‰；自然增长率 5.98‰。

根据中国城市统计年鉴，2017 年河南省城市户籍人口郑州市为 367 万人，洛阳市为 205 万人，其他超过 100 万人的城市还有南阳市、商丘市、开封市、信阳市、许昌市、漯河市、安阳市、平顶山市。

利用腾讯的大数据分析河南省的人口空间密度（相对值）可以看出，城市已成为人们主要的生活选择地，郑州市的中心地位突出，豫中、豫东和南阳盆地的人口密度较高，豫西和豫南的人口密度较低。可直观地看出郑州市是河南省的第一中心，洛阳是副中心，其他省直辖市为三级中心，县级中心城区为四级中心，以下还有星状分布的中心镇。黄淮海平原区和南阳盆地区的人口密度相对较高。

5.2.2.2 农业发展格局

河南省播种面积从空间上看，主要分布在新乡市东、开封市、商丘市、周口市、驻马店市、信阳市和南阳市。从空间上看，全省粮食主产区分布在京广线以东的平原区和南阳盆地。粮食产量超过 100 万吨的县有滑县、永城市、唐河县、邓州市、固始县、太康县、夏邑县、上蔡县、商水县、郸城县和淮阳县。

5.2.2.3 二、三产业发展格局

从二、三产业总值的发展空间格局看，郑州市市区遥遥领先于其他县（市、区），其次是洛阳市，黄河以南的郑州市周边，是二、三产业生产总值的高值区。从二、三产业比值看，郑州市的第三产业比重最大，此外省辖市市区和旅游产业发展较好的县（市、区）第三产业比重相对较高。

5.2.2.4 城市发展格局

以郑州市大都市区为核心的中原城市群不断发展壮大，成为国家重点培育发展的中西部地区三大城市群之一。郑州航空港经济综合实验区建设全面展开，战略效应初步显现。郑汴一体化深入发展，实现了电信、金融同城。郑州与开封、新乡、焦作、许昌四市深度融合，建设现代化大都市区。米字形高速铁路网、城际铁路网加快建设，城市群交通一体、产业链接、服务共享、生态共建格局正在形成。依托米字形综合交通网络，增强沿线城市辐射带动能力，促进大、中、小城市合理分工、联动发展，打造特色鲜明、布局合理的现代产业和城镇密集带。

5.2.3 社会经济发展战略布局

（1）人口转移

创新完善人口服务与管理制度，建立健全农业人口转移激励机制，以县城为重点推进城镇建设和非农产业发展，引导农村人口有序向城镇转移，推进符合条件的农业转移人口落户城镇，逐步降低农产品主产区人口密度，有序推进农业转移人口市民化。

积极引导人口加快向重点开发区域集聚。在优化结构、提高效益、降低消耗、保护环境的基础上，增强重点开发区域产业集聚能力，提升城镇化核心地区综合功能，优化人居环境，推动人口和产业进一步向城镇集中。鼓励外来人口迁入和定居，推动郑州大都市区和米字形城镇产业发展轴带上的节点城市成为重点人口集聚地。

务实推动重点生态功能区人口有序退出。以保护和修复生态环境、提供生态产品为首要任务，因地制宜发展资源环境可承载的适宜产业，严禁在生态保护红线范围内进行不符合主体功能定位的各类开发活动，引导超载人口逐步有序向城镇转移，降低重点生态功能区人口占总人口比例，减轻人口对生态环境的压力。

（2）粮食核心区建设

根据全省气候、土壤、水资源、地形地貌和地理空间的连贯性，将河南粮食核心区划分为黄淮海平原、山前平原和南阳盆地三大区域，核心区主体范围确定在这三大区域的 95 个县（市、区），涵盖全省耕地面积的 83.5%、基本农田面积的 85%。经过对粮食核心区的建设，河南粮食生产的支撑条件明显改善，抗御自然灾害能力进一步增强，粮食综合生产能力和农业综合效益显著提高，成为全国重要的粮食稳定增长的核心区、体制机制创新的试验区、农村经济社会全面发展的示范区。以内涵式扩大再生产为主攻方向，以吨粮田创建为抓手，到 2020 年，粮食生产用地稳定在 7 500 万亩，通过对现有高产田进一步巩固提高，使粮食亩产平均提高到 1 050 千克水平，吨粮田面积由现在的近 1 000 万亩扩大到 2 500 万亩；对 3 200 万亩中产田实施高标准开发，使其粮食亩产提高到 900 千克以上；对 1 800 万亩低产田实施综合改造，使其粮食亩产提高到 800 千克以上。确保粮食生产能力达到新增 130 亿千克，稳定达到 650 亿千克，调出原粮和粮食加工制成品 275 亿千克以上。

（3）城镇化发展

当前，河南省正处于城镇化快速发展时期，既面临巨大机遇，也面临诸多难题，必须准确把握内外部环境和条件的深刻变化，尊重发展规律，顺应发展趋势，推动城镇化进入数量质量并重、以提升质量为主的转型发展新阶段，走河南特色、科学发展的新型城镇化道路。

城镇化事关现代化建设全局。城镇化是现代化的必由之路，城镇化与工业化互融共进，构成现代化的两大引擎，是现代化建设的历史任务。河南省城镇化率低于全国平均水平，城镇化水平低、质量不高的问题十分突出，已经成为制约经济社会发展的主要症结。加快城镇化发展，有利于释放内需巨大潜力，提高劳动生产率，破解城乡二元结构，促进社会公平和共同富裕，对河南省全面建成小康社会、加快推进现代化建设具有重大现实意义和深远历史意义。站在新的起点上，必须把推进城镇化作为重要历史使命，从促进新型工业化、信息化、城镇化、农业现代化同步发展的高度，以新型城镇化引领带动经济结构转型、需求动力再造、发展方式转变、人民生活水平提升。

国家对城镇化发展的要求更加明确。中央召开了城镇化工作会议，制定了新型城镇化规划，从战略和全局上作出重大部署，明确了推进城镇化的重大问题和主要任务。会议强调要解决“三个 1 亿人”的问题，就是推动约 1 亿农业转移人口落户城镇、约 1 亿人口的城镇棚户区和城中村改造、约 1 亿人口在中西部地区的城镇化，特别是明确提出加大对中西部地区基础设施建设和承接产业转移的支持力度，并把中原城市群作为中西部地区重点培育的跨省级行政区域的三大城市群之一，推动其加快发展，为河南省科学推进新型城镇化提供了新的发展机遇。

城镇化转型发展的内在要求更加紧迫。河南省作为人口大省、全国重要的农业和粮食生产大省，一方面，加快农村人口向城镇转移、破解城市内部二元结构任务十分繁重；另一方面，随着内外部环境和资源条件的深刻变化，主要依靠土地等资源粗放消耗推动城镇化快速发展的模式不可持续，主要依靠劳动力廉价供给推动工业化、支撑城镇化快速发展的模式不可持续，主要依靠提供低水平基本公共服务推动城镇化快速发展的模式不可持续，转变发展方式、走科学发展的新型城镇化道路势在必行。

推进新型城镇化的基础条件更趋成熟。经过改革开放四十多年来的快速发展，全省经济实力实现了历史性跨越，经济总量突破 5 万亿元，为加快新型城镇化奠定了坚实基础。粮食生产核心区、中原经济区、郑州航空港经济综合实验区三大国家战略规划全面实施，产业集聚发展势头强劲，城区经济规模不断扩大，产城互动发展良好格局初步显现。交通网络的不断完善、节能环保等新技术的突破应用以及信息化的快速推进，为优化城镇空间布局和形态、推动城镇可持续发展提供了有力支撑。农村劳动力大量转移就业，土地加快流转，新生代农民工融入城镇的愿望强烈，推进新型城镇化的内在动力持续增强。各地、各部门在城镇化方面积极探索，为创新体制机制积累了经验，河南省加快推进新型城镇化的基础条件日趋完善。

5.3　河南省的生态环境条件

5.3.1　环境质量状况分析

环境污染物进入环境后能使环境的正常组成以及性质发生一系列变化、可以直接或间接对人类生存造成伤害或使自然生态环境衰退，环境污染物一般指的是“工业三废”。河南省从 2000 年以来，工业废气排放大致可以分为两阶段，2011 年以前呈现波动上升的趋势，2011 年高达 40 790.9 亿标米^3，比 2010 年翻了近一倍，且是 2001 年的 4 倍多，随后出现小幅度波动，近几年来一直呈下降趋势，在 2017 年，下降到 29 439.7 亿标米^3（图 5－4）。

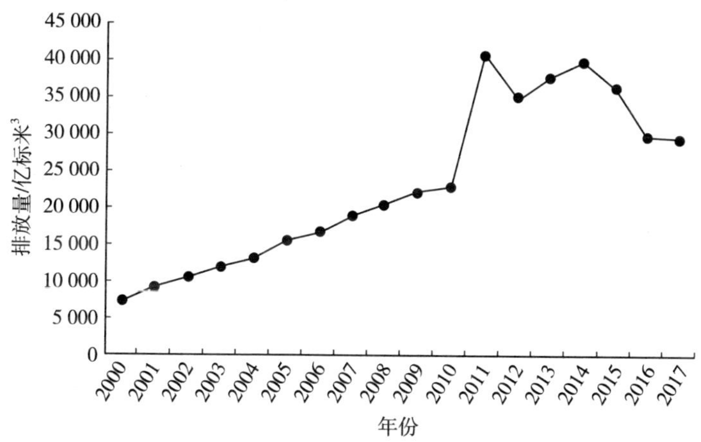

图 5－4　工业废气排放量变化

多年来，河南省工业废水排放量在 12 万吨上下徘徊，但 2016 年以来，工业废水排放急剧下降。说明自 2015 年修订后的《中华人民共和国环境保护法》公布后，河南省加大了对工业废水排放的管理力度，并取得了一定的成效，使河南省工业废水排放得到了有效控制，2017 年工业废水排放量为 5.9 亿吨，是这 18 年来的最低排放量（图 5－5）。

一般固体废物产生量在近年出现总体上升趋势（图 5－6），2000 年仅为 3 625 万吨，2017 年为 15 684.7 万吨，在这 18 年间增长了 3 倍多，2011 年增

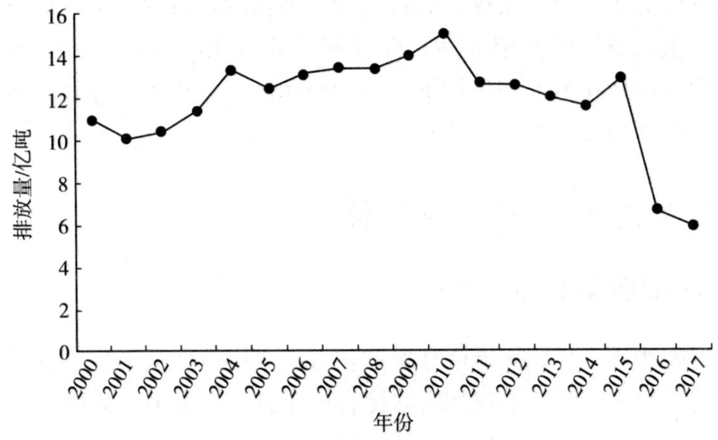

图 5－5　工业废水排放量变化

长最快，年增长率为 36.1%，固体废物不但会到处扩散，还会占用我们的土地，且固体废物利用率低，一般不到 20%，剩下的作为废物排放会造成严重的环境污染。因此，综合利用固体废物，让其利用率提高，需要引起我们的高度重视。

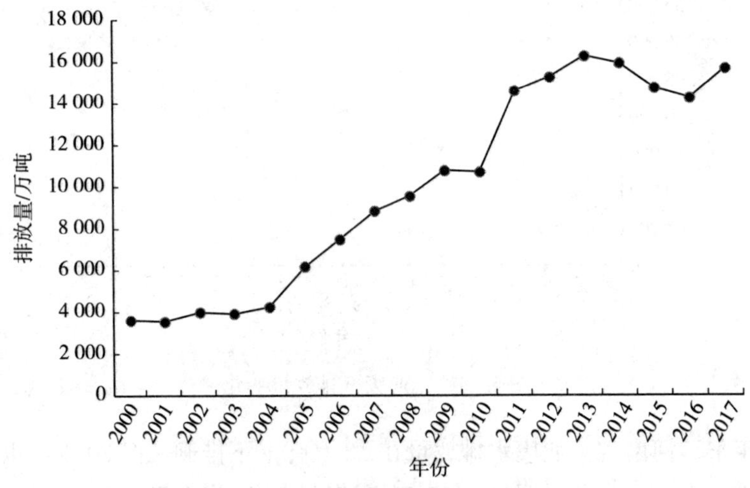

图 5－6　一般固体废物排放量变化

河南省森林覆盖率从 2000 年的 20%增长到了 2017 年的 24.5%（图 5－7）。我国《森林法》规定，全国森林覆盖率要达到 30%，但是现在全国的平均水平只有 22%左右。虽然河南省的森林覆盖率达到了全国平均水平，但是还有很大的上升空间。

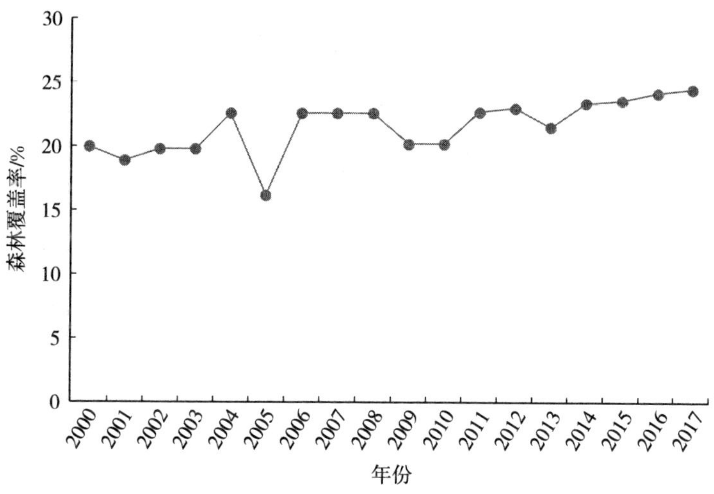

图 5-7　森林覆盖率变化

城市建成区园林覆盖率出现稳步上升的趋势，除了 2001 年略有下降之外，其余年份一直在增加，2017 年达到 39.4%，比 2000 年增长了 11 个百分点，《河南省园林城市标准》中规定，建成区绿化覆盖率需达到 35%，河南省从 2008 年开始就已经符合标准，且之后几年一直稳中有升，这说明河南省的绿化情况在逐渐变好。人均公园绿地面积也是呈现渐进式上升的趋势，且在 2017 年达到最高峰。人均公园绿地面积在 2015 年突破 10 米^2 且在 2017 年达到 12 米^2，几乎比 2000 年翻了一番（图 5-8）。根据城市绿地分类标准，园林城市、园林县城和园林城镇达标值均为大于等于 9 米^2/人，生态市达标值为大于等于 11 米^2/人。河南省在 2012 年首次达标且在 2017 年首次达到生态标准。

5.3.2　生态环境面临的突出问题

①产业结构不合理，经济发展方式粗放。河南省产业层次较低、结构不合理，服务业比重明显偏低，工业内部资源能源型加工业比重较大。经济发展方式比较粗放，万元生产总值能耗、水耗远超过世界平均水平，能源利用效率低于国内平均水平，一些长期积累的资源环境问题尚未从根本上解决。随着河南省工业化、城镇化进程的加快和经济总量的不断增加，能源资源消耗和污染物排放还会刚性增加，资源支撑能力和环境承载能力面临严峻挑战。

②环境压力大，生态保护形势依然严峻。河南省污染物排放强度总体偏

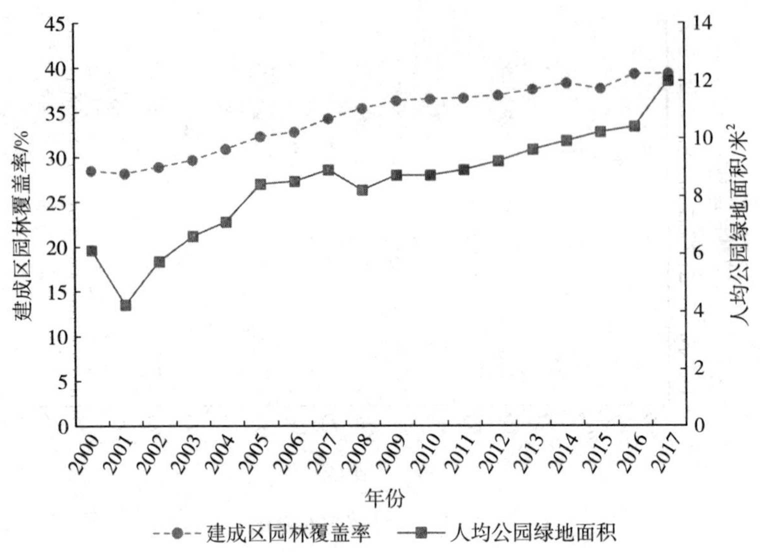

图 5-8 建成区园林覆盖率及人均公园绿地面积

高，全省生态环境问题仍然严重。据 2009 年污染物普查动态更新数据显示，全省化学需氧量（含农业源）、氨氮、二氧化硫和氮氧化物排放量分别居全国第 5 位、第 8 位、第 5 位和第 2 位；水土流失仍较严重，全省轻度以上水土流失面积占总面积的 21%，20%以上地表水河段为劣Ⅴ类水质；矿产开发造成的生态破坏没有得到有效控制，乡镇生活污水处理、垃圾处理设施以及医疗废物、其他危险废物污染防治设施建设滞后，环境保护和生态建设的监管机制有待进一步完善；全省自然灾害频发，因气象、水文、地质、生物和人为活动造成的灾害损失每年平均达 30 亿～40 亿元，受灾最严重的年份高达 80 亿元以上，生态建设和环境保护的任务仍十分繁重。

③开发强度大，自然资源约束加剧。河南省人口总量大、人均占有资源少，经济发展与资源环境的矛盾突出。能源矿产等资源开发程度较高，在已探明矿产储量中，探明的石油储量已消耗 67.1%，天然气已消耗 53.4%，煤矿的储采比已远低于全国平均水平，铝土矿仅够开采 10 年；水资源缺乏且年际与地域分布不均，人均水资源占有量只相当于全国的 1/5，远远低于国际公认的人均 1 700 米^3 水资源紧张警戒线，多数地区地下水供水水源地处于满负荷或超采状态；土地资源承载力较重，人均耕地面积仅为 0.08 公顷，不及全国平均水平的 1/4，土地开发程度较高，可利用的后备土地资源特别是后备耕地资源严重不足，土地人口承载压力较大，自然资源对经济社会发展的约束日益加剧。

5.3.3 河南省生态功能空间格局

根据河南省的气候、地形、地貌、水资源和土地资源等自然条件和社会经济等人类活动的空间聚集情况，河南省形成“四区三带”的区域生态格局，即桐柏山—大别山山地丘陵生态区、伏牛山山地丘陵生态区、太行山山地丘陵生态区、黄淮海平原生态涵养区，横跨东西的沿黄生态涵养带、沿淮生态走廊和纵贯南北的南水北调中线生态走廊。

5.3.4 河南生态省建设规划

党的十八大提出要大力推进生态文明建设，把生态文明建设放在突出地位，融入经济建设、政治建设、文化建设、社会建设各方面和全过程，“五位一体”地建设中国特色社会主义。十九大报告中提出，建设生态文明是中华民族永续发展的千年大计。必须树立和践行绿水青山就是金山银山的理念，坚持节约资源和保护环境的基本国策，像对待生命一样对待生态环境，统筹山水林田湖草系统治理，实行最严格的生态环境保护制度。

河南省在加快经济社会发展的同时，高度重视节能减排和环境保护，积极推进资源节约型和环境友好型社会建设，生态文明建设取得了明显成效。2013年，河南省人民政府印发了《河南生态省建设规划纲要》，规划期为2011—2030年，力争通过20年的努力，在全省建立绿色高效的生态经济体系、可持续利用的资源支撑体系、全防全治的环境安全体系、山川秀美的自然生态体系、环境友好的生态人居体系、健康文明的生态文化体系，支撑和促进中原经济区建设，形成节约资源和保护环境的空间格局、产业结构、生产方式、生活方式，努力把河南省建设成为民富省强、生态文明、文化繁荣、社会和谐的生态省。党的十九大后，河南省更加注重生态环境建设，《中共河南省委、河南省人民政府关于全面加强生态环境保护坚决打好污染防治攻坚战的实施意见》（豫发〔2018〕19号）和《河南省污染防治攻坚战三年行动计划（2018—2020年）》的出台，表现了政府对生态环境问题治理的决心，体现了社会经济建设和生态环境保护协调发展的重要性。

6 河南省国土空间利用存在的突出问题

本章将从农业空间、城镇空间、生态空间、矿业开发四个方面分析河南省国土空间利用中存在的问题，为进一步的国土空间整治规划提供参考。

6.1 河南省农业空间利用存在的突出问题

目前，河南正处于工业化、城镇化快速推进时期，既要稳定粮食生产，肩负起为保障国家粮食安全做贡献的政治责任，又要推进现代化进程，承担着全面建设小康社会的重要任务。社会经济的可持续发展有赖于土地资源的可持续利用，但是当前河南省农业的可持续发展面临的形势却不容乐观，概括起来主要有以下几个方面的问题。

6.1.1 水土耦合性差

水资源与耕地资源均为支撑区域粮食生产和社会经济均衡发展的重要基础。河南省多年平均水资源总量为 405 亿米^3，仅为全国水资源总量的 1/70，亩均水资源量 373 米^3，不足全国平均水平的 1/4，属于自产水资源承载能力不足省区，是严重缺水地区。在这一情况下，水资源供需矛盾突出，正常年份缺水量达到 48.8 亿米^3，其中，海河流域和黄河流域缺水最为严重。根据历年河南省水资源公报，2010 年以来的十年间全省年用水总量介于 209.29 亿米^3 与 240.57 亿米^3 之间，2019 年河南省生活、工业、农业用水量分别占总用水量的 17.49%、19.01%、51.22%，生态用水占 12.28%，用水总量整体呈上升趋势。

河南省是农业大省，农业灌溉以地下水资源供给为主，从各省辖市来看，郑州、开封、安阳、鹤壁、焦作、濮阳和许昌的地下水开采量已经远超当地地下水资源的承载能力；新乡、漯河、南阳、商丘、周口的开采率也已接近 100%。河南省大部分地区地下水已基本无开发潜力，全省平原区浅层地下水漏斗区面积逐年增加，2013 年已达 7 715 千米^2，占平原区总面积的 9.1%。另外，目前河南省水资源利用效率不高，全省农业灌溉用水有效利用系数约为

0.59，部分地区仅0.45左右，许多地区农业灌溉方式仍较粗放。长期以来对水土资源和生态环境的不合理开发利用，已逐渐超出资源与环境的承载能力，破坏了水土资源合理的匹配结构，降低了部分耕地资源的粮食生产能力。

6.1.2 农业生产存在面源污染

据对河南省有机食品基地、绿色食品基地、无公害蔬菜基地、污灌区、畜禽养殖基地和常规农业生产区等6类地区的土壤调查，基本符合国家《土壤环境质量标准》二级标准，土壤污染等级均为安全级别，但土壤中存在有化肥、农药等污染问题如下：一是污水灌溉类型区有土壤重金属超标现象，常规农业生产区综合污染指数接近污染警戒线；二是各类型区土壤样品中残留农药均有检出。此外，河南省化肥施用存在有机肥和无机肥比例失调，养分结构失衡，地区之间、作物之间分配不均，施肥方法不科学等突出问题。目前全省有机肥与无机肥施用比例为2.5∶7.5，而正常比例应是4∶6，不仅影响化肥增产作用正常发挥，而且导致耕地质量下降。高产地区投肥量大于中低产地区，小麦投肥量大于玉米。部分地方农民施肥方法落后，中低产灌区大部分氮肥追施仍采用“一炮轰”（即把所有肥料全部基施）方式，而高产灌区则是施肥后大水漫灌，使得肥料利用率偏低，不但造成养分挥发流失和资源浪费，而且导致农业面源污染加剧。同时，化肥的不合理施用，也导致蔬菜、水果中的硝酸盐、亚硝酸盐等累积，影响农产品质量安全，危及消费者身体健康。

6.1.3 优质农业生产空间不断萎缩

根据全国第二次土地利用现状调查（2016年）和《中国统计年鉴2017》数据，河南作为全国第一农业大省、粮食生产大省，以占全国1.74%的土地承载了全国6.90%的人口，为了保障粮食生产，适宜耕作的土地已经基本开垦殆尽。随着城镇建设不断扩大，农业和生态空间受到挤压，各类空间争地矛盾加剧，2016年全省城镇空间、农业空间、生态空间、基础设施的比重分别为4.61%、59.45%、33.54%和2.40%，空间不协调，尤其是生态空间比重偏低。由于区域内的优质耕地空间与城镇化空间高度重合，在城镇化的快速推进过程中，优质耕地被大规模的建设占用。2010—2018年，全省因城乡开发建设，导致耕地面积减少2.52万公顷，严重威胁了全省的耕地安全和生态安全。

作为全国第一人口大省、第一农业大省、第一粮食生产大省，河南省有中低产田6 497万亩，约占耕地总面积的64.23%，且连片集中在黄淮海平原、山前平原和南阳盆地。当前河南中低产田存在的突出问题是水资源保障程度不高，抗旱能力不强；农田灌排设施配套差，粮食产量不稳定。

6.1.4 农村居民点用地粗放、人居环境较差

2018 年，河南省农村居民点用地面积为 159.29 万公顷，占全省建设用地总面积比重达到 69.71%，按常住人口计算，人均农村居民点面积为 353 米^2，是国家限额最高标准（150 米^2）的 2 倍多。2004—2018 年，河南农村人口由 7 614 万人减少到 4 511 万人，净减少了 3 103 万人，而农村居民点用地未减反增了 19.11 万公顷。随着城镇化推进，不断有农村剩余劳动力向城市涌入，通过进城务工的方式来实现人口非农转移以及生计兼业化，较多村民常年在外打工，长期工作和生活在城市，但仍然占据着原本自己所在地的村庄用地和居住地，不少住宅常年闲置，造成了空心户甚至空心村的现象，村庄土地利用率低下。

长期空置的农村住宅萧条破败，既造成土地资源浪费，也严重影响村容村貌，破坏了乡村景观。近年来，随着国家乡村振兴战略的推进，政府逐步加大对农村公共基础设施的投入力度，村容村貌有所改善，但在部分偏远地区，很多基础设施仍然需要进一步修缮，如村庄内部排水设施简陋，存在生活污水在道路两侧排出并淤积现象，垃圾处理设施有待改建，设备也有待更新。部分农村居民点布局无序，导致村庄整体布局杂乱无章，村庄整体建筑风貌亟待改善。

6.1.5 农村承包土地碎片化影响现代农业的发展

与城市化、工业化快速发展形成鲜明对比的是，河南省广大农村地区的发展滞后，突出表现在土地粗放利用严重，农村承包土地碎片化及基础设施不足等方面。河南省人均耕地面积仅为 1.15 亩，低于全国 1.44 亩的平均水平，在推行家庭联产承包责任制的过程中，平均主义在分配机制上占主导地位，使分配后农户的耕地更加分散和细碎。课题组在新乡市原阳县菜吴村土地规模经营情况调研中，发现该村位于黄河滩区，地形平坦，耕地面积 1 802.2 亩，总人口 360 人，共 73 户。全村耕地地块共 143 块，平均地块面积 12.6 亩，全村有 34 户只有 1 块承包地，其余村民有 2～4 块承包地，且相隔较远，单一地块规模超过 20 亩的地块仅有 9 块，承包土地经营分散、碎片化明显。

河南省土地确权调查结果显示，平均每个家庭经营的土地一般都在 4～6 块，部分山地丘陵地区甚至在十几块，农村承包土地碎片化严重。土地经营的分散化、碎片化严重阻碍了土地流转和适度规模经营，使得农业生产的规模

化、专业化、机械化难以实现，给高效节水的大面积推广带来难度，家庭农场、农民合作社等新型经营组织的培育发展受到影响，土地“三权分置”改革的意义大打折扣。随着农村人口的减少，农村土地粗放利用、闲置浪费大量存在，抛荒现象比比皆是，再加上以家庭为单位的小规模经营，严重制约现代农业的发展，在资源禀赋不足的情况下，资本和技术要素也难以发挥作用，无法支撑现代农业的发展。

6.1.6　传统的耕地保护方式亟待转型

以耕地占补平衡制度为核心的耕地保护制度，在坚守耕地红线、保障河南省粮食安全方面发挥了重要的作用。2012 年以来，全省通过土地开发整理补充耕地 14.76 万公顷，平均每年补充耕地 2.11 万公顷，耕地面积基本稳定在 810 万公顷以上。补充耕地主要来源于土地整理、土地复垦和土地开发，其中土地开发补充耕地量占到总补充量的近 1/2。河南省耕地后备资源不足，且多分布在山区丘陵、黄河滩涂等生态脆弱地区，开发利用的制约因素较多，而当前耕地后备资源的过度开发使耕地环境面临着耕作层退化、水土流失、地下水严重超采、土壤环境污染和生物多样性减少等问题的挑战，与国家生态文明建设的战略目标相违背。因此，耕地保护转型已经成为当前河南省发展战略中极其重要的问题。

2017 年，《中共中央、国务院关于加强耕地保护和改进占补平衡的意见》提出“保护耕地，着力加强耕地数量、质量、生态‘三位一体’保护”的策略，明确未来耕地保护政策是以生态文明为导向，即在保障粮食综合生产能力的同时，还要修复和提升耕地的生态服务功能。十九大报告中提出“坚持节约资源和保护环境的基本国策”“统筹山水林田湖草系统治理，实行最严格的生态环境保护制度，形成绿色发展方式和生活方式”“完善天然林保护制度，扩大退耕还林还草。严格保护耕地，扩大轮作休耕试点，健全耕地草原森林河流湖泊休养生息制度，建立市场化、多元化生态补偿机制”。所以，在生态文明建设的背景下，河南省耕地保护需要从耕地资源保障、利用管理、产能建设和生态管护入手，推动耕地保护“数量、质量、生态”全方位转型。

6.2　河南省城镇空间利用存在的突出问题

在城镇用地方面，全省城镇用地逐年增长，2006—2016 年全省城镇用地增加 22.68 万公顷。但是各个城镇产业轴带集聚度依然不高，分工协作不紧密，竞争力不强等问题比较突出。城镇建设用地规模快速扩张，但空间利用效率总体偏低，城镇化水平仍比全国平均水平低近10个百分点。城市新增建设“大干快上”与旧城更新缓慢推进形成鲜明对比，基础设施建设重复、滞后和过度超前现象并存，影响了空间开发的质量。部分中心城市和小城镇承载人口与产业规模的能力不强，经济发展与建设用地消耗的匹配度低，土地利用较为粗放。

6.2.1 城镇土地利用率总体不高

城镇土地利用率总体不高，尤其是小城市和城镇土地利用集约化程度低。从经济发展水平来看，大、中、小城市（镇）单位面积土地的生产率差距较大，大城市优于中等城市，中等城市优于小城市，小城市优于小城镇。在建制镇中，县城城关镇优于其他乡镇。新兴城镇生活居住用地、道路、公共绿地人均占地面积高于旧城镇，中小城市高于大城市。新兴城镇用地结构比较合理，老城市问题较多，居住拥挤、道路狭窄、公共绿地少，改造任务重。

6.2.2 城镇化通过新增建设用地外延扩展实现

城镇化和工业化进程中占用土地资源较多，主要通过新增建设用地外延扩展实现。在经济快速发展时期，对土地等资源的需求量会大幅度增加，这是符合客观规律的。尤其是城镇化和工业化的快速发展，对土地资源的保障能力提出了越来越高的要求。目前的突出问题是，在新增城镇用地中，大部分是通过城镇外延扩展新增加的，其中66%～80%为耕地。城市群和东部平原区的一些县城的建设，基本上是靠外延式扩展的方式，占用了大量优质高产农田。这一方面使城市发展和建设有重蹈过去盲目摊大饼式发展覆辙的危险，另一方面也不利于对耕地资源的保护。

6.2.3 旧城改造滞后，闲置和低效用地较多

在城镇迅速向外扩展的同时，大部分城镇旧城区改造举步维艰。旧城区普遍存在建筑陈旧、设施落后、容积率和产出率低等问题，土地长期处于低效利用状态。多数城镇新城区土地利用和产出率还处于较低水平，普遍存在土地闲置和浪费现象。

6.2.4 “都市村庄”普遍，给城镇土地管理带来困难

城镇化快速发展的结果，不可避免地把部分农村居民点包围在建成区之

内，形成大量的“都市村庄”，同时也占用了大量的农田。“都市村庄”的土地大多属于集体土地，且缺乏统一规划，违章建筑比比皆是，建设混乱，基础设施落后，卫生条件差，成为城市管理的一大难点。很多城市在发展过程中，没有很好地解决“都市村庄”问题，致使“都市村庄”问题越来越严重。城乡不同利益主体对土地占用存在着不同的态度，占地往往是各尽所能，各取所需，乱占滥用土地现象严重，浪费土地资源现象屡禁不止。

6.3 河南省生态空间利用存在的突出问题

生态空间是国土空间的重要组成部分，是发挥生态服务功能、提供生态产品的核心载体。十八大以来，以习近平同志为核心的党中央站在战略和全局的高度，将生态文明建设纳入中国特色社会主义事业的总体框架，为努力建设美丽中国、实现中华民族永续发展，指明了前进方向。国土空间规划在《中共中央、国务院关于生态文明体制改革总体方案》中作为一项重要的制度建设内容予以明确，生态文明建设优先理应成为国土空间利用工作的核心价值观。

河南省从理论、方法、实践上顺应新时代发展要求，积极贯彻生态文明建设，在全省主体功能区和国土生态安全战略框架下，根据中原城市群发展规划、河南省“十三五”规划、郑州国家中心城市生态建设规划等，综合考虑林业发展条件、发展需求等因素，按照山水林田湖草生命共同体的要求，优化林业生产力布局，以森林为主体，系统配置森林、湿地、野生动植物栖息地等生态空间，统筹推进森林、湿地、流域、农田、城市五大生态系统建设，着力构建“一核一区三屏四带多廊道”的总体布局。其中，“一核”为郑州大都市生态区；“一区”为平原生态涵养区；“三屏”为太行山山地生态屏障、伏牛山山地生态屏障、桐柏山—大别山山地生态屏障；“四带”为沿黄生态保育带、沿淮生态保育带、南水北调中线水源地及干渠沿线生态保育带和隋唐大运河及明清黄河故道生态保育带；“多廊道”为铁路、公路、河流等组成的生态廊道网络，通过上述路径，河南省积极走生态文明之路，助推高质量发展并共同缔造高品质生活。但现实情况中河南省生态空间利用仍存在个别突出问题，在水资源、森林资源和生物多样性方面还存在诸多问题。

6.3.1 水资源生态问题

河南省有大中型水库 123 座，小型水库 2 273 座，水库总数 2 396 座，总库容达到 269.60 亿米^3。水库建设一方面使水资源应用更加便利，满足了经济发展和人民生活需求，但另一方面，由于没有注重生态用水，水源的截流也带来了下游河道干枯、功能降低、水生物绝迹等一系列生态问题。目前，河南省多数河道已经成为季节性河流，在枯水季节，有水的河道也多数成为纳污河道，湖库建设中在生态用水的留用问题上，应当引起各级政府的重视。

河南省属北方缺水省区，随着地下水开采强度的逐年增大，供水紧张的豫北地区已形成两个大的区域性漏斗，即安阳—濮阳漏斗、温县—孟州漏斗。安阳—濮阳漏斗面积约 8 236 千米^2，其漏斗中心分别在南乐、清丰一带及滑县东部，中心水位埋深 20～22 米；温县—孟州漏斗面积约为 562 千米^2，漏斗中心水位埋深 22 米左右。多数地区地下水供水水源地处于满负荷或超采状态，已无资源潜力可挖。

6.3.2 森林现状及其存在的问题

(1) 森林资源现状

河南省地处北亚热带与暖温带过渡地带，由于气温、降水、土壤及人口分布的差异，森林资源在地域分布上呈现出明显的分异特征。以伏牛山主脉和淮河为界，南部属北亚热带落叶阔叶—常绿阔叶—针叶混交林带，北部属暖温带南部落叶阔叶林带。2016 年河南省的林业用地面积为 345.69 万公顷，林业用地占河南省全部土地面积的 20.87%。

(2) 森林资源利用存在的问题

森林生态系统呈现数量型增长与质量型下降并存的局面，森林系统趋于简单化，人工林面积增长快，天然林比例下降，林分低龄化消耗严重及林龄结构极不合理问题突出，导致森林生态系统生态功能较弱，抵御自然灾害、抗病虫鼠害的能力较低。

①林龄结构不合理。由于植树造林面积的快速增长，幼龄林面积增加 95.47 万公顷，幼、中龄林面积占林地总面积的 91.4%，一方面使森林覆盖率增高，另一方面，也导致林龄结构的极度不合理。林分低龄化及林龄结构不合理的问题十分突出。林龄结构极不合理的现象因受林木生长周期的制约，在短期内不会得到较大转变。全省用材林近、成、过熟林资源有所增加，但全省用材林可采资源仍相当贫乏，而且分布极不平衡；森林资源生长大于消耗，但消耗量上升，且以栎类等阔叶树为主，林分低龄化消耗严重，由此将继续降低森林保持水土、涵养水源的能力。

②系统抵御灾害能力下降。人工造林的林种单一及其灾害天敌制约能力的降低，导致森林抵御自然灾害、抗病虫鼠害的能力以及生态环境功能削弱。全省森林火灾面积由于管理及防治力度加强，呈现逐年降低的趋势；而由于天敌数量、种群的减少，以及受林相单一、生物异质性降低等因素影响，导致森林生态系统的生态功能削弱或衰退，森林病虫鼠害面积呈现逐年扩大的趋势。

6.3.3 生物多样性保护与存在的问题

（1）生物多样性现状

河南省自然地理条件差异明显，生态环境多样，南北植物兼容，野生动植物资源比较丰富。生态系统类型主要包括森林、农田和湿地三大类。

河南省是全国垦殖最早的地区之一，耕地面积占全省总面积的48.82%，居全国第三位，大多分布于平原和岗台沟谷地带。农田生态类型包括单一农作物形成的30多种农田生态系统，以及农作物套种、林农间作等形成的多种农田生态系统和农林复合生态系统。湿地面积占全省总面积的6.6%，包括河流、湖泊、沼泽和人工湿地4大类。河南湿地不仅蕴藏了2 000多种动植物资源，而且地理位置处于亚洲候鸟迁徙的中线，是许多迁徙水鸟的重要途中停歇地或越冬地。黄河及故道湿地自然保护区有动物724种，其中国家重点保护濒危动物41种；植物700多种。

全省动物资源包括脊椎动物520种，占全国脊椎动物总种数的23.9%，其中哺乳类动物约50余种、鸟类近300种、两栖类40多种、爬行类20多种、鱼类100多种。此外，还有无脊椎动物约2 600多种，其中昆虫约2 000多种，占全国已定名昆虫总数的2/3。在河南省分布的国家重点保护野生动物有91种，其中国家一级保护动物有金钱豹、梅花鹿、金雕、白肩雕、玉带海雕、白尾海雕、白头鹤、丹顶鹤、白鹤、大鸨、小鸨、白鹳、黑鹳等13种，国家二级保护动物有猕猴、豺等78种。河南省重点保护的野生动物有36种。河南省野生动物主要分布在山区、沿黄区域及黄河故道。

全省有维管束植物199科，3 979种及变种，约占全国维管束植物总种数的14%，其中木本科植物占30%左右。全省有国家重点保护野生植物40种，河南省重点保护野生植物45种，河南杜鹃、河南石斛、太行榆、河南猕猴桃、灵宝杜鹃和河南山胡椒等为河南特有的6种植物。

（2）生物多样性存在的问题

长期以来，由于不合理的开发利用，致使河南省天然林面积日趋减少，一些珍贵稀有树种更是大量减少或濒临灭绝。河南省多数森林公园是在国有林场的基础上择优划片建成，发展十分迅速，有许多风景区建设也是在自然保护区周围建设，旅游区与保护区面积交叉严重。随着旅游事业的迅速发展，一些不合理的开发等活动侵占、破坏野生动植物栖息地和自然保护区的现象非常突出。

在生物多样性保护方面，河南省积极采取各种保护措施，坚持运用法律手段加强管理，开展野生动植物管理执法活动，制定了行之有效的行政法规，野生动植物保护工作取得了令人瞩目的成就，初步建立了保护管理体系、救护繁育体系和科研监测体系，形成了良好的保护局面。但是，随着人口的持续增长和经济的快速发展，人口与资源、经济建设与生态保护的矛盾日益突出，一些地方没有处理好发展经济与保护环境、保护自然资源的关系；乱捕滥猎、乱采滥挖、倒卖走私野生动物及其产品的违法犯罪活动时有发生；旅游开发与野生动植物栖息地保护的矛盾日趋尖锐；濒危物种的恢复进展缓慢，部分物种减少的势头尚未得到有效遏制；野生动植物养殖、培植和利用尚处在自发、分散的状态，既不适应市场经济发展的需要，也不利于生物多样性的保护。

6.4 河南省矿业开发空间利用存在的突出问题

6.4.1 矿山地质灾害

矿产资源开发引发的主要地质灾害有地面塌陷、地面沉陷、地裂缝、崩塌、滑坡、泥石流等。其中地面塌陷最为突出，分布面积最广，危害最为严重，边缘多伴生地裂缝。主要分布在平顶山、焦作、义马、鹤壁、济源、永城、新密等煤矿开采区。崩塌、滑坡主要分布在豫西钼、铁等金属矿山及灰岩、铝土等非金属露天采场和排土场边坡，威胁了边坡上部及坡脚居民、矿山职工人身安全及公私建筑、设备等财产安全。河南省矿渣、泥石流地质灾害主要分布于矿产资源开发活动强烈的小秦岭金矿区和栾川钼矿区，矿区的沟道两侧或沟道内未科学设置拦挡、支护和排水措施的排土场、废弃矿渣堆放场、尾矿库等地，易因暴雨激发，引发泥石流灾害，对矿山设施及沟道下游居民造成严重威胁。

6.4.2 土地资源与地形地貌的破坏

土地资源损毁在河南省各矿山普遍存在，主要表现为露天开采破坏土地资源，废渣场、尾矿库、矸石堆等工业广场和矿山固体废弃物堆放占压土地资源，地面塌陷及地裂缝破坏土地资源。河南省矿山多分布于山区、丘陵地带，露天开采铝、铁、钼和建材类矿产等直接挖损山体对原生地形地貌景观造成较大影响或破坏，矿山固体废弃物堆放、采空地面塌陷对地形地貌景观也造成一定影响与破坏。其中，河南省以露天开采水泥石灰岩和建筑石料对原生地貌景观的破坏最为严重。全省地形地貌景观破坏严重的市、县主要有安阳、新乡、焦作、平顶山、信阳、义马、宜阳、巩义、新密、长葛、禹州、栾川、登封、舞钢、宝丰、永城等。

6.4.3 含水层破坏

河南省含水层破坏主要分布于丘陵、山前平原及平原区，主要为井工开采煤炭资源及铝土矿等矿区。含水层破坏表现为对矿区水文地质条件产生较大扰动，具体破坏形式包括：改变了地下水自然流场及补、径、排条件；改变了大气降水、地表水、地下水互相转化关系，打破了水循环平衡；矿区长期大量地疏干排水，造成矿区地下水位呈区域下降趋势，形成一个个地下水降落漏斗镶嵌在整个矿区大的降落漏斗之中；黑色金属、有色金属等排放导致地下水质恶化。

河南省采矿业发达，矿山地质环境问题较为突出，多年的矿山地质环境保护治理成效显著，但矿山地质环境治理恢复任务艰巨。一方面，矿山地质环境保护和恢复治理专项资金不足。企业对专门用于保护与恢复治理矿山、地质环境的资金落实不到位，导致矿山地质环境被破坏后，企业无法利用专项资金进行治理。审批后的资金仅能治理矿山地质环境的部分工程，不能满足矿山地质环境治理工程总体规划。另一方面，实施矿山地质环境治理工程队伍的技术参差不齐，一些不具备资质的施工队也参与到工程建设中。因此矿山地质环境治理要积极制定并完善矿山地质环境保护法规制度，落实矿业权人的矿山地质环境保护与恢复治理的法律责任，抓好行政监督管理工作，保障施工团队的专业性。

党的十八大指出，必须树立尊重自然、顺应自然、保护自然的生态文明理念，把生态文明建设放在突出地位，因此，科学合理地实施矿山地质环境保护与恢复治理是恢复矿区生态环境，还矿区居民蓝天碧水的重要保证。总体看来，河南省正处于矿产资源勘查开发利用方向调整，矿业结构优化、转型升级和绿色发展的关键阶段。矿业结构性改革成为当前紧迫的战略任务，加快发展方式转变、提高发展质量和效益成为河南省矿业发展的重中之重。

河南省必须抓住战略机遇，改革创新、攻坚克难，着力强化规划管控，深化矿产资源管理改革，加强矿产资源节约与综合利用，大力发展绿色矿山和绿色矿业，推动资源有效供给和保障能力提升、矿业结构优化、资源绿色高效利用迈上新台阶，努力开创矿产资源勘查、开发、保护绿色协调发展新格局。

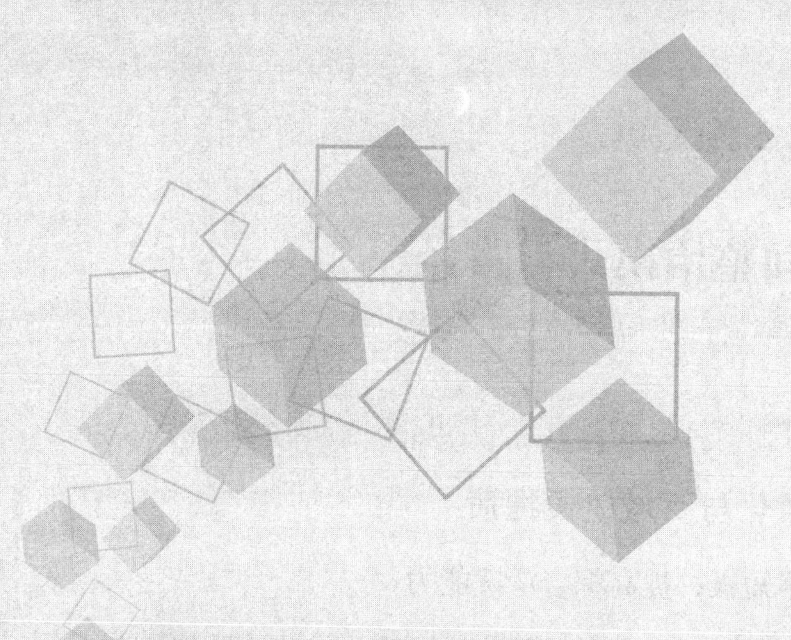

国土空间整治
LUJING PIAN 路径篇

7　城镇空间整治模式与路径

本章主要介绍了河南省的百城提质工作，提出了城镇空间整治的路径。

7.1　新型城镇化与百城建设提质

7.1.1　补齐设施短板，提高综合承载能力

城市的综合承载能力直接关系到城市居民生活品质，影响城市对人口的吸纳能力和对产业发展的支撑能力。完善的基础设施和优质的公共服务，与人民群众的生产生活息息相关，是吸引农民进城落户的重要因素。当前，由于发展理念、财力物力、体制机制等方面的限制，河南省大多数县级城市基础设施建设比较滞后，公共服务供给相对不足，环境保障能力亟待提升，城市综合承载能力受到严重制约。

提高综合承载能力，关键在于大幅提高城市交通承载能力、生态承载能力、产业承载能力、服务承载能力。实施百城提质工程，一方面按照适度超前、功能完善、配套协调、高效可靠的原则，坚持地上与地下、新城与旧城、城区与郊区建设相统一，大力推进基础设施建设，重点实施一批道路交通设施、燃气气化、城市供热、电力信息通信等工程，加快补齐县级城市的基础设施短板，提高基础设施的系统性、安全性、可靠性和服务保障能力。另一方面按照均等化、一体化要求，推进教育、医疗、文化、体育、休闲、养老等设施建设，打造方便快捷、衔接配套的公共服务设施体系。加快户籍、土地等方面的体制机制创新，稳步推进义务教育、就业服务、基本养老、医疗卫生、住房保障等基本公共服务全覆盖，真正实现“学有所教、劳有所得、病有所医、老有所养、住有所居”。

通过提升基础设施和公共服务水平，推动城市功能的均衡与完善，使县级城市“既有面子，更有里子”，有效提高县级城市对各项发展要素的聚集能力，吸引产业集聚、人口集中，为城市居民的生产和生活提供有力保障。

7.1.2　产业发展带动，做好以业“兴”城文章

城镇化的内在动力来源于产业发展的持续推动，城镇化的健康发展需要发

挥产业的“火车头”作用，做好以业“兴”城文章。通过产业功能升级、产业空间转移、产城融合发展，能够有效推动人口从农村向城镇集中、农民向市民转变，并解决农民进城后的生活、就业和发展问题。当前，由于缺乏有利的基础条件和发展环境，县级城市引进产业项目较为困难，工业化水平普遍较低、集中度不高；服务业滞后，规模小、水平低、发展慢，给全省产业结构的优化带来不小阻力。

实施百城建设提质工程，致力于把传统产业提升与新兴产业培育结合起来，以产业集聚区为载体，根据县级城市的产业基础、发展条件和市场要素，通过加强与中心城市主导产业的关联配套和积极承接产业转移，打造一批特色主导产业和优势产业集群；推进“品牌消费集聚区”“城市综合体”“互联网电商＋物流配送进社区”等新业态、新模式，因地制宜适度集中布局发展生产性服务业和生活性服务业；同时以县域第一产业为依托，大力推进农产品的精深加工，延长产业链、提高附加值。通过先进制造业、现代服务业和特色高效农产品加工业等产业的有效集聚，逐步构建高效合理的现代产业支撑体系，同时加快城区和产业园区的公共服务配套设施建设，能够有效推动产城融合发展，实现产业结构优化升级，形成人口集中、产业集聚、城市发展的良性循环。

7.1.3 推进“城市双修”，建设生态宜居环境

新型城镇化是以人为本的城镇化，促进人的全面发展，需要更加注重城市人居环境质量的提升。因此，在新型城镇化进程中，要注重生态环境的改善和城市宜居性的提升，坚持自然与人文的有机结合，为市民创造优良的人居环境。

实施百城建设提质工程，要着力解决好大气污染、水生态破坏、垃圾围城、品质缺失等紧迫问题，利用好县级城市接近自然风光和蕴含历史文化底蕴的优势，提高城市景观风貌品质标准，打造舒适的居民生活和绿色生态空间。重点推进生态修复、城市修补，保护城市山脉、河流、植被等各类自然特色，推动建筑节能和绿色建筑等工程，同时将历史文化元素更多、更好地融入城市形象塑造、城市规划设计和城市建设当中，打造城市文化符号，留住城市特有“基因”。

建设生态宜居环境，提高城市的生命力，要做好“三篇文章”。做好“水”的文章，以水“润”城，实现城市水系的内外循环畅通，增强城市的动感和灵气。做好“绿”的文章，以绿“荫”城，提升城市的绿化生态效益和美学效应，展现城市的生机和活力。做好“文”的文章，以文“化”城，挖掘文化内

涵，传承文化记忆，建设文化载体，塑造城市的品质和特色，把城市建成人与人、人与自然和谐共处的幸福家园，让市民更有归属感和认同感，真正感受到城市生活的美好。

7.1.4 文明创建引领，改善城市文明形象

市民文明意识、文明行为影响着城市的秩序和形象。城镇化不仅是城乡布局的调整和农民身份的转变，更重要的是人的综合素质的提高和观念意识的变化。要培养进城农民包容开放的文明意识、较强的市场经济观念和社会文明道德判断标准，同时还要提高其科学文化素质和职业道德素养，使他们真正融入城市。

作为文明建设的基础工程，加强精神文明建设、提升居民综合素质是百城建设提质工程的应有之义。实施百城建设提质工程，就是要以文明城市创建作为精神文明建设的总抓手，请群众参与文明城市、文明村镇、美丽乡村创建的全过程，让群众评判创建的成效，由群众共享创建的成果。坚持共建共享，开展全面创建、全域创建和全民创建，通过以城市带农村、以机关带基层、以干部带群众，不断提升精神文明建设的感召力、凝聚力和认知度，使文明创建活动成为全民的思想和行动自觉。坚持以城市为重点，开展思想道德素质提升、诚信守法行为提升和文明风尚习惯提升行动，培育市民特别是农业转移人口的主体意识、法律意识和文明意识，引导他们加快生活习惯和行为方式由传统乡村向现代城市转变，塑造开放、包容、和谐、博爱的城市主旋律。

7.1.5 贯穿人文关怀，提升城市治理水平

城市三分建、七分管，城市发展的品质、活力、魅力，都离不开高水平的城市管理。一些城市出现交通拥堵、环境恶化、私搭乱建等现象，与城市管理滞后、管理水平不高分不开。城市的可持续发展，必须要有高质量的城市管理作保障。

要综合运用市场、法律、行政、科技和社会治理等手段，努力做到目标管理量化、管理标准细化、职责分工明晰化，实现城市管理由定性向定量、由静态向动态转变。要积极破除城乡分治的城管体制、城乡分割的治理模式和城乡分施的政策体系，加快构建行为规范、运转协调、公正透明的城乡治理一体化新机制。

实施百城建设提质工程，把人本思想、人文关怀贯穿于城市管理的全过程，从城市居民的需求和感受出发，努力实现城市管理由单一管治向管理与服

务并重转变，探索建立政府主导、社会组织和公众共同参与的城市管理机制。加速推进城市执法体制改革，科学界定城市管理职责，严格综合执法范围，彻底解决“九龙治水”的局面。综合应用现代管理理论和现代信息技术，精心构建城市管理的科学体系，精准界定城市管理的职能职责，精确把握城市管理的标准规范，精细划分城市管理的运作流程。加快建设智慧城市，运用大数据、物联网等技术，实现公共服务平台与数字化城管系统的衔接整合，形成综合性城市管理数据库，提升城市现代化科技管理水平。通过人本管理、法治管理、精细管理和智慧管理，有效提高县级城市的运行效率和运行质量，使市民更加具有幸福感和获得感。

7.2 城镇空间整治路径

7.2.1 以人为本彰显特色

城市的核心是人，关键是衣食住行、生老病死、安居乐业。只有把让人民过上更加美好的生活作为城市工作的根本目标，才能找到推进新型城镇化的有效途径，找准化解城市发展难题的突破口。正如习近平总书记强调的：城市规划建设做得好不好，最终要用人民群众满意度来衡量，要坚持人民城市为人民；要健全制度、完善政策，不断提高民生保障和公共服务供给水平，增强人民群众获得感。

推进城镇空间整治，促进人的城镇化是根本。不断满足人的需求、改善人的服务、提高人的素质，让人民群众得到看得见、摸得着的实惠和利益，促进人的全面发展是其核心要义。

因此，应根据不同县级城市的自然资源禀赋、区位交通条件、经济社会发展水平、历史文化特色、地方风俗习惯等，找准比较优势，并把潜在的优势最大限度地转化为发展动力、发展活力和现实生产力。同时，利用好河南历史文化底蕴和生态环境秀美的独特优势，深入挖掘当地独有的历史文化元素和自然生态符号，保留历史记忆，塑造地域特征，在提质发展中彰显城市的个性特色。

7.2.2 规划引领优化布局

习近平总书记指出，规划科学是最大的效益，规划失误是最大的浪费，规划折腾是最大的忌讳。规划是城市建设的“第一粒扣子”，也是百城建设提质工程的第一要求，决定一个城市的方向和未来。推进百城建设提质工程必须强化“规划先行”“规划引领”意识，突出规划的引领作用，做到先规划后建设、不规划不建设，切记盲动不如不动、乱建不如不建，杜绝瞎折腾；以规划优化城市空间布局，统筹城市资源配置，提高城市品位，推动城市集约发展。

做好城市发展规划，要突出“创新、协调、绿色、开放、共享”的发展理念，科学确定城市发展定位，加强城市总体规划与土地利用规划、产业发展规划、生态环境规划等规划之间有机衔接协调，实现“多规合一”，使保障能力与战略定位相适应，人口资源生态环境同城市战略定位相协调，总体布局与城市战略布局相一致，促进城市集约高效发展。规划一经批准要严格执行，一茬接着一茬干，力避换一届领导改一次规划现象发生。

7.2.3 科学谋划统筹兼顾

项目是资金、技术、人才、产业等发展要素集聚的载体，也是把资源优势转化为竞争优势的载体和手段。推进百城建设提质工程，要把立足点落实到项目上，以项目建设提升城市综合承载能力，以项目实施完善城乡公共服务体系，以项目推进推动产业转型发展。

科学谋划项目，既要量力而行、尽力而为，又要符合城市实际、有一定的前瞻性和适度的超前性，做到产业发展与城市发展并重、新区开发与老城区改造并重、地上建筑与地下空间并重、生态营造与城市功能提升并重，推动有质量、有效益、可持续发展。

科学谋划项目要与环境改善结合起来，以满足人的生存发展需要，基本形成人与自然和谐共生的空间格局；与设施配套结合起来，以城市基础设施建设为重点，基本形成宜居宜业的人居环境；与棚户改造结合起来，以改善群众住房条件作为出发点和落脚点，不断增强发展整体性和平衡性；与功能提升结合起来，以不断提高城市综合承载能力为主要目标，加快产业集聚、人口集中、资源集约；与产业发展结合起来，将着力培育主导产业作为项目谋划的“重头戏”，大力发展农产品加工业、聚焦先进制造业和培育现代服务业，以产业发展拉动县级城市建设上台阶、上水平。

7.2.4 创新机制增强动力

创新是城市可持续发展的动力和源泉。要积极主动从制度和规则层面进行改革，以改革创新破解发展难题，让人民群众实实在在地感受到城市面貌和功能的变化。实施百城建设提质工程，就是要充分发挥市场在资源配置中的决定性作用，更好地发挥政府的调控作用，着力推进体制机制创新、科技创新、管理创新，全面引进新理念、新产业、新业态、新模式，以创新促发展。

创新农业转移人口市民化制度体系，切实维护农民土地承包权、宅基地使用权和集体收益分配权，解决进城落户农业人口后顾之忧，让农民敢进城。全面实施居住证制度，推动基本公共服务均等化，让农民愿进城。全面放开中小城市户口，实现在城市就业居住人员无障碍落户城镇，让农民能进城。

创新城市综合管理体系，统筹城市规划建设和管理，严格执行城市规划建设管理行政决策法定程序，把公众参与、专家论证、风险评估等融入城市规划建设管理全过程，充分保证城市规划的约束性、城市建设的系统性、城市管理的高效性和城市发展的可持续性。

创新城市文明建设体系，协同推进百城建设提质工程与文明城市创建活动，建立城市文明建设组织机构，完善城市文明建设推进机制，制定城市文明建设规划，加强对城镇化人口的文明教育，大力开展丰富多彩的文明创建活动，不断提高城市居民的文明意识，强力打造最有价值、最具影响的城市品牌，大幅提升城市的文化软实力。

8 河南省农业空间整治分区、模式与路径

国土整治是调整耕地结构、优化耕地布局、提高耕地质量的重要抓手。对农业空间内的土地，国土整治应秉承绿色发展理念、以促进农业现代化为目标，综合考虑不同区域自然特征、农业开发利用条件、主体功能、存在问题、整治途径等因素，对相同整治类型在空间上进行群体分区，因地制宜、实行差别化的国土整治措施，优化农业产业布局，提高农业空间土地利用效率。

8.1 农业空间整治分区

根据河南省农业可持续发展中存在的水土耦合问题、农业面源污染问题、农业生态问题、村庄整治问题和耕地保护问题等，结合各县（市、区）农业发展及社会经济特点，划定四类农业空间国土整治区域。

8.1.1 “土地整治＋粮食产能提升”整治区

共涉及滑县、内黄、邓州、新蔡、遂平、息县、梁园、虞城、睢阳、宁陵、睢县、柘城、民权、夏邑、永城、商水、太康、鹿邑、沈丘、项城、扶沟、西华、郸城、淮阳、卧龙、宛城、南召、西峡、新野、桐柏、方城、镇平、内乡、淅川、社旗、唐河 36 个县（市、区），由于渠系及田间工程不配套，年久失修，供水保障程度低，缺乏灌溉水源，影响粮食生产稳定增长。

整治方向：以粮食生产功能县（市、区）为重点，以提升粮食产能为目标，实施高标准粮田“百千万”建设工程，推进农用地整理，夯实农业现代化基础。

8.1.2 “土地整治＋乡村空间重塑”整治区

集中分布于信阳、洛阳、平顶山、商丘、安阳和焦作等区域。该类型的村庄普遍出现了农村建设用地无序增加不良势头，在农村建房热持续高涨的情势下，村庄周边基本农田蚕食较为严重，村庄建设缺乏相关设施配套，农民生活水平没有得到实质提升。

整治方向：以“空心村”整治和“危旧房”改造为重点，稳步推进农民腾退宅基地、村内废弃地和闲置地等综合整治。加强保留村庄的道路、水电、垃圾污水处理、卫生、教育等设施建设，增加休闲绿地和防护林带，改善农村生活条件、景观文化和田园风貌。

8.1.3　“土地整治＋景观再造”整治区

该区域主要指毗邻新城和大型居住社区、交通条件较好的地区，涉及17个省辖市和1个省直管市中心城区近郊的农业空间。随着城市功能不断提升，也面临着土地资源紧约束和生态游憩空间缺乏等多重压力。城市近郊高标准生态良田建设是落实生态文明战略、全面提升城镇化质量、实现“创新驱动、转型发展”总体要求的关键举措。

整治方向：从给自然留下更多生态空间，给农业留下更多优质良田，给市民提供休闲游乐的“好去处”“后花园”，给子孙后代留下天蓝、地绿、水净的美好家园的理念出发，注重生态优先，注重郊区功能发展，切实推进城乡发展战略转变；以人为本，聚焦都市游憩需求，塑造特色郊野活动空间；增绿添彩，稳定城市增长边界，优化城市总体空间结构布局；整合资源，发挥综合效应，加快实现城乡土地使用方式转变。在郊区选择连绵成片的农田，通过田间基础设施延伸和配套，建成优质耕地和基本农田，扩容乡村绿色空间。通过疏浚河道和建设林网、岸坡防护绿化等改善区域田间小气候，提升生态环境质量，有效保护生物多样性。

8.1.4　“土地整治＋扶贫开发”整治区

该区域涉及国家级特困县、省定贫困县及“三山一滩”（大别山、伏牛山、太行深山区、黄河滩区）区域，具体为卢氏县、汝阳县、洛宁县、嵩县、宜阳县、栾川县、封丘县、滑县、台前县、范县、虞城县、睢县、民权县、宁陵县、鲁山县、桐柏县、淅川县、南召县、社旗县、淮滨县、新县、商城县、固始县、光山县、沈丘县、淮阳县、确山县、平舆县、上蔡县、新蔡县等52个县。贫困问题依然是该区域经济社会发展中最突出的“短板”，脱贫攻坚形势复杂严峻。贫困地区县级财力薄弱，基础设施瓶颈制约依然明显，基本公共服务供给能力不足；产业发展活力不强，结构单一，环境约束趋紧，粗放式资源开发模式难以为继；贫困人口就业渠道狭窄，转移就业和增收难度大。黄淮平原南部及大别山区河流众多，整体发展水平较为落后，农村居民生活水平偏低，贫困人口分布较为集中。黄淮平原北部及黄河滩片历史上受黄河改道影响，区内中低产田面积大，加之人口稠密，资源禀赋条件不佳，整体的发展水平较为落后，贫困人口分布较为集中。伏牛山片区地跨长江、黄河、淮河三大流域，是淮河、汉江、丹江、洛河等河流的发源地，水系发达，径流资源丰富，森林覆盖率高，受地形阻隔，贫困人口分布较为散乱。

整治方向：在贫困地区实施以土地平整、农田水利建设、田间道路建设、生态保持为主要内容的国土整治助推贫困地区脱贫攻坚。在移民迁入区开发连片耕地，解决移民生产用地问题，同时将腾退建设用地复垦为林地、草地等生态用地，让贫困搬迁群众移得出、稳得住、能致富，促进贫困地区全面发展。

8.2 农业空间整治模式与路径

8.2.1 高标准农田建设模式与路径

高标准农田建设模式是指在“土地整治＋粮食产能提升”整治区内，落实藏粮于地、藏粮于技战略，通过实施高标准农田建设工程，不断改善农业生产条件，田块平整，改善水、电、路设施，提高耕地质量和地力等级，提高粮食综合生产能力，发挥耕地生态功能，改善区域整体生态环境。主要整治模式与路径如下：

①良田改造型。对现有基础条件相对较好的农田进一步进行升级改造，使灌溉与排水、田间道路、农田防护与生态环境保持等农田基础设施更加配套，将其建设成“田成方、林成网、路相通、渠相连、旱能灌、涝能排”的优质高效、高产稳产的高标准基本农田。整治过程中集中投入、成片推进，加强耕地地力培肥工程，科学合理使用农药和化肥，积极倡导使用生物农药和有机肥料，有效减少农村化肥、农药等农用物质使用量和使用强度，提高土壤有机质含量，防治农业面源污染。

②规模集约型。按照高标准基本农田建设的要求，通过土地整治完善农田灌溉排水设施工程，开展田间道路工程，并改善田块形状，开展内部零星地类的整治，引导建设用地等其他地类逐步退出，达到机械化耕作要求，促进优质农田集中连片。同时积极开展权属调整，促进土地流转，实现农田向种粮大户集中，形成规模经营的田块格局。

③产业引领型。把土地整治的开展与现代农业的发展相结合，将土地整治打造为土地承包经营权流转和现代农业产业结构调整的依托平台，最终服务于现代农业发展，为农业产业化创造条件。该模式需要深入了解地方现代农业产业发展面临的形势以及发展趋势，科学设计农田整治方案。

④以水定地型。是在水资源的总体约束下，充分考虑水土资源平衡对农业活动的影响，对一定区域内农田整治的目标、布局、规模与时序等进行定位和明确后所开展的土地整治活动。干旱缺水地区要以节水设施工程的建设为核心，采取渠道防渗、地下管灌、地上膜灌、喷微灌等措施，配套土地平整、田间道路、农田防护与生态环境保持等工程，实现节水农田建设。

⑤生态保持型。通过坡改梯工程、水土保持工程和土壤改良等措施，以蓄水、保土为核心，恢复地表植被，提高耕地质量，维护生态环境。在生态脆弱地区开展土地整治主要是搞好农田防护与生态环境保持工程，具体措施有：采用工程与生物措施消除土壤理化性状障碍、农田基础设施水平低、天然排水能力差、土壤贫瘠、土壤质地与土地剖面不佳等限制因素；加强农田防护工程建设，提高农田防御风蚀能力，减少水土流失，改善农田生态环境。

⑥景观文化型。选择某些具有特殊区位、特殊景观、特殊历史文化价值的田块，在土地整治过程中以景观生态学和景观美学的理论为基础，深入挖掘农田的景观、旅游价值，提高景观文化功能、观光休闲功能。

⑦小块并大块。针对细碎化耕地，基于“依法、自愿、有偿”原则进行土地承包经营权的适度流转，鼓励农民群众将土地流转给合作社或家庭农场，便于减轻农田的破碎化程度、减少耕地撂荒现象，以更好地实现耕地的集中连片与规模化经营目标，推进农业现代化建设，促进农业转型。

8.2.2　美丽乡村建设模式与路径

（1）整治模式

在“土地整治＋景观再造”整治区内，围绕有基础、有优势、有特色、有规模、有潜力的乡村和产业，按照农田田园化、产业融合化、城乡一体化的发展路径，以自然村落、特色片区为开发单元，全域统筹开发，全面完善基础设施，推动建成集循环农业、创意农业、农事体验于一体的田园综合体。

传统村落整治目标是保护传统村落，改善居住条件，引导传统建筑提升建筑安全性、居住舒适性。完善道路交通，在不改变街道空间尺度和风貌的情况下，改善村落路网、停车设施、公交车站环境、旅游线路。提升人居环境，在不改变街道空间尺度和风貌的情况下，改善村落基础设施、提升公共服务，安排防灾设施。

（2）整治路径

国土整治中融入生态、人文景观保护等理念，运用新材料、新技术、新工艺，加强农田生态景观和农村乡土风貌建设，充分发掘自然资源的生态价值，建设特色民居、公共基础设施，实现农业景观、生态保护和文化传承的有机结合，建成居住现代、就业便利、环境整治、邻里融洽的“小规模聚居、组团式布局、微田园风光、生态化建设”田园综合体。按照尊重自然、顺应自然、保护自然的理念，依托当地山水脉络、气象条件，稳步推进农民腾退宅基地、村内废弃地和闲置地等综合整治。大力推进农村生产生活生态“三生同步”、一二三产业“三产融合”、农业文化旅游“三位一体”，打造田园综合体。加快农村地区基础设施建设，加大环境治理和保护力度，营造良好的生态环境，大力促进农业增效、农民增收。统筹做好城乡协调发展、同步发展，切实提高广大农村地区群众的幸福感和满意度。

传统村落整治与改变贫困落后面貌、改善农民生活需求相结合，既要高度重视乡土建筑的抢救保护，又要热切关注群众民生，合理安排保护利用项目；既要科学整治村落格局风貌及其自然生态环境，又要加强村庄基础设施建设。合理整治与发掘研究、适度开发相结合，以保护促利用、利用强保护。充分发掘、研究好传统村落的历史文化与自然遗产，在合理开发中发挥其历史文化价值和自然景观价值。既要整治传统村落格局风貌等自然遗产，又要保护乡土建筑等文化遗产，更要传承乡土民俗文化等非物质文化遗产，在此基础上进行科学有序的开发利用，发展乡村文化休闲旅游，让城市居民和旅游者参与其中。

8.2.3 精准扶贫国土整治模式与路径

在“土地整治＋扶贫开发”整治区内，坚持精准扶贫、精准脱贫基本方略，坚持精准帮扶与区域整体开发有机结合，坚持绿色协调可持续发展，贫困地区全部实现农村集中，建档立卡贫困户存量危房全部改造。主要整治模式与路径如下：

①农田整治产业扶贫。粮食主产县要大规模建设集中连片、旱涝保收、稳产高产、生态友好的高标准农田，巩固提升粮食生产能力。非粮食主产县要大力调整种植结构，重点发展适合当地气候特点、经济效益好、市场潜力大的品种，建设一批贫困人口参与度高、受益率高的种植基地，大力发展设施农业，积极支持园艺作物标准化创建。适度发展高附加值的特色种植业。生态退化地区要坚持生态优先，发展低耗水、有利于生态环境恢复的特色作物种植，实现种地养地相结合。加快实施农业品牌战略，积极培育品牌特色农产品基地，促进供需结构升级，实施优势农产品基地整治，加快发展无公害农产品、绿色食品、有机农产品和地理标志农产品基地。重点实施“一村一品”强村富民、粮油扶贫、园艺作物扶贫、畜牧业扶贫、水产扶贫、中草药扶贫、林果扶贫、木

本油料扶贫、林下经济扶贫、林木种苗扶贫、花卉产业扶贫、竹产业扶贫等农田整治工程。

②基础设施改造提升扶贫。支持乡村旅游、红色旅游、集中连片特困地区生态旅游交通基础设施建设，加快风景名胜区和重点村镇旅游集聚区旅游基础设施和公共服务设施建设。支持贫困地区 10 千米范围内具备条件的重点景区基础设施建设。

③易地扶贫搬迁。该模式主要涉及长垣县、中牟县、祥符区、封丘县、原阳县、濮阳县、范县、台前县 8 个县（区）的滩区居民。对于居民迁建，要以扶贫开发建档立卡信息系统识别认定结果为依据，以生活在自然条件严酷、生存环境恶劣、发展条件严重欠缺等“一方水土养不起一方人”地区的农村建档立卡贫困人口为对象，进行易地扶贫搬迁。按人均不超过 25 米^2 的标准建设住房，根据水土资源条件、经济发展环境和城镇化进程，以集中安置为主要原则选择安置方式和安置区，同步开展安置区（点）配套基础设施和基本公共服务设施建设、迁出区宅基地复垦和生态修复等工作。

④实施水土保持精准扶贫。包括建设坡改梯、小型水利蓄水工程和谷坊、塘坝等拦沙工程以及水土保持特色经果林、水源涵养林等。通过大批水土保持基础设施的建设，可有效遏制水土流失，改善生态环境和农业生产生活条件，促进贫困地区经济社会持续发展。

8.2.4 城乡土地资源统筹开发模式与路径

城乡统筹土地整治是在区域城乡空间规划体系总体框架下，以土地整治和城乡建设用地增减挂钩为基础，以加快人口、土地、资本、信息等要素在城乡之间合理流动，加快城乡公共服务一体化为目标，最终推动城乡协调发展的整治模式。基于城乡统筹的土地综合整治，有利于改善农民居住环境，推进农村社区化建设，促进农业规模化经营、产业化发展，缓和土地供需矛盾，实现土地高效集约利用。主要整治模式与路径如下：

（1）全域土地综合整治模式

全域土地综合整治是在现有农村土地综合整治的基础上，通过实施全域土地综合整治工程，对农村生态、农业、建设空间进行全域优化布局，对田水路林村等进行全要素综合整治，对高标准农田进行连片提质建设，对存量建设用地进行集中盘活，对美丽乡村和产业融合发展用地进行集约精准配置，对农村人居环境进行修复治理，逐步构建农田集中连片、建设用地集中集聚、空间形态高效节约的土地利用新格局。全域土地综合整治可以乡级土地利用总体规划为基础，以一个行政村或同一乡镇（街道）的部分行政村为实施单元，在实施农村土地制度改革试点、美丽乡村、新型农村社区、高标准农田建设等区域开展全域土地综合整治工作。

（2）宅基地复垦券

宅基地复垦券是河南省按照原国土资源部下发的《关于用好用活增减挂钩政策积极支持扶贫开发及易地扶贫搬迁工作的通知》提出的，针对集中连片特困地区、国家扶贫开发工作重点县、贫困老区等县和黄河滩区居民迁建县的农村集体建设用地（指可拆旧复垦为耕地的建设用地），扣除自身安置用地后节余的农村建设用地指标，可在省域内调剂使用，为河南省脱贫攻坚、易地扶贫搬迁和黄河滩区居民迁建开辟了筹资渠道。农村集体建设用地整治的实施路径有：

①迁村并点。指针对那些远离市区或中心城镇、经济发展缓慢、居住环境较差、土地闲置现象严重的分布零散的村庄，使个别居民或村庄就近迁移，集中安置，同时对原有居民点进行复垦。该模式要求群众翻新及新建住房的意愿强烈，意见较统一；迁入的村庄具有一定产业基础，具备吸纳劳动力的能力。

②内部改造（拆旧建新）。在村庄现有基础上重新规划，通过内部优化布局改造和整治空心村、废弃地、危旧房，加大内部低效土地的挖潜力度，集约节约用地。适用于一户多宅或空心村现象严重、旧房危房多、闲置废弃地多，但区位条件较好，整治潜力大的村庄。

③整村搬迁。居住条件恶劣或位于地质灾害频发等区域内不适宜居住的村庄，可通过土地整治使原有村民整体搬迁。该模式适用于地处特殊地区（地质灾害频发）的村庄，或者村庄整体破旧，基础设施条件差，村庄空心化严重的地区。

④集约发展。通过土地整治进一步提升基础设施与公共服务设施配套水平，完善村庄内部功能，增强其内生发展与集聚能力。适用于具有一定产业基础，经济发展水平相对较高，对周围居民点具有一定辐射带动作用的中心村、重点村。

9　河南省生态空间保护与整治路径

明确生态保育与环境保护的关系，应将生态保育置于各级政府及民生工作中的突出地位，进一步将环境保护落到实处，生态上要注重生态系统的保育和生态平衡的维护，环境保护上要注重污染的预防、治理和修复。可行的话，将生态保育与环境保护管理职能归并、统合起来。坚决规避在生态保育和环境保护上“分唐僧肉”、竭泽而渔、亡羊补牢的现象，让河南各类脆弱的生态系统得到喘息之机，休养生息，为我们永续提供资源与环境。

9.1　河南省生态保护重点区域与空间格局

本节对过去生态保育与环境保护所取得的成效和存在问题分自然地理区域、行政区域，按照点、线、面进行系统研究、分析，建立河南省生态保育与环境保护大数据系统，在此基础上，再行开展生态功能区划，梳理出各功能区的主要矛盾及生态保育、环境保护与建设措施，作为指导今后一段时期生态保育与环境保护工作的基本依据。

下面对“四区二带”的生态功能分区进行探讨，厘清各生态功能区的基本状况，进行区域内细分和问题甄别。

桐柏山—大别山山地丘陵生态区，位于河南省南部，秦岭淮河以南地区，包括南阳市的桐柏县，信阳市大部分，驻马店市、平顶山市的部分地区。功能定位为：过渡带生态系统保护，生物多样性保护，水源涵养，水土保持，湿地保护，土壤保护，淡水水产品提供，洪水调蓄，干旱防范。

伏牛山山地丘陵生态区，位于河南省的西部，包括黄河以南，京广线以西及南阳盆地大致沿南水北调走向以北的山丘区。功能定位为：过渡带生态系统保护，生物多样性保护，水源涵养，水土保持，湿地保护，土壤保护，农产品和矿产资源提供。

太行山山地丘陵生态区，位于豫北地区西部，范围基本以海拔 200 米等高线为划分界限，北至豫晋省界，南至黄河。生态功能定位为：温带生态系统保护，生物多样性保护，水源涵养，土壤保护，农产品提供。

黄淮海平原生态涵养区，生态功能定位为：地下水涵养与保护，土壤保护，农林畜果产品提供，湿地生物多样性保护，洪水调蓄，干旱防范。

南阳盆地生态区，生态功能定位为：土壤保护，水源涵养，农畜产品提供。

沿黄河生态涵养带，包括黄河自陕西入河南三门峡豫灵镇至花园口段、开封北部黄河大堤以内部分和郑州辖区的黄河南岸、黄河花园口至台前县出省境河段沿岸滩涂。生态功能定位为：水资源保护及湿地生态保护，水源涵养，地下水恢复，水患防治。

沿淮生态保育带，指淮河干流及其两侧沿线地区。生态功能定位为：水源涵养，水土保持，湿地生物多样性保护，水患防治，淮河安全维护。

南水北调中线生态走廊，为南水北调中线工程总干渠两侧沿线地区。生态功能定位为：水源保护，保障南水北调中线工程水质安全。

上述生态功能分区还需要根据各区域内的具体情况做进一步的分区划分，生态与环境建设与管理进行对应性区划，建设与管理举措应做整体性、系统性设计。

9.2 水资源保护与重点水生态综合整治

9.2.1 水资源保护

(1) 地表水资源保护

地表水资源保护措施主要包括工业污染防治、城镇污水处理、集中式饮用水源地保护以及污染联防工作机制等，其主要工程措施有污染综合治理工程和废污水治理。

①污染综合治理工程。为了实现规划水平年限制排污总量控制要求，加强污染源综合治理，重点实施点源、面源及内源综合治理工程。

点源综合治理工程重点加强入河排污口综合整治，以水功能区为基本单元，结合排污口现状和区域经济产业布局及城镇规划等，依据水质目标、水域纳污能力及限制排污总量控制要求，对现有排污口进行布局优化，制定入河排污口设置布局。入河排污口整治措施分排污口原区整治和排污口跨区迁建，其中排污口原区整治是本次规划的重点措施类型。排污口原区整治包括排污口综合整治和污染源控制工程两种措施。排污口综合整治对象为各类涉及入河排污口的水功能区，治理措施主要包括排污口规范化建设（主要措施为公告牌、警示牌、排污口标志牌建设，缓冲堰板建设等）、排污口生态净化工程（主要包括生态沟渠、净水塘坑、跌水复氧、人工湿地等工程）、排污口改造工程（主要包括排污口调整、归并、截污导流等）；污染源控制工程措施主要包括污水处理和污水回用两类。

面源综合治理工程主要包括农田径流污染控制、农村生活污染控制、生活垃圾整治等。内源综合治理工程主要针对饮用水源地内污染源进行治理，内源污染主要是指水下沉积物的污染释放、水产养殖、流动污染线源等三部分。

内源综合治理工程主要包括根据底泥污染和影响水质的程度拟定底泥清淤方案，对河道和水库库区规划实施清淤工程；针对河道和湖库水产养殖存在的生态环境问题，拟定围网养殖清理方案，规划实施水产养殖清理工程；对航运、水上娱乐等流动污染线源，提出禁止、限制、设备改造等治理措施，规划实施流动线源治理工程。

②废污水治理措施。废污水治理措施主要有河道疏浚清污治理和水工程调度引水减污等。河道疏浚清污治理主要通过污水截流、疏浚河道等工程措施，使水功能区水质得到改善；水工程调度引水减污主要适用于有闸坝控制的水体，对于污染不是很严重，但却影响水功能区使用功能时，可根据水资源总体需求，调配水量，引水减污，改善水质。

③生态保护与修复。通过涵养水源，生态防护河道，连通河湖水系，恢复天然湿地，营造人工湿地等生态保护措施，保障河湖（库）及水源地的健康自然生态。

(2) 地下水资源保护

地下水资源保护的主要措施包括地下水超采治理、地下水质保护和地下水监测。地下水超采治理的工程措施主要包括治理地下水超采的替代水源工程、封填井工程和人工回灌工程等。

替代水源工程包括跨流域调水工程、当地地表水利用工程、再生水利用工程等。跨流域调水工程重点在南水北调中线受水区供水配套工程，主要涉及漯河、周口、许昌、郑州、焦作、安阳、新乡、鹤壁、濮阳9个受水区地市。通过节水、水源置换、地下水人工回灌等多种措施退还经济社会发展超采的地下水，涵养地下水源。当地地表水利用工程主要为引水工程的输水工程、调蓄工程和田间工程，主要涉及焦作、安阳、鹤壁、濮阳、开封、商丘、驻马店等市。再生水利用工程主要为输水工程和田间工程，主要涉及鹤壁、濮阳、驻马店、南阳、开封、商丘、许昌、郑州、周口、焦作、洛阳等市。

封填井工程指在具备替代水源条件及替代水源工程建成通水的前提下，对纳入压采范围的地下水开采井，科学规划封填工作，保证替代水源工程发挥预期效果。

人工回灌工程建设内容主要为回灌井建设、渠道开挖，本规划共有濮阳市孙口灌区地下水回灌工程、南阳市深层地下水回灌工程、开封市区超采区超深层地热井回灌项目、开封市城区超深层地热井回灌项目、郑州地下水超采区回灌工程等 5 项地下水人工回灌工程。

9.2.2 重点水生态综合整治

(1) 水生态文明试点城市建设

为推进水生态文明建设，促进人水和谐共处，实现水资源可持续利用，河南省先后批复建设了 5 个国家级、10 个省级水生态文明试点城市（表 9－1）。其中国家级水生态文明试点城市有郑州、洛阳、许昌、南阳、焦作，省级水生态文明试点城市（县）有安阳、鹤壁、新乡、兰考、鄢陵、汝州、邓州、驻马店、固始、禹州，建设工程中涉水项目城市水源保护、水系连通、河道综合整治等总投资约 450 亿元。以此为引领应适时推进商丘、信阳、淮阳、新郑、开封、漯河、济源等非试点市县的水生态文明建设。

表 9－1 水生态文明试点城市建设项目表

地区	项目名称
焦作市	生态水网建设工程、水资源保护工程、病险水库除险加固工程、骨干河道综合治理工程、强化依法治水管水工程
洛阳市	水资源管理工程、水资源优化配置工程、水生态保护与修复工程、水文化水景观建设工程
南阳市	水资源管理工程、水资源优化配置工程、水生态保护与修复工程、水经济建设工程
许昌市	水资源优化配置与管理工程、中心城区水系连通工程、大型水生态区保护示范工程、清潩河水环境综合整治示范工程
郑州市	水系连通工程、水生态修复工程、水源保护工程、区县生态治理示范工程、地下水保护示范工程
新乡市	水系连通工程、节水改造工程、河道综合治理工程
安阳市	中小河流治理工程、病险水库除险加固工程、水源调配和供水水网建设工程、农村饮水安全工程、农业节水工程、非常规水源利用工程、河渠水系生态整治工程、水源地保护工程
邓州市	水系连通工程、节水改造工程、河道综合治理工程
鹤壁市	水系连通工程、水库除险加固工程、水源地保护工程、湿地修复工程、水土保持工程、农业节水工程

（续）

地区	项目名称
驻马店市	水系连通工程、节水改造工程、河道综合治理工程
禹州市	河湖水系连通建设工程、农业节水工程、城市供水工程、饮用水源地保护工程、水生态系统保护与修复建设工程
汝州市	河道治理工程、调蓄工程、城区供水工程、水系修复工程、水系连通（湖泊）工程
兰考县	引黄水量利用工程、水系连通工程、城市供水保障工程、水源地保护工程、农业节水工程、水生态系统保护与修复工程、河道治理工程
鄢陵县	水系连通工程、节水改造工程、河道综合治理工程
固始县	水系连通工程、节水改造工程、河道综合治理工程

(2) 重要骨干河道生态整治

坚持保护优先、综合治理的"绿色"理念，推进滨河（湖）带的修复、实施重点河段水污染治理，加强重点河流综合治理，保护修复天然湿地和营造人工湿地，全面提升重要河湖健康水平，恢复水体功能。通过合理补源、河床清淤疏浚、关闭污染源、入河排污截流、人工湿地建设、河道生态净化、划定水保护区和生物多样性保护等综合措施，完成伊洛河、贾鲁河、卫河、沱河、沙颍河等主要河流综合整治工程，推进三门峡库区河湖湿地、柳园口湿地、淮南湿地、固始淮河湿地、新蔡县湿地、淮阳龙湖、新乡黄河湿地、逢石河等天然湿地的保护，营造淮河支流、洪河支流、洛河、漭河、金堤河、白河支流汇入干流河口处天然湿地，保护流域生态环境，恢复水体功能。

9.3 水土保育与综合治理

9.3.1 水土保育分区

(1) 太行山东部山地丘陵水源涵养保土区

本区涉及焦作、安阳、新乡和鹤壁 4 个市，共 18 个县（市、区），土地总面积 9 354.7 千米^2。地貌类型以中低山地和丘陵为主，鳌背山主峰海拔 1 929.6 米，地表岩性以石灰岩为主，兼有石英砂岩和砂页岩。土壤类型以棕壤土和褐土为主。主要河流有沁河、卫河、漳河、淇河和共产主义渠等，大型水库有河口村水库、盘石头水库和小南海水库等。本区属暖温带大陆性季风气候，年均气温 12.8～15.0℃，年均降水量 530～665 毫米。区域内山高坡陡，土薄石多，植被稀少，水源涵养能力较弱，特别是石灰岩区缺水严重。现有水土流失面积 1 532.4 千米^2，水土流失严重。

（2）豫西黄土丘陵保土蓄水区

本区涉及济源、郑州、洛阳、焦作和三门峡 5 个市，共 25 个县（市、区），土地总面积 27 812.1 千米^2。地貌类型以山地丘陵为主，主要山脉有小秦岭、崤山和熊耳山等，靠近秦岭一带为土石山区，崤山、熊耳山等一带为黄土丘陵、台地和沟壑区。最高峰老鸦岔海拔 2 413.8 米。地表岩性以石灰岩、片麻岩和砂岩为主。土壤类型主要有红黏土、棕壤、褐土、粗骨土和黄棕壤。主要河流为黄河、伊洛河和沁河等，大型水库有小浪底水库、三门峡水库、故县水库、陆浑水库和窄口水库等。本区属暖温带半湿润季风气候，年均气温 12.1～15.6℃，年均降水量 520～820 毫米。区域内冲沟发育，地形破碎，坡耕地和荒坡较多，水资源缺乏。现有水土流失面积 9 024.9 千米^2，是河南省水土流失最严重的区域之一。

（3）伏牛山山地丘陵保土水源涵养区

本区涉及驻马店、郑州、平顶山、洛阳、许昌和南阳 6 个市，共 24 个县（市、区），土地总面积 27 082.0 千米^2。地貌类型以低山丘陵为主，最高峰玉皇顶海拔 2 211.6 米。成土母岩以花岗岩、石灰岩和片麻岩为主，土壤类型主要有褐土、黄褐土和潮土。主要河流有沙颍河和洪汝河等，大型水库有白沙水库、昭平台水库、白龟山水库、孤石滩水库、石漫滩水库、板桥水库、薄山水库、燕山水库、鸭河口水库和宋家场水库等。本区属暖温带半湿润季风气候，年均气温 12.1～15.6℃，年均降水量 700～1 000 毫米。区域内粗骨土和沙化地分布广，植被稀疏；低山丘陵区坡耕地多，“四荒”面积大，现有水土流失面积 5 447.5 千米^2，主要分布在坡耕地、柞蚕坡和疏林地等区域。

（4）桐柏山—大别山山地丘陵水源涵养保土区

本区涉及南阳、信阳 2 个市，共 9 个县（区），土地总面积 18 002.0 千米^2。地貌类型以低山丘陵为主，主峰太白顶海拔 1 140 米。成土母岩以花岗岩为主，土壤类型主要有黄棕壤、黄褐土、水稻土和粗骨土。主要河流有淮河、白露河、史灌河、潢河、寨河、竹竿河和浉河等。主要大型水库有南湾水库、石山口水库、五岳水库、泼河水库、鲇鱼山水库和出山店水库等。本区属北亚热带湿润季风气候类型区，年均气温 14.5～15.8℃，年均降水量 700～1 200 毫米。区域内沟道比降大，源短流急，山洪灾害时常造成水冲沙压农田；稀疏林多，茶园、板栗等顺坡经济林地面积大。现有水土流失面积 2 760.9 千米^2，主要分布在坡耕地、坡林地和稀疏林地等区域。

(5) 丹江口水库周边山地丘陵水质维护保土区

本区涉及南阳市的 3 个县，土地总面积 8 596.5 千米^2。地貌类型以丘陵和低山为主，海拔约 200～2 212.5 米。地表岩性以石灰岩和砂页岩为主，土壤类型以黄棕壤为主，兼有潮土、水稻土和紫色土等。主要河流有汉江、丹江、淇河、老灌河、湍河和滔河等。本区属亚热带季风性大陆气候，年均气温 14.8℃，年均降水量 840 毫米。本区是南水北调中线工程的水源地，区域内人均耕地较少，坡耕地面积大，水土流失严重，现有水土流失面积 1 837.0 千米^2。

(6) 南阳盆地及大洪山丘陵保土农田防护区

本区涉及河南省南阳市的 7 个县（市、区），土地总面积 10 553.4 千米^2。地貌类型以丘陵平原为主，成土母质主要有石灰岩、砾岩和页岩，土壤类型主要有黄棕壤、棕壤和黄壤等。主要河流有汉江和唐白河等。本区属暖温带亚湿润区向亚热带湿润区的过渡带，年均气温 14.5～15.8℃，年均降水量 700～1 200 毫米。区域内土地垦殖率高，疏林面积大，现有水土流失面积 513.8 千米^2。

(7) 黄泛平原防沙农田防护区

本区涉及许昌、郑州、开封、安阳、新乡、焦作、鹤壁、周口、濮阳和商丘 10 个市，共 53 个县（市、区），土地总面积 43 072.5 千米^2。地貌类型主要有河滩高地、河床洼地、堤外洼地和扇间洼地等。土壤类型以壤土和粉沙壤土为主。主要河流有颍河、贾鲁河、漳河、卫河、马颊河、徒骇河、黄河和京杭大运河等。本区属暖温带半湿润大陆性季风气候，年均气温 12.8～15.6℃，年均降水量 530～849 毫米。区域内水蚀、风蚀兼有，现有水蚀面积 727.3 千米^2，风蚀面积 6 561.7 千米^2。

(8) 淮北平原岗地农田防护保土区

本区涉及许昌、漯河、周口、驻马店和信阳 5 个市（地），共 20 个县（市、区），土地总面积 22 125.7 千米^2。地貌类型主要为平原和岗丘。土壤类型以潮土为主，其次有砂姜黑土、黄褐土及水稻土等。主要河流有洪河、汝河和颍河等。本区属暖温带亚湿润区向北亚热带湿润区的过渡地带，年均气温 13.9～15.6℃，年均降水量 540～1 000 毫米。现有水土流失面积 259.1 千米^2，水土流失较轻。

9.3.2 水土保育空间区划

河南省是我国水土流失严重的省份之一，经过多年的综合防治和不懈努力，取得了显著成效，积累了丰富经验，走出了一条适合河南实际的路子。河南的水保工作为改善农业生产条件和生态环境，加快人民群众的脱贫致富步伐，促进经济与社会的可持续发展做出了积极贡献。按照《河南省主体功能区规划》和《河南省生态建设规划纲要》，针对区域自然地貌特征以及水土流失和水土保持特点，按照太行山、伏牛山、桐柏山—大别山和平原区“四大”片区，确定全省水土保持总体布局方略。

（1）太行山区

该区位于豫北地区西部，北至豫晋省界，南至黄河，总面积约 9 354.7 千米^2。该区主要生态环境问题是山高坡陡，土薄石厚，水源短缺，植被稀疏，水土流失强度不高，但危害严重，生态环境承载能力较弱，矿产资源开发与生态环境矛盾较为突出等。水土保持总体布局方略是：围绕太行山生态功能区建设和产业扶贫战略，加强水土资源保护与监管；加强山洪灾害易发区的水土流失重点防治工程建设，突出发展水土保持特色经济林产业和小型蓄水工程，推动区域社会经济发展。

（2）伏牛山区

该区位于河南省的西部，包括黄河以南、京广线以西及南阳盆地的山丘区，总面积约 74 044 千米^2。该区生态环境主要问题是部分地区地形破碎，沟壑纵横，风化强烈，坡耕地面积大，属河南省暴雨中心区，水土流失严重，水源涵养功能较差，是南水北调中线工程水源地。水土保持总体布局方略是：加强丹江口水库生态文明清洁小流域建设，控制面源污染，构建水源地生态安全保障体系。以坡改梯、经果林和小型蓄排水工程建设为重点，构建伏牛山地以及伊洛河、沙颍河和唐白河源头区水土流失防治体系。完善水土保持综合监管体系。

（3）桐柏山—大别山山区

该区位于河南省南部秦岭淮河以南地区，包括南阳市的桐柏县、信阳市大部分地区及平顶山市的部分地区，面积约 18 002.0 千米^2。该区地貌类型复杂，植被覆盖率高，动植物种类繁多，是淮河及其上游支流水系的源头区。生态环境主要问题是水土保持林质量低，水源涵养功能差，浅山丘陵地区水土流失严重，生物多样性保护受到威胁等。水土保持总体布局方略是：在淮河及其上游支流水系源头区，加强退耕还林，实施生态修复，保障河流源区生态安全。在浅山丘陵区，完善水土保持林防护体系建设，构建沿淮生态走廊，保护生物多样性。

（4）平原农区

该区位于河南省境内黄淮海平原，总面积约 65 158.2 千米^2。区域内地势平坦，气候适宜，是河南省粮食生产核心区。生态环境主要问题是黄泛区土地沙化问题依然存在，沿黄湿地生态系统脆弱。水土流失较轻，水蚀、风蚀兼有。水土保持总体布局方略是：实施高标准粮田“百千万”田间工程建设项目，确保区域内高标准粮田不发生退化等水土流失现象；开展平原沙土区土地整治，建设农田防护林网，发展高效农业；加强沿黄湿地水生态环境保护，强化水土保持监督执法力度。

9.3.3 水土保持区域防治

按照全国水土保持“三级”区划，针对不同区域自然环境特征、水土流失特点和水土保持功能定位，以水土流失重点预防区和重点治理区为重点，确定不同区域水土流失防治途径及技术体系布局。

(1) 太行山东部山地丘陵水源涵养保土区

太行山东部山地丘陵水土保持主导功能是涵养水源和土壤保持。水土流失防治途径及技术体系布局如下：在远山及人口稀少地区，实行封禁治理，大力营造水源涵养林和水土保持林。在中低山丘陵区，以小流域为单元，实施综合治理，重点开展坡改梯工程和小型水利水保工程建设，配套雨、洪利用措施，确保人畜饮水和生态用水安全。在村庄及农地周边，修筑护地堤（坝），保护耕地和村庄，减轻洪水威胁；在低山浅山丘陵区，结合综合治理，发展特色经济林果，充分利用小泉小水，建设小型拦蓄引水工程，发展节水农业，提高林果产品产量和质量，推动农村经济发展；在山洪泥石流易发区，布设拦沙、排洪等骨干工程，减少灾害损失。在丘陵到平原的过渡地带，特别是南水北调中线工程干线及主要交通要道周边，开展中小河流整治，搞好水土保持和山洪灾害防治，确保公路、铁路、村镇及重要水利设施的安全运行；在生产建设项目集中区，加强水土保持监督管理，重点是对采石场、矸石山和塌陷地等废弃土地，开展水土保持生态恢复治理工程。

(2) 豫西黄土丘陵保土蓄水区

豫西黄土丘陵水土保持主导功能是土壤保持、蓄水保水以及保障饮水安全。水土流失防治途径及技术体系布局如下：在黄土丘陵沟壑区开展以小流域为单元的水土保持综合治理，重点是淤地坝坝系和坡改梯工程建设，突出坡面蓄、排水工程，大力发展节水农业，实施退耕还林还草，恢复和扩大林草植被面积；在伊洛河上游和三门峡水库上游，实施封禁治理，保护好现有植被，提高水源涵养能力；在城市周边及水源地，开展生态文明清洁型小流域建设，拦蓄泥沙，防止面源污染；在金、铝、煤等矿产资源和其他生产建设项目集中区，加大水土保持监督检查力度，防止生产建设活动造成新的水土流失。

（3）伏牛山山地丘陵保土水源涵养区

伏牛山山地丘陵水土保持主导功能是土壤保持、水源涵养以及保障水源地生态安全。水土流失防治途径及技术体系布局如下：重点改造浅山丘陵地带坡耕地和“四荒”地，建设沟道拦蓄工程，配套蓄水池（窖）等坡面集水工程；在粗骨土和沙化严重地区，发展耐干旱瘠薄的经济林和生态林；以小流域为单元实施综合治理，重点开展坡改梯工程并配套建设坡面灌、排系统，大力发展节水农业和特色林果产业；以水源保护和生态维护为主，保护和恢复石人山水库、嵩山水库、陆浑水库、故县水库、白沙水库、昭平台水库、白龟山水库、孤石滩水库、石漫滩水库、板桥水库、鸭河口水库、薄山水库、燕山水库等水库上游林草植被，大力营造水源涵养林，改善水库周边生态系统，保护水库水质；依法强化生产建设项目水土保持监管，防止煤矿、铁矿等矿产资源开发项目人为造成新的水土流失，搞好矿区土地整治和生态恢复工程。

（4）桐柏山—大别山山地丘陵水源涵养保土区

桐柏山—大别山山地丘陵水土保持主导功能是水源涵养、土壤保持和保障河流源区生态安全。水土流失防治途径及技术体系布局如下：在大型水库上游实施生态修复、封造并举；开展生态文明清洁型和安全型小流域建设，增强水源涵养、控制泥沙和面源污染防治能力；改造丘陵地带坡耕地，建设基本农田，发展木本油料等特色经济林产业；同时，要因地制宜建设山塘和以截、排、导为主的坡面径流调控工程；在丘陵向平原过渡地带，开展土地集约化经营，发展复合农业，加大河道整治力度，防止河岸冲刷和农田水冲沙压。

（5）丹江口水库周边山地丘陵水质维护保土区

丹江口水库周边山地丘陵水土保持主导功能是水质维护、土壤保持以及保护水源地生态安全和水质安全，兼顾综合农业生产发展。水土流失防治途径及技术体系布局如下：在库区周边开展水生植物和防护林带建设，保护河道及库周的湿地；在泥沙直接入库的小流域，修建拦沙坝和谷坊，减少入库泥沙；在人口相对集中的乡村，加强面源污染控制，保护入库水质；在人口分布较多、坡耕地面积较大和植被较差的区域，开展以小流域为单元的综合治理，建设高标准基本农田，突出坡面配套工程；采取等高植物篱，促进陡坡耕地退耕还林还草；在距库较远、人口较少和自然植被较好的地带，推行以沼气为主的能源替代措施，实行全面封禁，保护好现有植被；建立沟道防洪排水系统，提高防灾抗灾能力；加大对水电等生产建设项目水土保持监督执法力度，遏制人为造成的水土流失，保障南水北调工程水源区的生态安全和水质安全。

(6) 南阳盆地（及大洪山）丘陵保土农田防护区

南阳盆地水土保持主导功能是土壤保持、农田防护以及保护土地生产力和农业综合生产能力。水土流失防治途径及技术体系布局如下：岗丘区以基本农田建设与保护为主，提高土地生产力，重点发展高效高产农业；建立林果经济林带和生态农业带，实施径流拦蓄工程，发展节水灌溉。平原地区重点建设农田林网以及河流上游和两侧的植被缓冲带；依法加大水土保持监督执法力度，防止开发建设项目和城镇化建设等活动造成新的水土流失。

(7) 黄泛平原防沙农田防护区

黄泛平原水土保持主导功能是防风固沙、农田防护以及保护土地生产力和粮食生产安全。水土流失防治途径及技术体系布局如下：开展平原沙土区土地整治工程，实施农田林网、农林间作、引黄灌溉和打井取水等措施，控制风沙危害，发展高效农业；结合沿黄生态涵养带建设，加强湿地水生态保护；坚持预防为主、保护优先的方针，依法强化生产建设项目水土保持监督管理，遏制人为造成新的水土流失。

(8) 淮北平原岗地农田防护保土区

淮北平原岗地水土保持主导功能是农田防护、土壤保持以及保护土地生产力和农业综合生产能力。水土流失防治途径及技术体系布局如下：加强河、渠水系生态环境保护，强化监督、严格执法，对可能造成水土流失的生产建设项目，采取水土流失预防和治理措施，从源头上有效控制水土流失。

10 河南省矿产资源集中区的综合整治

河南是国内矿产资源较丰富的省份之一，矿产地绝大多数分布在京广铁路以西和豫南的山地丘陵及毗邻地区。土地资源损毁在河南省各矿山普遍存在，主要表现为露天开采破坏土地资源，废渣场、尾矿库、矸石堆等工业广场和矿山固体废弃物堆放占压土地资源，地面塌陷及地裂缝等，需要加大对矿产资源集中区的综合整治。

10.1 统筹矿产资源开发与保护

10.1.1 开发利用方向

（1）从供给侧确定开采矿种划分

鼓励开采煤层气、页岩气、铝土矿、金矿、银矿、“三稀”（稀土金属、稀有金属、稀散金属）矿产、萤石、岩盐、天然碱、珍珠岩、膨润土、钠长石、钾长石、地热等矿种；限制开采高硫高灰煤，不再新建高硫高灰煤矿井，限制开采钼矿、金红石、沙金、砂铁及湿地泥炭；禁止开采石煤、蓝石棉、可耕地砖瓦黏土；保护性开采晶质石墨、独山玉、密玉、虎睛石等矿种。

（2）控制产能过剩矿产开发

煤炭、钼矿等产能过剩矿产，严禁超能力生产，严格控制新建矿山。除国家批准外，严格控制新增煤炭产能；因结构调整、转型升级等原因确需新建煤矿的，一律实行减量置换。新建钼矿必须达到中型及以上规模。

10.1.2 开发利用分区

为优化矿产开发布局，合理有序开发矿产资源，促进矿产资源开发与生态环境保护友好协调发展，空间上划分出重点矿区、禁止开采区和限制开采区。

（1）重点矿区

重点矿区指以战略性矿产或区域优势特色矿产为主，资源储量大、资源条件好、具有开发利用基础、市场需求量大、对全国资源开发具有举足轻重作用的大型矿产地和矿集区。

划定重点矿区 13 处。将河南省重要矿种大型矿区，以及大中型矿区集中分布区划分为重点矿区。

①陕县—渑池铝土矿重点矿区：涵盖铝土矿区 39 个，铝土矿保有资源储量 3.25 亿吨，采矿权 33 个，开采能力 670 万吨/年。

②新安铝土矿重点矿区：涵盖铝土矿区 6 个，铝土矿保有资源储量 1.32 亿吨，采矿权 8 个，开采能力 245 万吨/年。

③荥阳—巩义铝土矿重点矿区：涵盖铝土矿区 3 个，铝土矿保有资源储量 0.85 亿吨，采矿权 7 个，开采能力 150 万吨/年。

④新密—登封铝土矿重点矿区：涵盖铝土矿区 12 个，铝土矿保有资源储量 0.7 亿吨，采矿权 24 个，开采能力 150 万吨/年。

⑤小秦岭金矿重点矿区：涵盖金矿区 32 个，岩金保有资源储量 209 吨，占全省的 32.5%，采矿权 39 个，开采能力矿石量 828 万吨/年。

⑥卢氏钼铁铜多金属矿重点矿区：涵盖大型矿区 1 个、中型矿区 5 个。钼矿保有资源储量 20 万吨，采矿权 1 个，开采能力矿石量 99 万吨/年；铅锌保有资源储量 22.5 万吨，采矿权 2 个，开采能力矿石量 8 万吨/年。

⑦栾川钼钨铅锌矿重点矿区：涵盖大型矿区 3 个、中型矿区 11 个。岩金保有资源储量 13.8 吨，采矿权 4 个，开采能力矿石量 17.5 万吨/年；钼矿保有资源储量 254.5 万吨，采矿权 9 个，开采能力矿石量 1 738 万吨/年；铅锌矿保有资源储量 81.6 万吨，采矿权 58 个，开采能力矿石量 187.4 万吨/年。

⑧熊耳山金银钼矿矿区：涵盖大型矿区 9 个、中型矿区 25 个。岩金保有资源储量 268 吨，采矿权 58 个，开采能力矿石量 435 万吨/年；钼矿保有资源储量 61 万吨，采矿权 3 个，开采能力矿石量 343 万吨/年；银保有资源储量 2 716 吨，采矿权 7 个，设计开采能力矿石量 21 万吨/年。

⑨汝阳钼铅锌多金属矿重点矿区：涵盖大型矿区 1 个、中型矿区 4 个，岩金保有资源储量 0.5 吨；钼矿保有资源储量 85 万吨，采矿权 2 个，开采能力矿石量 663 万吨/年；铅锌保有资源储量 105 万吨，采矿权 46 个，开采能力矿石量 124.3 万吨/年。

⑩桐柏金银多金属矿重点矿区：涵盖大型矿区 2 个、中型矿区 3 个，岩金保有资源储量 34 吨，采矿权 4 个，开采能力矿石量 34.6 万吨/年。

⑪桐柏安棚天然碱矿重点矿区：涵盖大型矿区 2 个，天然碱保有资源储量 52 830 万吨，采矿权 1 个，开采能力矿石量 146.7 万吨/年。

⑫信阳上天梯非金属矿重点矿区：涵盖大型矿区 3 个，珍珠岩保有资源储量 10 036 万吨，采矿权 6 个，开采能力矿石量 398 万吨/年。

⑬叶县—舞阳地区岩盐重点矿区：涵盖大型矿区 4 个、中型矿区 3 个，岩盐保有资源储量 887 139 万吨，采矿权 10 个，开采能力矿石量 806.8 万吨/年。

（注：钼矿、银矿、铅锌矿资源储量均为金属量；开采能力为设计开采能力。）

重点矿区管理政策。重点矿区要整体开发，在矿产资源配置上向资源利用率高、技术先进的大型矿山企业倾斜。对区内已设置的、影响大矿统一开采规划的矿山，引导矿山企业进行资源整合。重点开采矿区内矿山必须节约与综合利用矿产资源，切实保护和同步治理矿山地质环境。

（2）禁止开采区

禁止开采区指在规划期内根据国家产业政策、经济社会发展及资源环境保护的要求或国家特殊需要等，受经济、技术、安全、环境等多种因素的制约，禁止进行矿产资源开采的区域。包括：具有资源保护功能的禁止开采区；具有生态环境保护功能的禁止开采区；矿产资源开发对生态环境具有不可恢复的影响的地区；国家规定的其他不得开采矿产的区域。

禁止开采区包括具有生态环境保护功能的禁止开采区、含硫大于 3%的煤矿禁止开采区 3 处、石煤禁止开采区 2 处、蓝石棉禁止开采区 7 处。

具有生态环境保护功能的禁止开采区如下：

①自然保护区：宝天曼自然保护区、鸡公山自然保护区、新乡黄河湿地鸟类自然保护区、伏牛山自然保护区、太行山猕猴自然保护区、河南董寨自然保护区、河南黄河湿地自然保护区、南阳恐龙蛋化石群自然保护区、河南连康山自然保护区、河南小秦岭自然保护区、河南大别山自然保护区、河南丹江湿地自然保护区等国家级自然保护区；卢氏大鲵自然保护区、桐柏太白顶自然保护区、西峡大鲵自然保护区、开封柳园口湿地自然保护区、内乡县湍河湿地自然保护区、汝南宿鸭湖湿地自然保护区、新安青要山自然保护区、淮滨淮南湿地自然保护区、信阳天目山自然保护区、林州万宝山自然保护区、信阳黄缘闭壳龟自然保护区、信阳四望山自然保护区、桐柏高乐山自然保护区、郑州黄河湿地自然保护区、洛阳熊耳山自然保护区、濮阳黄河湿地自然保护区、固始淮河湿地自然保护区、平顶山白龟湖自然保护区等省级自然保护区。

②风景名胜区：嵩山、鸡公山、洛阳龙门、王屋山、云台山、尧山、林虑山、神农山、环翠峪、五龙口、黄河、白云山、嵩县天池山、青天河、桐柏淮源、铜山、老君山鸡冠洞、昭平湖、辉县百泉、薄山湖、云梦山、丹江、南湾湖、亚武山、大伾山、浮戏山—雪花洞、灵山、青龙峡、雷震山、淮阳羲皇故都、新密黄帝宫、商丘睢阳古城、新安青要山、遂平嵖岈山等风景名胜区。

③地质公园内地质遗迹保护区：嵩山地质公园、焦作云台山地质公园、内乡宝天曼地质公园、王屋山地质公园、西峡伏牛山地质公园、嵖岈山地质公园、郑州黄河地质公园、关山地质公园、洛宁神灵寨地质公园、黛眉山地质公园、信阳金刚台地质公园、小秦岭地质公园、红旗渠·林虑山地质公园、汝阳恐龙地质公园、尧山地质公园等国家地质公园；卢氏玉皇山地质公园、沁阳神农山地质公园、邓州杏山地质公园、汝州大红寨地质公园、桐柏山地质公园、栾川地质公园、嵩县白云山地质公园、卫辉跑马岭地质公园、渑池韶山地质公园、唐河凤山地质公园、新县大别山地质公园、永城芒砀山地质公园、宜阳花果山地质公园、固始西九华山地质公园、禹州华夏植物群地质公园、林州万宝山地质公园、淮阳龙湖地质公园等省级地质公园。

④文化遗产：各级文物保护单位的文物保护范围。

⑤饮用水水源保护区：饮用水水源保护区（包括地下水饮用水水源保护区）的一级保护区和二级保护区。

⑥国家规定的其他不得开采矿产的区域：重要城镇、重要基础设施、重要交通干道等。

禁止开采区管理政策。禁止开采区内，除国家基础性、公益性地质调查及符合政策要求的、以国家战略性矿产地储备为目的的矿产资源勘查项目外，一律不得新设探矿权、采矿权；已经设立的矿业权，按照国家政策需要关闭的，政策性关闭矿山企业缴纳矿业权价款退还工作按照国家有关规定执行，依法保障矿业权人合法权益。在不影响禁止区主体功能，并征得相关管理部门同意的情况下，可以进行地热、矿泉水等矿产的勘查开发利用。

禁止开采区设立及调整。具有生态环境保护功能的自然保护区、风景名胜区、文物保护单位、地质遗迹保护区、饮用水水源保护区等新设和区域范围规划调整时，相关主管部门应统筹兼顾经济社会发展对矿产资源的需求。必须妥善解决区内已设矿业权，明确已有矿业权的处置意见，保护区内矿业权人合法权益，合理划定区域范围，方可纳入禁止开采区名录。

禁止区内已有矿业权处置。在禁止区内已设置的矿业权一律不得转让、变更，已设置的探矿权一律不得转为采矿权。在自然保护区内已设置的采矿权，坚持分类处置、逐步退出和不扩大矿区范围、不变更矿种、不变更生产规模原则。露天矿山到期一律关闭，按保护区规划进行生态恢复。在自然保护区核心区和缓冲区内地下开采矿山，采矿许可证到期后不予延续，矿山关闭退出，按保护区规划进行生态恢复，尚有剩余储量的，待国家差别化的补偿和退出方案出台后按规定办理。

(3) 限制开采区

限制开采区指在规划期内根据国家产业政策、经济社会发展及资源环境保护的要求或国家特殊需要等，受经济、技术、安全、环境等多种因素的制约，对矿产资源开发利用活动实行一定限制的区域。包括：国家规定实行保护性开采的特定矿种分布区域；具有地方特色且需保护性限量开采矿种分布的区域；虽有可靠的资源基础，但资源利用方式不合理的区域；在较高技术经济条件与一定外部条件下，才能达到资源合理利用的区域；需要进行矿产资源储备和保护的矿产地；国家、省级地质公园地质遗迹保护区外园区；国家和地方规定的其他限制开采矿产资源的区域。

限制开采区包括国家、省级地质公园内地质遗迹保护区之外的区域，其中国家地质公园 15 处、省级地质公园 17 处。目前开采技术、经济条件不成熟的限制开采区 4 处：方城罗庄等金红石矿区、新县杨冲金红石矿区、新县红显金红石矿区和西峡八庙金红石矿区。开采可能会对环境产生一定影响的 2 处：淅川下集砂金矿区和嵩县高都川沙金矿区。

限制开采区管理政策。在限制开采区内，要严格控制限制开采矿种矿业权的设置，确实需要设置矿业权时，要严格规划审查，必须进行规划论证。

10.2 资源高效利用和绿色发展

按照生态文明建设要求，坚持资源节约集约优先，提升矿产资源节约和综合利用水平，促进资源高效利用和绿色发展。

10.2.1 优化开发利用结构

对重要矿产资源实行开采总量调控。保持矿产资源开采总量与经济、社会发展需求水平相适应，促进全省矿产资源开发健康有序发展。按矿种实行年度总量控制分类管理，其中煤炭、铝土矿、钼矿等总量控制为预期性指标，以市场调控为主，通过合理配置资源和有效监管，确保指标落实。

资源整合与兼并重组常态化。持续开展以政府为引导、骨干矿山企业为主导的资源整合、兼并重组，解决矿山小、散、乱造成的资源浪费、环境破坏和安全隐患等问题。适度设定煤炭、铝土矿勘查开发主体资格，就近煤炭骨干企业有优先重组权，大中型铝土矿主要面向国家和省核定的氧化铝企业及铝硅质耐火材料大型企业配置。

铝（黏）土矿资源合理分配高效利用。合理分配和优质优用铝土矿、高铝黏土矿、耐火黏土矿及共伴生锂、镓、铷资源，鼓励氧化铝企业高效利用高铝黏土矿、耐火黏土矿资源，对暂时不能充分利用的富含锂、镓、铷黏土矿资源进行一定的保护。

10.2.2　严格最低指标要求

完善矿产“三率”最低指标。结合河南省矿产资源禀赋和开采技术条件，制定不低于国家指标的“三率”最低指标和领跑者指标，作为开发利用“底线”和“高线”，并根据市场变化和技术进步等适时调整。

严格矿产“三率”最低指标要求。构建企业自律、社会监督、政府监管的有效机制。“三率”指标应达到自然资源部和河南省已经公布的最低“三率”指标要求，暂未公布最低“三率”指标的矿种，参照同类矿种、同类矿床的平均水平确定。市县级国土资源主管部门对辖区内矿山企业执行指标要求情况进行监督管理，不定期开展抽查和检查，公开调查评估结果，发布“先进名单”和“不达标名单”。

10.2.3　加快资源综合利用

加强先进技术的示范推广。鼓励矿山企业采用先进选矿方法、选矿流程和选矿设备。

①煤炭。煤炭就地洗选加工技术、煤炭分级分质梯级利用技术、煤矿瓦斯发电技术。

②铁矿。全尾砂胶结充填资源化利用技术、矿山采选联合节能技术、应用磁—浮联合流程生产超级铁精矿技术、磁铁矿磁筛分选技术与高效精选设备技术、铁矿尾矿再选技术、铁尾矿生产建筑用砂技术。

③金矿。低品位资源动态评估技术、矿泥中微细粒金旋流微泡浮选柱回收技术、复杂难处理金精矿循环流态化焙烧新技术、低品位黄金氧化矿资源堆浸回收技术、环保型浸金试剂推广应用技术、氰化尾渣综合回收低含量有价金属技术。

④有色金属矿。一水硬铝石选择性磨矿—粗细分选脱硅技术、低品位铝土矿选矿技术、铅锌矿选矿尾矿综合利用技术、多金属矿异步混合浮选技术、生产高品位钼精矿技术、难选钼钨矿综合利用技术。

⑤化工及非金属矿。粉体加工球磨与分级技术、非金属矿专用浮选机、新型粉体湿法超细研磨机、煤系高岭土矿煅烧技术、中低品位钾长石矿选矿与提纯技术、硫铁矿尾矿再选工艺、水泥熟料及混合材配料优化与自动监测及废石

综合利用技术。

开展难选矿、低品位矿、共伴生矿、新类型矿综合利用研究。持续开展共伴生矿、低品位矿、新类型矿节约与综合利用研究，对晶质石墨、钠长石、钾长石、含锂镓铷黏土矿、赤铁矿、硅线石、锂铌钽矿、膨润土、煤系高岭土矿等选矿与深加工关键技术进行攻关。

加强矿山固体废弃物、尾矿和废水利用，提高矿山废弃物的资源化水平。开展全省贵金属、有色金属矿山固体废弃物和尾矿的调查评价工作，摸清其分布、物质组分、结构构造，对其资源价值及利用进行评价。鼓励矿山企业对盖层剥离、巷道掘进等形成的固体废弃物进行综合利用，研究与推广矿山固体废弃物和尾矿的开发利用方式，对含有有用组分暂不能综合利用的尾矿资源，应采取有效保护措施。

创新矿产品深加工技术，延长产业链条。力争在河南省高铝“三石”（红柱石、矽线石、蓝晶石）、石墨、萤石等优势资源应用和深加工技术方面有新突破，为开发优势矿产提供支撑。在矿产品深加工和高新技术应用方面，力争延长产业链条，提高产品附加值，加快非常规能源、“三稀”矿产、放射性矿产以及重要矿种等资源集约节约利用技术攻关。

10.2.4 强化绿色矿山建设

着力推广绿色采选方式。露天矿山必须采用中深孔爆破作业和台阶式开采方法，建筑石料类矿山尽可能一次性采完、不留边坡或少留边坡，对现存的高边坡一面墙推进采矿方式限期完成整改；地下开采矿山具备充填开采条件的要积极推行充填法开采技术；推广干式堆存尾矿库技术，加强废石、尾矿的再开发再利用。煤炭开采原则上应采取条带式和充填式等绿色开采方式；高瓦斯煤矿应先抽后掘、先抽后采；煤炭开发不得对铝土矿等其他资源造成破坏和浪费，引导企业积极探索实施铝土矿井下开采技术和煤铝兼采技术。

加快推进绿色矿山建设。健全绿色勘查和绿色矿山建设工作体系，完善配套激励政策体系，构建绿色矿业发展长效机制。按照绿色矿山建设要求，细化符合河南实际的绿色矿山地方标准。推动新建矿山按照绿色矿山标准要求进行规划、设计、建设和运营管理；对生产矿山，开展国家级绿色矿山试点单位验收评估，推进全省生产矿山升级改造，使之逐步达到绿色矿山建设要求，基本形成绿色矿山建设新格局。

建设绿色矿业示范区 7 处。全域推进绿色矿山建设，建设平顶山、永城、灵宝、卢氏、栾川、巩义、桐柏等 7 处绿色矿业示范区，打造布局合理、集约高效、环境优良、矿地和谐、区域经济良性发展的绿色矿业发展样板区，形成可复制、能推广的矿业发展新模式。以绿色矿业示范区为引领，推动全省矿业绿色可持续健康发展。

10.3 矿山地质环境综合整治

为避免重蹈一些矿业城市“矿竭城衰”的覆辙，地方政府和地矿部门立足循环利用，要求矿山企业通过精深加工谋发展，做到节约资源、合理利用资源与保护环境并重。尤其是随着“建设绿色矿山、发展绿色矿业”理念的提出，地矿部门协同永城矿区各矿山企业，把绿色矿山建设作为转变矿业发展方式、促进资源集约高效利用、提升矿业整体形象的重要平台和抓手，通过矿山布局优化调整、资源高效利用和矿山环境恢复治理等措施，有效推进绿色矿山建设，不断引导废弃矿山走节约、绿色、高效、可持续发展道路，着力推进绿色整治修复模式。把矿山地质环境保护与治理作为落实生态文明建设要求和矿业转型升级的重要突破口，加强矿山地质环境保护，稳步推进矿山地质环境治理。

10.3.1 强化矿山地质环境保护

加强矿山地质环境保护。按照“源头预防，过程控制，闭坑达标”要求，加强矿产资源开发全过程地质环境保护与监督。在矿山立项阶段，加强矿山地质环境影响评估；勘察设计、建设、生产、闭坑等阶段，按照“绿色矿山”的建设标准，实现开采方式科学化、采矿作业清洁化和矿区环境优良化。新形成的矿山地质环境问题，采矿权人必须按照矿山地质环境保护治理与土地复垦方案及时进行恢复治理。

构建矿山地质环境恢复治理和土地复垦新机制。按照“谁开发、谁保护，谁破坏、谁治理，谁投资、谁受益”的原则，坚持企业所有、专款专用原则改革现行保证金制度，建立提取与治理相匹配、便于提取与留管的矿山地质环境治理基金。督促矿山企业认真履行矿山地质环境恢复治理义务，大力推行“边开采、边治理”，确保环境恢复和土地复垦达到标准。

建立矿山地质环境治理新模式。加快对责任主体灭失矿山地质环境的恢复治理，积极建立“政府主导、政策扶持、社会参与、市场运作”的矿山地质环境开发式治理新模式，多策并举，整治后的土地宜耕则耕、宜建则建、宜景则景、宜林则林、宜渔则渔。有条件的地区可以建立“PPP”项目库，公开吸引社会资金开展治理，逐步推进历史遗留矿山地质环境问题治理。

“三区两线”（全省重要自然保护区、景观区、居民集中生活区的周边和重要交通干线、河流湖泊直观可视范围）及特定生态保护区露天矿山关闭行动。全面调查“三区两线”及特定生态保护区域内各类露天矿山现状，包括固体废弃物、尾矿、地面塌陷、水土污染、地形地貌景观破坏等情况，制定露天矿山关闭清单和关闭时序安排，逐步关闭露天矿山。在“三区两线”及特定生态保护区域之内，露天矿山采矿许可证到期后不予延续，到期一律关闭退出。

完成重点区域矿山地质环境调查。完成全省矿山开发与生态环境污染关系影响调查、矿产资源重点开发区域 1∶50 000 矿山地质环境调查，详细查明矿山地质环境问题类型、特征、分布、规模、危害对象及程度等，评估矿山地质环境影响程度，提出矿山地质环境保护与恢复治理措施，建立矿山地质环境数据库。完成全省矿山地质环境调查成果集成研究，完善省级矿山地质环境数据库，为全省矿山地质环境保护管理提供依据。

矿山地质环境监测体系建设。建立企业自主监测与专业监测相结合的矿山地质环境监测网络，构建省、市、县矿山地质环境动态监管体系，推动以大中型矿山企业自主监测为基础的监测网络建设，开展全省重要矿产开采区矿山地质环境遥感动态监测，实现对矿山地质环境的有效监控和管理。完成焦作市国家级和永城市省级矿山地质环境监测示范区建设。

10.3.2　矿山地质环境重点治理区

矿山地质环境重点治理区划分原则。对于矿山地质环境问题已经影响或严重危害到矿区人居环境、生态系统、工农业生产和经济发展等的区域以及“三区两线”矿山地质环境问题严重区，重点部署矿山地质环境治理恢复重大工程，修复矿山地质环境。

划定矿山地质环境重点治理区 23 处。根据全省煤炭、铁矿、水泥石灰岩、有色金属、建筑石料等露天及地下开采矿山造成的地面塌陷、水土污染、地形地貌景观破坏情况，划分矿山地质环境重点治理区 23 处。

矿山地质环境重点治理区管理政策。重点治理区内所有矿山必须按照批准的矿山地质环境保护治理与土地复垦方案实施恢复治理工程，将矿山环境恢复治理与土地复垦方案执行情况纳入矿业权人信息公示内容，充分发挥企业公示、社会监督、政府抽查、行业自律作用。矿山地质环境重点治理区内申请扩大矿区范围、变更开采矿种、变更生产规模的，必须重新编制矿山地质环境保护治理与土地复垦方案，必须进行环境影响评价论证。

10.3.3　统筹地质环境治理与土地复垦工程

重要交通沿线与水利工程周边矿山地质环境恢复治理工程。开展包括焦桐高速（巩义段）、连霍高速（新安段）等交通干线沿线，南水北调中线工程渠首邓州段、渑池县小浪底库区等矿山地质环境治理工程。主要矿山地质环境问题为崩塌、滑坡、地貌景观破坏、土地资源损毁，主要治理措施为危岩体清理、废渣清理、回填、植树绿化等。

城镇周边矿山地质环境恢复治理工程。为提高城市的环境质量，实现矿产资源开发与矿山地质环境保护协调发展，开展包括平顶山市、焦作市、永城市、新密市、宝丰县等城镇周边矿山地质环境治理工程，主要治理周边崩塌、滑坡、地面塌陷、地形地貌景观破坏、土地资源损毁等。治理工程应与城镇建设、新农村建设相结合，实现城镇建设、资源开发与矿山地质环境保护协调发展。

重点风景区及周边矿山地质环境治理工程。开展包括襄城紫云山风景区、方城县七峰山景区、息县濮公山景区、驻马店市驿城区西部生态旅游区等周边矿山地质环境治理工程，主要治理崩塌、滑坡、地形地貌景观破坏、土地资源损毁等。治理工程应与景区开发规划、景区特征相结合，实现景区开发建设、矿山地质环境恢复治理协调发展。

矿区土地复垦工程。重点开展南水北调中线工程水源区矿山地质环境恢复治理及沿线矿区土地复垦工程，开展义马、郑州、平顶山采煤塌陷区矿山地质环境恢复治理与土地复垦工程，主要任务包括塌陷区回填、废渣清理、边坡整形、含水层修复、植树绿化、土地复垦和综合整治等。

采煤沉陷区综合治理工程。全面开展采煤沉陷区详细调查，系统查明采煤沉陷区的分布、规模、塌陷程度和危害，提出分类治理对策措施。探索采煤沉陷区土地复垦和综合治理长效机制，将平顶山市石龙区、鹤壁市鹤山区和南阳市官庄工区列为独立工矿区改造搬迁试点，重点支持新密市、永城市和宝丰县采煤沉陷区综合治理，带动全省采煤沉陷区综合治理。

10.3.4　落实矿山环境治理重大工程

（1）矿山地质环境恢复治理重大工程

以南水北调中线工程（河南段）沿线和水源区矿山地质环境恢复治理为引领，开展“三区两线”、重点风景区及周边、资源型城市周边矿山地质环境恢复治理工程。落实治理责任，创新管理机制，强化监督检查，集中连片解决对当地经济社会发展影响严重的矿山地质环境问题，加快推进矿山地质环境综合治理。计划经济时期形成或责任人灭失的矿山地质环境问题，以及政策性强制关闭矿山造成的遗留矿山地质环境问题，治理资金以财政资金为引领，吸引社会资金进行综合治理；对于有责任人的矿山地质环境问题，由矿山企业及时进行治理。

(2) 优先支持贫困地区矿业经济发展

将成矿条件优越的贫困地区作为全省矿产资源勘查支持重点区域，优先设立重点勘查区，加大资金投入，引导社会资本参与找矿工作。大力支持贫困地区建设优势矿产资源开发加工基地，促进研发、探采、选冶、加工一体化发展，引导矿产资源产业链向深度融合。加大贫困地区矿山地质环境恢复治理力度，多策并举，优先安排财政资金投资恢复治理项目。重点支持符合条件的贫困地区开展地质公园、矿山公园建设，推动贫困地区旅游地质资源开发利用。

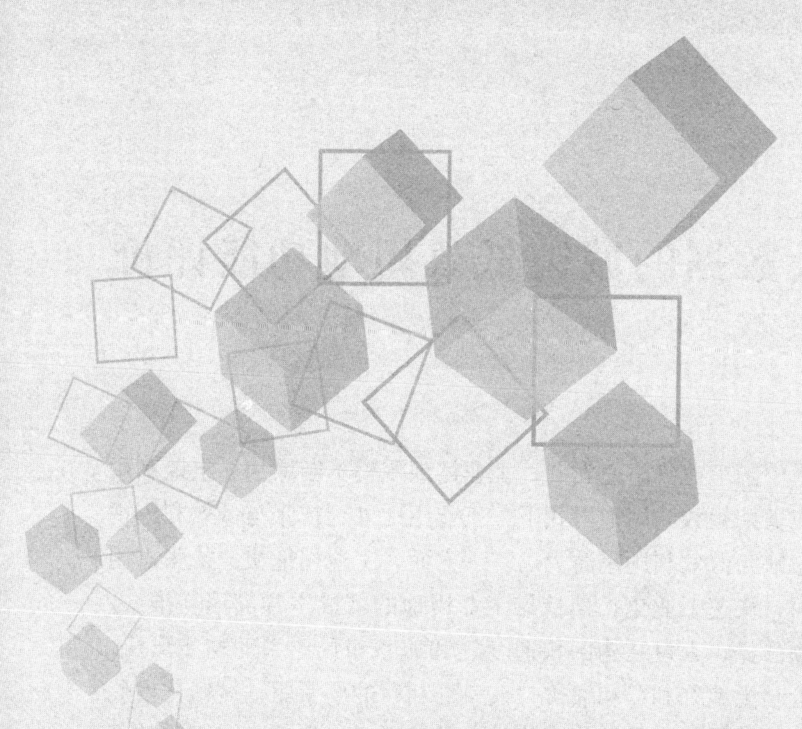

国土空间整治

SHIJIAN PIAN 实践篇

11 基于大数据的城镇低效用地功能评价与整治

改革开放以来，中国工业化高速发展，工业用地规模不断增加，土地利用效率逐步提升。但在长期粗放的用地方式下，工业用地外延扩张与低效利用现象并存，土地资源紧缺与低效利用矛盾突出。一方面，工业用地快速扩张占用大量耕地；另一方面，快速工业化长期依靠工业用地的低成本和高消耗维系。随着资源环境的瓶颈凸显、人口结构的快速变迁和城镇布局体系的初步形成，传统的过度依赖地价“土地红利”和廉价“人口红利”的要素驱动城镇化发展模式，已经难以为继。当前我国在面临土地供需矛盾突出、发展空间不足的同时，还存在城镇存量建设用地低效利用的问题。

低效用地再开发是适应经济结构调整和产业转型升级的内在要求，经济保持中高速增长，产业迈向中高端水平，必然带来用地方式由外延扩张向高效节约利用的方向转变；低效用地再开发是推进新型城镇化建设的迫切需要，通过低效用地再开发和城市更新改造，可以有效改善城镇生活居住环境，提升城镇化质量，使城市更加和谐宜居；低效用地再开发是统筹保护资源、保障发展的必然选择，破解保护资源和保障发展的矛盾，关键在于高效节约利用资源。

开展城镇低效用地整治首先要对城镇低效用地进行调查识别，其次需要进行问题分析，最后是根据城市未来的功能需求，通过土地整治调整其结构与功能，以满足未来城市发展的需要。因此开展城镇低效用地整治，必须从空间上对其研究分析，利用传统的统计数据，很难开展深入的研究。相较传统数据，大数据具有大容量、高速度、多样性的特征，其存储容量大、实时性强，且数据类型和来源多样化，这给城市规划相关研究提供了一种新的技术方法和手段。随着近些年信息技术的快速发展，大数据技术不断被引入到我国相关的规划研究中，大数据时代的来临，为城市问题的精细化挖掘与分析提供了契机，日益提升的城市数据获取与处理能力，也让各个层面的城市研究与实时动态的城市管理成为可能。

本部分以河南省安阳市为例，基于大数据开展中心城区的低效用地功能评价和整治研究。

11.1　安阳市中心城区低效用地调查与结果分析

11.1.1　城镇低效用地调查

2018年，安阳市开展了中心城区低效用地调查工作。调查范围为《安阳市土地利用总体规划（2006—2020年）》划定的城镇扩展边界内的建设用地。采用土地利用现状图和遥感影像图等相关图件，结合中心城区节约集约利用评价工作底图，作为调查工作底图。在对调查范围内低效利用的旧城镇、旧厂矿、旧村庄等进行综合分析的基础上，综合考虑行政界限、地块界限，结合中心城区集约程度较低的功能区边界划分调查区。根据《国土资源部办公厅关于印发〈城镇低效用地再开发规划编制要点〉的通知》（国土资发〔2017〕47号）和《河南省国土资源厅办公室关于印发河南省推进城镇低效用地再开发工作实施方案的通知》（豫国土资办发〔2018〕28号）要求开展城镇低效用地调查。

11.1.2　城镇低效用地调查结果

（1）低效用地现状规模与类型

通过城镇低效用地调查分析，结合实际情况，确定安阳市符合低效用地定性定量标准的共有132个调查区，474块地（表11-1）。

表11-1　安阳市城镇低效用地分类统计

单位：个，公顷

行政区	调查区数量	调查区总面积	低效用地面积	低效用地类型分类面积统计				
				低效产业用地	低效商业用地	旧城用地	旧村用地	其他低效用地
文峰区	72	1 153.51	817.34	210.15	56.85	59.12	490.49	0.73
北关区	32	808.58	432.03	107.92	16.95	9.60	297.34	0.23
殷都区	8	340.39	202.96	29.30	1.61	0.00	172.05	0.00
龙安区	20	1 057.30	712.01	232.90	1.63	0.00	477.48	0.00
合计	132	3 359.77	2 164.35	580.27	77.05	68.71	1 437.36	0.96

安阳市中心城区低效用地合计2 164.35公顷，其中旧村用地较多且较为分散，旧村用地面积1 437.36公顷；其次为低效产业用地面积，580.27公顷；低效商业用地面积77.05公顷；旧城用地面积68.71公顷；其他低效用地面积0.96公顷。旧村用地较多的原因是城区内被认定为低效的将近100个城中村，

基本已列入棚改计划。

(2) 城镇低效用地分析

从现状用地结构角度分析，安阳市城镇低效用地总规模 2 164.35 公顷，现状为住宅用地的最多，共 1 505.79 公顷，占比达 69.57%，主要分布在文峰区老城周围和北关区北部，殷都区、龙安区零星分布；商服用地 77.05 公顷，主要为零星分布的老旧批发市场；工矿仓储用地 580.27 公顷，龙安区和开发区低效工矿仓储用地相对集中，北关区、文峰区和殷都区分布较为分散；公共管理与公共服务用地、其他用地均占比较小，低效用地面积分别为 0.29 公顷和 0.96 公顷，占低效用地总面积的比例分别为 0.01%和 0.04%（表 11-2）。

表 11-2 安阳市城镇低效用地现状结构及用地强度

单位：公顷，%

用途	行政区各类用地面积				合计（平均）			
	文峰区	北关区	殷都区	龙安区	规模		容积率	建筑密度
					面积	比例		
商服用地	56.85	16.95	1.61	1.63	77.05	3.56	0.85	58.33
住宅用地	549.32	306.94	172.05	477.48	1 505.79	69.57	0.62	44.32
工矿仓储用地	210.15	107.92	29.30	232.90	580.27	26.81	0.36	25.11
公共管理与公共服务用地	0.29	0.00	0.00	0.00	0.29	0.01	0.51	31.61
其他用地	0.73	0.23	0.00	0.00	0.96	0.04	0.00	0.00
总计（平均）	817.34	432.03	202.96	712.01	2 164.35	100.00	0.58	40.27

从用地强度角度分析，安阳市低效用地土地利用强度普遍不高，用地相对粗放。平均容积率仅 0.58，平均建筑密度 40.27%。低效用地中，住宅用地平均容积率仅为 0.62，建筑密度 44.32%，密度高但用地强度不高，主要原因为老旧城镇、棚户区为低层建筑，街道狭窄，房屋老旧，基础设施配套水平不高。商服用地容积率为 0.85，建筑密度 58.33%，集约程度低。工矿仓储用地平均容积率仅为 0.36，工矿仓储用地基本为废弃厂房或者待拆迁、待搬迁企业，这些企业历史遗留问题较多、空置时间较长，有些企业停产多年。

11.2 基于大数据的城镇低效用地功能评价

开展城镇低效用地整治的本质目的是提升城镇低效用地的功能，包括经济功能、生活服务功能、文化交流功能和生态服务功能，使得城市用地不断地匹配人们的生产与生活需求。过去的城市整治过多追求城市区域物质空间形态的改善和空间资源的价值最大化，使产出价值低的低效用地转变用途来提高产出价值，如“工改居”“低层改高层”等，这类城市土地整治过度注重经济收益或市场价值的驱动，忽略了对城市结构功能的改善提升和对城市居民需求的考虑，往往导致改造后出现一系列社会、经济方面的问题。而当下，城市土地整治所包含的内容已经不仅仅是对不适应现代化城市社会生活的城市建成区在物质空间上进行改造或重建，而是开始更多地考虑对城市功能业态、产业结构、文化氛围、生态环境、社会心理等软环境的更新和延续。未来适应现代化社会发展的城市更新将不再单纯地以实现土地和建筑空间的高利用率或达成经济效益最大化为单一导向，也不仅仅局限于对形成物质形态的建筑物进行更新，而是需要综合考虑人文、民生、经济、环境等多个方面的内容，平衡“城市经济发展”“城市文化脉络保留”“城市生态环境保护”“城市社会价值提高”之间的关系，对城市的功能服务进行升级换代，使原本的城市空间重新焕发活力。

城市的品质和功能最终由具体的地块所承载，开展城市土地功能评价时，首先要以适宜尺度的地块为评价对象，从经济、生活、文化和生态等方面构建综合评价指标体系，综合评价城市土地的功能质量等级。

11.2.1 评价单元确定

本研究以 2018 年安阳市城镇低效用地调查中确认的低效用地地块为评价单元。安阳市符合低效用地定性定量标准的共有 132 个调查区，474 块地，其中旧产业用地 306 块，657.31 公顷，旧城镇用地 46 块，68.71 公顷，旧村庄用地 120 块，1 437.36 公顷，其他低效用地 2 块，0.96 公顷。

11.2.2 基于大数据的城市功能因素分析

本研究利用网络爬虫，从互联网上爬取了安阳市中心城区人口热力值、矢量建筑轮廓、百度 POI（关注点）数据集、道路网络、公交线路、高德用地类型、谷歌遥感影像等数据。利用 ArcGIS 的投影变换，将数据坐标变换到 CGCS2000_3_Degree_GK_Zone_38 坐标系。

人口热力、容积率、商业 POI 密度、道路通达度等指标可以反映城市的经济功能的质量，医疗、教育、公共交通、基础设施等指标可以反映城市的生活功能的质量，文化、娱乐、健身、职业教育和历史人文景点等可以反映城市文化功能的质量，城市公园绿地和居住区绿地等可以反映城市的生态功能质量。

基于以上互联网大数据，利用 ArcGIS 空间分析等方法，对各类因素指标进行分析。

11.2.2.1 安阳市中心城区的热力分析

城市是区域的政治、经济文化中心，城市建设用地的集约利用状况可以由人口密度间接地反映。相较于城市中心的定义，城市活力中心不仅强调了功能的多样性，使其服务于不同的消费人群，更重要的是将人群密度作为重要的衡量指标，用以刻画城市的“活力”状态，区别于功能齐全却不能吸引人流量的“伪城市中心”。笔者抓取了 2020 年 7 月 27 日 16 时的安阳市中心城区热力图，人口热力值从高到低共分为 8 级，1 级热力值最高，8 级热力值最低。1 级热力值区占 1%，2 级占 2%，3 级占 1%，4 级占 7%，5 级占 12%，6 级占 5%，7 级占 48%，8 级占 24%。安阳市中心城区热力值最高的区域在安阳市人民大道与红旗路交叉口的周边，洹滨南路和纺织北路的东北方向有一处高热力区。文峰区的德隆街与中华路交叉口周边有一处高热力区。文昌大道与光明路交叉口西部有大片的低热力区，西部的龙安区和殷都区的热力值较低。

安阳市整体形成一个一级中心和多个二级中心，各个中心连通程度较好，城市人口的经济社会活动主要在活力中心内展开，并存在要素流在各中心之间的相互流通。整体上看，各活力中心和要素流共同形成了安阳的城市网络空间结构。从空间上看，几个中心主要分布在城市中部，两侧的东西两部的活力程度则相对较弱，这也符合安阳市现阶段的整体发展趋势。进一步将低效用地与城市活力中心叠加分析可得，安阳市绝大部分的低效用地都处在城市活力中心的外围，其开发利用强度和对城市空间发展的贡献度都相对较弱。

11.2.2.2 低效用地建筑密度和建筑容积率分析

笔者利用互联网，从高德地图爬取带有高度矢量的建筑图层，共爬取矢量建筑 15 791 个，基底面积 1 014.63 公顷，平均楼高 34 米。

利用 ArcGIS 系统的空间叠加功能，将矢量建筑轮廓与低效用地地块图斑叠加，分析各评价单元的建筑容积率，结果如表 11 - 3 所示。各评价单元的建筑容积率为 0～3.8，其中容积率小于 0.5 的面积最大，占评价单元总面积的 74.52%，这部分平均容积率为 0.13。

表 11-3 建筑容积率

单位：公顷

分级	面积	平均容积率
一级（>2）	112.30	3.60
二级（1.5～2）	37.80	1.76
三级（1.0～1.5）	69.34	1.23
四级（0.5～1.0）	332.11	0.75
五级（≤0.5）	1 612.80	0.13

11.2.2.3 商业 POI 密度分析

从百度地图上爬取安阳市中心城区购物、金融、酒店、美食等 POI 点，共计 13 764 条。利用 ArcGIS 核密度分析功能，分析商业 POI 的密度。安阳市的商业活动密集区以彰德路和文峰大道为轴展开，由市中心向外密度逐步降低。

11.2.2.4 城市道路通达度分析

从互联网上爬取安阳市中心城区 OSM 道路图，共 16 852 条记录。道路类型有铁路、高速公路、国道、省道、二级公路、三级公路和四级公路等。

根据道路的类型，划分四个等级，如表 11-4 所示。

表 11-4 道路类型分级表

道路类型	等级	功能值
国道	一等	100
省道、二级公路	二等	80
三级公路	三等	60
四级公路	四等	40

借鉴城镇土地定级中道路通达度的计算方法，运用 GIS 路径分析法，计算安阳市中心城区的道路通达度。通达度最高为 100，最低为 26，通达度沿主要道路延伸，在文昌大道、彰德路、光明路等沿线形成高值区域。

11.2.2.5 生活便利度分析

利用 GIS 的路径分析，通过分析距离医疗、教育、公共交通、基础设施等设施的距离，反映城市的生活功能的便利性。

爬取安阳市中心城区医疗百度 POI 数据 276 条，其中综合医院 25 条，专科医院 17 条，诊所 234 条。根据三类医疗机构的功能，划分为三类，结果如表 11-5 所示。

表 11-5 医疗机构功能分级

类型	功能等级	功能分值
综合医院	一级	100
专科医院	二级	70
诊所	三级	40

爬取安阳市中心城区中学、小学和幼儿园等百度 POI 数据 372 条，其中中学 56 条，小学 86 条，幼儿园 230 条。对这三类教育设施进行分类，结果如表 11-6 所示。

表 11-6 教育设施功能分级

类型	功能等级	功能分值
中学	一级	100
小学	二级	80
幼儿园	三级	40

爬取安阳市中心城区公交站点数据 3 104 条，公交线路 115 条。爬取安阳市中心城区生活服务百度 POI 数据 4 562 条。

利用路径分析法计算空间各点上医疗机构和教育设施的功能分值，采用核密度分析法计算公交站点和生活服务设施的空间密度。医疗和教育设施空间分布相对均衡，但是公交设施密度和生活服务设施密度，市中心明显高于周边地区。

11.2.2.6 城市文化功能分析

大学教育、职业教育、文化场馆、娱乐、健身和历史人文景点等 POI 的点密度可以反映城市文化功能的质量。根据不同类别 POI 的性质，划分为三个文化功能级别。将高等院校、科技馆、图书馆、博物馆、美术馆、风景区、文物古迹等确定为一级文化功能点，将教育培训、文化传媒、公园、运动健身等确定为二级文化功能点，将休闲娱乐等确定为三级文化功能点（表 11-7）。

表 11-7 文化功能分级表

类　　型	级别	功能分
高等院校、科技馆、图书馆、博物馆、美术馆、风景区、文物古迹等	一级	100
教育培训、文化传媒、公园、运动健身等	二级	70
休闲娱乐等	三级	30

考虑到人们对文化需求的多样性，采用核密度分析法，以文化功能密度表达文化功能的高低，发现市中心、安阳市图书馆、中国文字博物馆等区域为高密度区，城市边缘文化功能密度较低。

11.2.2.7 城市生态功能分析

依据城市范围内的绿地和水域用地面积表征城市的生态功能，从互联网上爬取安阳市中心城区1米分辨率的谷歌地图，利用遥感影像监督分类法，提取城区的绿地和水域。安阳市西部由于存在大面积的未建设用地，绿地面积较多，东部的新城区绿地面积也较大，在已建城的老城区，绿地稀少。

11.2.3 安阳市中心城区低效用地土地功能综合评价

通过前文分析，建立城镇低效用地土地功能评价指标体系，采用多因素加权法进行综合评价。

11.2.3.1 评价指标体系构建

根据前文的因素与因子分析，将城市土地经济功能、生活功能、文化功能和生态功能作为评价准则层，选择10个评价指标对城镇低效用地评价单元的功能进行表征。指标体系如图11-1所示。

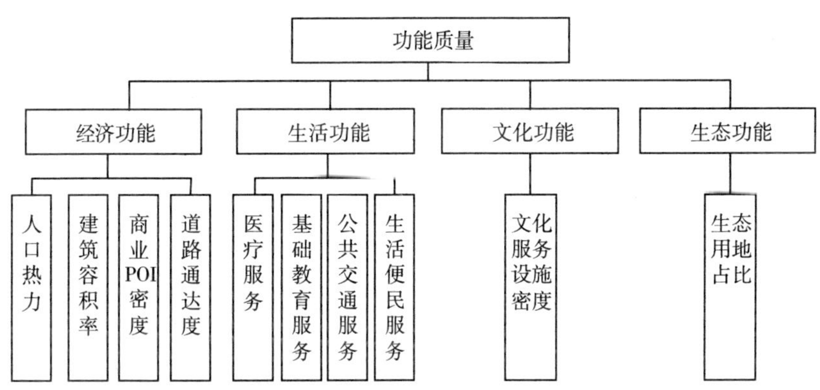

图11-1 低效用地功能评价指标体系

11.2.3.2 评价指标权重确定

各准则层和指标层的因子对城市品质影响程度各不相同，有大有小，综合运用德尔菲法和层次分析法，确定各指标的权重，结果如表11-8所示。

11.2.3.3 评价指标值标准化处理

由于评价体系中涉及的指标类型复杂多样，不能进行直接的加减运算，需要统一量纲。本研究采用极差标准化法，将所有指标值变换到［0，100］区间内，计算公式如下：

$$y_i = \frac{x_i - x_{min}}{x_{max} - x_{min}} \times 100 \tag{11-1}$$

其中，y_i 表示标准化后的指标值；x_i 表示评价指标原始值；x_{max} 表示评价指标的最大值；x_{min} 表示评价指标的最小值。

人口热力是分级数据，采用等差数列法，最高为 100 分，每降一个等级降 10 分。

表 11－8　评价指标权重

目标层	准则层	指标层	综合权重
功能质量	经济功能（0.4）	人口热力（0.4）	0.16
		建筑容积率（0.1）	0.04
		商业 POI 密度（0.2）	0.08
		道路通达度（0.3）	0.12
	生活功能（0.3）	医疗服务（0.1）	0.03
		基础教育服务（0.4）	0.12
		公共交通服务（0.2）	0.06
		生活便民服务（0.3）	0.09
	文化功能（0.1）	文化服务设施密度（1）	0.1
	生态功能（0.2）	生态用地占比（1）	0.2

11.2.3.4　城镇低效用地功能综合评价与等级划分

利用 ArcGIS 的栅格计算、空间统计等功能，对各评价指标进行单一图层运算和多图层综合运算，从而得到经济功能、生活功能、文化功能和生态功能的评价结果，以及城镇低效用地功能综合评价结果，从不同侧面揭示低效用地产生的原因，为开展有针对性的低效用地整治与再开发提供依据。综合评价计算公式如下：

$$p_i = \sum_{j=1}^{n} w_j \cdot z_{ij}$$
$$z_{ij} = \sum_{k=1}^{m} w_k \cdot y_{ijk} \tag{11-2}$$

其中，p_i 代表第 i 个评价单元的综合功能分值；w_j 代表第 j 个评价因子的权重；z_{ij} 代表第 i 个评价单元第 j 个评价因子分值；y_{ijk} 代表第 i 个评价单元因素 j 包含的第 k 个评价因子分值；w_k 代表第 k 个评价因子权重。

基于评价分值高低，将其功能质量分为优（80～100）、较优（60～80）、中（40～60）、较差（20～40）、差（<20）五个级别。

11.2.3.5　低效用地功能评价结果

利用 ArcGIS 的分区统计功能，统计每个评价单元的因子得分，综合计算各评价单元的经济功能、生活功能、文化功能、生态功能和综合功能。评价结果如表 11－9 所示，从表中可以看出，安阳市城区低效用地的经济功能以中等水平为主，说明从人口活力、商业活力、建筑容积率和交通条件等四方面考量，安阳市中心城区的低效用地经济功能尚可。生活功能以中等水平为主，说明中心城区的低效用地生活功能尚可。文化功能以极差和较差两个等级为主，说明中心城区低效用地的文化服务功能较弱，需要重点改造提升。生态功能以极差和较差两个等级为主，说明中心城区低效用地的绿地占比极低，需要提升绿地面积。综合功能以较差和中等两个等级为主，说明中心城区低效用地的整体功能偏弱，需要通过针对性的整治措施，开展低效用地开发，提升土地功能。

表 11－9　安阳市中心城区低效用地功能评价结果

单位：公顷，个

功能评价	指标	极差	较差	中等	较优	最优	总计
经济功能评价	面积	0.00	605.24	1 485.19	72.68	1.24	2 164.35
	单元数		84	339	50	1	474
生活功能评价	面积	108.26	559.67	1 275.41	218.66	2.35	2 164.35
	单元数	13	70	298	91	2	474
文化功能评价	面积	1 490.07	442.51	166.65	49.85	15.28	2 164.35
	单元数	240	128	71	28	7	474
生态功能评价	面积	1 404.33	645.94	74.78	28.46	10.83	2 164.35
	单元数	335	97	30	8	4	474
综合功能评价	面积	108.26	1 487.58	563.90	4.61	0.00	2 164.35
	单元数	13	244	214	3		474

从空间上进行分析，安阳市中心城区低效用地经济功能高等级区主要分布在市中心附近和交通干道两侧，低等级区主要分布在城市的外围区域。生活功能等级由市中心向外逐步降低，北部开发区最低。文化功能等级也呈现由中心向外围降低的变化规律。生态功能等级相反，呈现外围高中部低的趋势。综合功能等级呈中部高外围低、北部开发区最低的空间格局。

11.3 城镇低效用地再开发

根据城镇低效用地评价的结果，应有针对性地开展低效用地再开发，提高城市土地的各种功能，满足人们生产、生活的需求。城镇低效用地再开发的方式可分为两大类，一是调整土地的用途，比如“退二进三”“工改居”“工改园”等，二是改善环境，提升公共服务水平，更新基础设施，进而提升土地的综合功能。

11.3.1 调整土地的用途

应根据低效用地经济功能评价和生活功能评价的结果，合理地调整土地用途。首先是将生活功能水平较高的低效产业用地调整为居住用地，共计126.39公顷。其次是将经济功能较差，而生活功能尚可的低效商业用地调整为居住用地，共计4.83公顷。将经济功能较差且生活功能也较差的低效商业用地调整为产业用地，共计1.08公顷。将经济功能较优的旧城用地调整为商业用地，共计3.79公顷。将经济功能较优的旧村庄用地优先开发为商业用地，共计17.56公顷。将经济功能较差但生活功能尚可的旧村庄用地调整为居住用地进行开发，共计112.91公顷。将经济功能和生活功能均较差的旧村用地开发为产业用地，共计361.81公顷，详见表11－10。分析安阳市中心城区低效用地用途调整结果的空间分布，商业用地处于市中心外第一圈层，居住用地处于第二圈层，产业用地处于城市外围。

表11－10 低效用地用途调整表

单位：公顷

类型	产业用地	居住用地	商业用地	总计
低效产业用地	0.00	126.39	0.00	126.39
低效商业用地	1.08	4.83	0.00	5.91
旧城用地	0.00	0.00	3.79	3.79
旧村用地	361.81	112.91	17.56	492.29
总计	362.89	244.14	21.35	628.39

11.3.2 提升低效用地功能

11.3.2.1 商业用地功能提升

分析商业用地低效原因，大致可分为3类，一是建筑容积率低，开发强度不够，二是集聚水平低，没有活力，三是服务水平低，商业活动与社会需求不匹配。根据前文低效用地评价的结果，对建筑容积率过低的低效商业用地，通过重新开发建设，提升其商服功能；对于商业网点密度低，人口聚集度不足的商业低效用地，主要是提升商业网点的聚集度，提高对人口的吸引力；对于人口活力足，但是效益不佳的低效商业用地，主要通过提升服务水平，调整商业服务结构，增加经济效益。商业用地功能提升安排如表 11－11 所示。

表 11－11　商业用地功能提升安排

单位：块，公顷

功能提升措施	地块	面积
提高开发强度	15	329.91
增加聚集度，增加活力	11	24.14
提升服务水平，增加效益	24	35.35

11.3.2.2　居住用地功能提升

低效用地为居住用地的地块，可以从增加绿化面积、提高开发强度、提升基础公共服务水平和配套文化休闲设施等方面提升居住用地功能，满足人们对美好居住环境的需要。根据前文功能评价的结果，针对低效居住用地存在的主要问题，继续开展单一或综合的功能提升。针对开发强度低的地块，重点开展旧城、旧村、老旧小区更新改造，提高容积率、改善生活环境。针对医疗、基础教育和生活服务等条件较差的地块，重点提升基础设施与公共服务设施配套水平。针对基础条件尚可，但是文化服务功能较差的地块，配套文化、健身、休闲娱乐等设施。最后是对绿化率极低的老旧小区进行改造提级，增加生态绿地面积。居住用地功能提升安排如表 11－12 所示。

表 11－12　居住用地功能提升安排

单位：块，公顷

功能提升措施	地块	面积
实施旧城市、旧村庄、旧小区改造，提高开发强度	101	710.35
配套基础设施与公共服务设施，提升基础公共服务水平	11	214.67
配套文化休闲设施，提升周边环境的品质	41	210.43
拆旧复绿，增加绿化面积	41	119.65

11.3.2.3　产业用地功能提升

低效用地为产业用地的地块，可以从提高开发强度、提升基础设施水平和产业升级改造等方面提升产业用地功能，提高产业用地的效益。根据前文功能评价的结果，针对城市低效产业用地存在的主要问题，继续开展单一或综合的功能提升。针对开发强度低的地块，工作重点是提升产业用地开发利用强度，提高容积率。交通条件和基础设施等条件较差的地块，重点提升基础设施配套水平。最后是根据社会经济发展需求，对所有的低效产业用地进行产业升级改造，提高产业用地效益。产业用地功能提升安排如表 11－13 所示。

表 11－13　产业用地功能提升安排

单位：块，公顷

功能提升措施	地块	面积
提升开发强度，产业升级改造	132	509.04
提升基础设施水平，产业升级改造	26	171.34
产业升级改造，提高用地效益	72	136.39

11.4　城镇低效用地再开发模式

城镇低效用地再开发模式可分为旧城改造模式和“城中村”改造模式。旧城改造模式包括：政府主导、企业参与的整体改造、“不动迁”拆迁和渐进式改造，“城中村”改造模式包括：整体搬迁改造、局部重建和综合整治。

11.4.1　政府主导、企业参与的整体改造模式

随着城市土地有偿使用政策的推行，开发商主导的旧城改造模式由于对经济利益的过度追求逐步蜕变为商业型房地产开发，出现诸如拆迁引发多重社会矛盾、商业性开发助长房价飙升等问题，而单纯政府主导型的旧城改造模式存在缺乏市场机制，资金压力大、效率低下等问题，鉴于此，安阳市政府可采取政府主导下的开发商参与型模式，通过政府协调市场环境中的不同利益主体的博弈行为，保障弱势群体的话语权，注重公平，并在市场经济条件下充分发挥市场在配置资源方面的优势，提高效率。

政府主导下的开发商参与模式即以市、区两级政府为主导，共同做好居民的搬迁安置工作，并牵头进行总体规划、土地开发和市政基础设施建设，然后对待改造区域的土地出让实施市场化运作，受让主体承担改造的具体工作。

11.4.2　“不动迁”拆迁模式

安阳市历史悠久，文化底蕴深厚，具有丰富的文物古迹和遗产。虽然一些

老住宅区存在着严重的设施落后、经济发展缓慢、社会问题增多等现象，但改造并不意味着整体搬迁。因此在积极推进旧城改造工作时，可以采取“不动迁”拆迁模式整治改造，正确处理好改造和保护的关系，在秉承历史文化传统的前提下，探索改造的新方法。

“不动迁”拆迁模式的核心是着重保留建筑风貌，能不拆尽量不拆，重点强调老建筑内部设施改造，而建筑外形和结构按照规划保持原貌或进行适当修复。对于确实不宜使用的旧居，需要拆除的必须拆除，修建时可根据当地规范的风格特色，进行就地修建。通过“不动迁”拆迁模式整治改造，改善居民居住条件，实现居住区和历史街区中文化的继承和发展。

11.4.3 渐进式改造模式

安阳市历史悠久，因而存在危旧房、土地利用集约度有待提高等问题也逐渐显现。安阳市政府有必要推进渐进式小规模更新改造，以渐进式小规模更新改造代替大规模改造，即按照轻重缓急程度，划分出不同改造区域，并按照政府主导、统筹规划、渐次推进等原则逐步实施。渐进式改造模式不强制居民一次性搬迁，而是采用边改造边搬迁的方式，取代单一功能的迅速改造。

11.4.4 整体搬迁改造模式

该模式是通过政府统一建设新型农村社区，实现旧村整体搬迁改造。从建设时序上讲，这些村庄基本位于城市中期开发建设用地范围内。村庄村民的集体土地正逐步被转化为国有土地，村民逐步脱离固有的劳作和生活方式，通过社区化改造，逐步实现城镇化。

11.4.5 局部重建模式

局部重建模式是保留一部分房屋，拆掉一部分旧房和不符合城市规划的房子，补建城市基础设施，改善城中村面貌，使之与城市融合为一体。局部重建模式是在保持城中村整体格局的情况下，对局部区域、关键要素进行重点改造，调整中的局部重点改造可能是全部重新建设的。这种模式一般适用于处在城市建成区，但是布局较为合理、建筑景观较好的城中村地块，通过适当改善城市基础设施，增加社区配套服务建设，实施社区统一管理，作为外来人口和低收入群体的廉租房。

11.4.6 综合整治模式

综合整治模式基本不涉及房屋拆建，只补建城市基础设施，净化美化社区环境。政府通过多方融资进行城市市政基础设施建设、社会服务设施建设以及城市环境的美化、亮化，带动城中村改造。从建设时序上讲，这些村庄基本位于城市近期开发建设用地范围内，绝大多数村庄村民已经完全失去土地，生活方式已经被城市化，如不及时改造，将会增大未来改造成本和难度，增加政府投资和百姓损失。综合整治模式重点在于对城中村的新建建筑的控制，避免城中村形势进一步恶化，对城中村进行整体的梳理改造。

12 河南省农田生态安全评价与整治

在我国土地整治取得巨大成绩的同时，也存在许多问题，主要是缺乏对于生态环境保护和景观设计等方面的考虑，多数土地整治工程项目只考虑了耕地面积的增加，而忽略了对农田生态与乡村景观的保护与设计。在农田沟渠、道路的改造中，混凝土等硬化材料的广泛使用，改变了土地覆被的生态性和景观要素，严重冲击了区域的生态条件，生物栖息地遭到破坏，迫使农田生态系统的适应能力急剧下降。在许多农田整治活动中，由于没有考虑所在区域的资源环境承载力以及不切实际地生搬硬套相关技术规程，形成无差别化的“千村一面”，导致地下水资源过度开采、水质下降、土壤理化性状恶化、农田自然生态系统被破坏等问题。

近年来，全球主要发达国家的土地整治过程都开始朝着生态化的方向转变，各国的研究热点也转向了土地整治活动与生态化的关系方面。目前，我国在土地整治活动中出现的生态环境问题也引起了广泛的关注，如何将景观设计与生态保护等理论与方法在土地整治中体现出来，如何建设有利于景观生态保护的景观生态工程，如何维持农田生产与土地持续利用之间的协调关系，已成为业内学者研究的重点内容。

河南省作为国家 13 个粮食主产区之一，粮食总产量占全国的 10%以上（《中国统计年鉴 2019》），河南省的粮食安全需要以农田的高产、稳定、健康和可持续利用为保证。河南省从 2000 年以来，开展了大量的土地整治活动，但是目前已实施的土地整治项目，大都存在忽视农田生态的问题，急需开展生态农田整治模式研究，以保护和改善生态环境，确保生态安全。本研究应用生态学、可持续发展理论、人地关系协调理论并结合实际进行分析，对影响农田生态性的水资源供需矛盾、土壤性状恶化、面源污染、水土流失严重等因素进行农田生态安全评价并诊断出多个障碍因素，通过多个障碍因素对河南省生态化农田的影响结果进行叠加分析与分区，提出了河南省可持续发展的生态化农田整治模式，以期为河南省的农田整治提供参考，促进经济社会可持续协调发展。

12.1 河南省农田生态安全评价

12.1.1 农田生态环境存在的问题

农田的生态环境主要受自然环境条件和人类利用自然资源的行为两方面影响。河南省自然环境条件较为复杂，地区差异性较大，地形因素是判断农田是否适宜耕作的主要因素之一。河南省地形坡度东部低西部高，豫南山地和豫北太行山地区地形坡度相对较大，地形坡度较大农田适宜耕作性较差，农田生态安全性弱，相反，豫东平原和南阳盆地坡度较小，从农田耕作适宜性方面来说生态环境较为良好。降水量的盈缺是决定农田作物能否正常生长发育的关键因素之一，全省降水南北差异较为明显，南多北少，豫南地区农作物生长不受降水限制，而豫北多数地区农作物旱情较多，农田灌溉困难。土壤是作物营养来源的最大载体，全省土壤类型多样，剖面性状复杂，分布较为散乱，一半以上的农田土壤性状较好，很大一部分的土壤性状和障碍层严重阻碍着农作物的生长，威胁着农田生态环境。

河南省作为人口大省，对自然资源的利用强度非常大，全省水土流失主要发生在河南西部地区，范围可达 49.95%，最大年侵蚀模数为 5 000 吨/千米^2；地下水漏斗主要涉及南阳市和豫北地区等 36 个县（市），水资源超载现象普遍，只有近一半的县（市）是处于水资源可承载状态。农田施用的化肥、农药一部分被农作物吸收利用，一部分则随地表径流造成农田的面源污染，农田化肥、农药的施用量比较大、施用范围比较广，全省范围的农田面源污染程度存在一定的差异。植被覆盖情况与地貌类型相吻合，山地丘陵林地密集，植被覆盖度高，平原区多耕地、少林地，植被覆盖度较低。

12.1.2 构建农田生态安全评价指标体系

(1) 指标选取

农田生态环境受自然环境的影响很大，地形因素、降水因素和土壤因素是维持农作物正常生长的先决条件，是农田生态环境安全稳定的基础，同时农田生态环境的安全又受人类对资源的利用程度的胁迫，比如水土流失、地下漏斗、农田面源污染、水资源超载等现象都会严重威胁农田生态环境的安全。笔者从自然环境、资源利用两个层面选取了 8 个评价指标，对河南省的农田生态安全进行评价。评价指标体系如表 12－1 所示。

表 12-1　河南省农田生态安全评价指标体系

目标层	准则层	指标层	指标类型
农田生态安全	自然环境 S	地形坡度 S1	负向
		年平均降水量 S2	正向
		土壤剖面性状 S3	正向
	资源利用 U	植被覆盖度 U1	正向
		水土流失程度 U2	负向
		地下漏斗 U3	负向
		面源污染程度 U4	负向
		水资源承载力指数 U5	负向

根据河南省 DEM 高程数据提取的坡度栅格图，考虑坡度对农田生态安全的限制表现为非线性关系，划分五个级别，坡度小于 2°的赋值为 100，坡度在 2°～6°的赋值为 80，坡度在 6°～15°的赋值为 50，坡度在 15°～25°的赋值为 30，坡度大于 25°的赋值为 0，做重分类处理，然后再以表格显示分区统计求出各评价单元的面积加权总分值。农田地形坡度越小，水、肥、土流失程度越小，越利于耕作，相反，农田地形坡度大于 25°，土壤侵蚀严重，不利于保水保肥，不适宜耕作。

土壤剖面性状对农田生态安全的影响较大，根据河南省土壤剖面性状，参考河南省耕地地力评价，对非耕地、无耕作特性赋值为 0，对砂身型赋值为 30，对潜育型、浅位石质接触赋值为 35，对漂洗型赋值为 40，对浅位厚层多量砂姜、深位石质接触、通体多量砂姜、通体多量石砾四种类型赋值为 50，对通体黏赋值为 60，对淹育型赋值为 63，对深位薄层多量砂姜、通体少量砂姜、通体少量石砾三种类型赋值为 70，对中砂底黏壤型赋值为 73，对浅位薄层少量砂姜、浅位薄层少量石砾、深位厚层少量砂姜、深位厚层少量石砾四种类型赋值为 80，对中壤底砂型赋值为 82，对浅位厚层黏化、深位薄层少量砂姜、深位薄层少量石砾赋值为 85，对深位厚层黏化、中黏底砂型赋值为 88，对浅位薄层黏化、潴育型赋值为 90，对轻壤身型赋值为 92，对深位薄层黏化赋值为 95，对无明显障碍、黏壤身型赋值为 100。

植被覆盖度是在 ENVI 平台上对遥感影像 NDVI 值进行提取与计算所得，植被覆盖度越高说明植被生长状况越好，对农田生态安全正向作用越强。

年平均降水量、水土流失程度和地下漏斗三个指标数据是通过对河南省区划中的河南省年均降水量图和河南省水土流失现状图进行矢量化并转为赋值栅格，按照面积加权而得出的。其中年平均降水量参考河南省耕地地力评价，1 000毫米以上赋值为90，900～1 000毫米赋值为86，800～900毫米赋值为82，600～800毫米赋值为78，600毫米以下赋值为74。水土流失程度以平均年侵蚀模数为栅格赋值。地下漏斗按照河南省地下水位降落漏斗图中漏斗区与河南省矢量图空间叠加，评价单元中有漏斗县（市）赋值为0，无漏斗县（市）赋值为1。

面源污染程度是根据《河南统计年鉴2016》中单位面积化肥、农药施用量与化肥、农药流失系数分别乘积再求和得出，面源污染程度越大对生态安全的破坏越强。

水资源承载力指数采用了河南省水资源承载力评价的成果，是指评价单元各类用水需求量与符合各类用水水质要求的可利用水资源总量之比。当水资源承载强度指数小于1时，表明水资源处于可承载的状态，当水资源承载强度指数大于1时，则处于超载状态，值越大超载程度越严重，对农田生态安全负向作用越强。

(2) 指标标准化处理

对于各评价指标的单位统一和去除量纲问题，本书采用了极差法对数据标准化处理，计算公式如下：

正向指标标准化公式：

$$X'_{ij}=\frac{X_{ij}-\min X_j}{\max X_j-\min X_j} \tag{12-1}$$

负向指标标准化公式：

$$X'_{ij}=\frac{\max X_j-X_{ij}}{\max X_j-\min X_j} \tag{12-2}$$

式（12-1）、式（12-2）中：X_{ij}和X'_{ij}依次为第i个评价单元和第j项指标的标准化之前的值和标准化之后的值；$\max X_j$和$\min X_j$依次为第j项指标标准化前的最大值和最小值。

(3) 指标权重计算

采用层次分析法并结合专家打分分值对河南省农田生态安全评价指标体系创建判断矩阵。自然环境判断矩阵一致性系数为0.051 6，小于0.1，达到判断矩阵一致性要求，见表12-2。

资源利用判断矩阵一致性系数为0.043 5，小于0.1，达到判断矩阵一致性要求，见表12-3。

表 12-2　自然环境判断矩阵

自然环境 S	地形坡度 S1	年平均降水量 S2	土壤剖面性状 S3
地形坡度 S1	1	1	2
年平均降水量 S2	1	1	1
土壤剖面性状 S3	1/2	1	1

表 12-3　资源利用判断矩阵

资源利用 U	植被覆盖度 U1	水土流失程度 U2	地下漏斗 U3	面源污染程度 U4	水资源承载力指数 U5
植被覆盖度 U1	1	1/2	1	1/2	1
水土流失程度 U2	2	1	1	1	2
地下漏斗 U3	1	1	1	2	1
面源污染程度 U4	2	1	1/2	1	1
水资源承载力指数 U5	1	1/2	1	1	1

由以上 2 个判断矩阵可得出河南省农田生态安全评价体系的 8 个指标权重，见表 12-4。

表 12-4　河南省农田生态安全评价指标权重

目标层	准则层	指标层	权重
农田生态安全	自然环境 S	地形坡度 S1	0.412 6
		年平均降水量 S2	0.327 4
		土壤剖面性状 S3	0.26
	资源利用 U	植被覆盖度 U1	0.148 6
		水土流失程度 U2	0.258 8
		地下漏斗 U3	0.225 4
		面源污染程度 U4	0.196 2
		水资源承载力指数 U5	0.170 8

（4）评价分值计算

在农田生态安全评价的指标体系中，单个指标值只能反映农田生态系统安全状况的一个方面，而不能反映农田生态安全整体状况，只有分别把自然环境和资源利用两个方面的各指标相应的权重与各指标的标准化值加权求和得出综合指数，分别综合反映自然环境下和资源利用下的状况，通过资源利用下综合指数确定资源利用系数，以资源利用系数修正自然环境综合指数，才能反映农田生态安全的真实状况。本研究农田生态安全评价指数修正模型如下：

$$f_{Si} = \sum_{j=1}^{3} X'_{ij} \cdot \omega_j \times 100 \quad (12-3)$$

$$f_{Ui} = \sum_{j=1}^{5} X'_{ij} \cdot \omega_j \times 100 \quad (12-4)$$

$$\alpha_i = f_{Ui}/100 \quad (12-5)$$

$$F_i = f_{Si} \cdot \alpha_i \quad (12-6)$$

式（12－3）～式（12－6）中：F_i 为第 i 个评价单元的农田生态安全评价的总分值；f_{Si} 为第 i 个评价单元的自然环境下的综合指数；f_{Ui} 为第 i 个评价单元的资源利用下的综合指数；ω_j 为第 j 个指标的权重；α_i 为第 i 个评价单元的资源利用系数；F 越接近 1，表示农田生态越安全。

12.1.3　农田生态安全分析

(1) 农田生态安全评价结果

本研究以河南省 124 个县（市）为评价单元，对表 12－1 中的 8 个评价指标进行分析处理后，按照式（12－1）和式（12－2）分别做标准化处理，结合表 12－4 中各指标权重，依次代入式（12－3）、式（12－4）、式（12－5）、式（12－6）中计算出河南省各县（市）的生态安全总分值。

经统计，全省农田生态安全综合分值标准差为 16.2，平均值为 46.93，中位数为 44.70，基本符合正态分布。全省农田生态安全综合分值最高的是正阳县，分值为 81.64，其次是淮滨县、新蔡县、汝南县等，农田生态安全综合分值都在 75 分以上；农田生态安全综合分值最低的是卢氏县、栾川县和辉县市，分值都在 20 分以下，其次是郑州市各区、三门峡市各区、灵宝市、济源市、修武县等，分值都不足 25 分。全省以驻马店市和信阳市北部农田生态安全性最佳，三门峡市和洛阳市的南部以及沿太行山山脉地区农田生态安全性最差，整体呈现豫北、豫西农田生态性较不安全，豫南、豫东较安全的特征。由于豫东南地区地形坡度较小、降水充沛、水资源丰富，且不受水土流失危害，农田生态环境较安全，其中信阳市各区、新县、商城县由于受地形坡度和土壤剖面性状的限制，农田生态安全较驻马店市和信阳市北部地区稍弱一些；豫北地区降水匮乏，农田系统缺水，生态环境较不安全；豫东地区地形坡度平缓，土壤剖面性状较好且降水量适中，整体农田生态安全相对较好，其中，商丘市各区由于化肥、农药随地表径流流失造成的面源污染比较严重，开封市各区土壤剖面性状较差，农田生态环境均较不安全，周口市各区虽然面源污染比较轻，但是土壤剖面性状较差、植被覆盖率偏低，虞城县面源污染较强，柘城县有地下漏斗，民权县和兰考县水资源承载能力较弱，农田生态环境安全性均稍差；平顶市区水资源超载问题最严重，且土壤剖面性状也非常差，农田生态安全性非常差；豫西山地丘陵区和黄土丘陵区虽然植被覆盖度较高，但地形坡度较大、水土流失严重、降水量较小，不利于农田系统的稳定，农田生态安全最差，且西部的安全性普遍低于东部；南阳盆地地区的农田生态整体处于安全和不安全之间，西北部农田生态较不安全主要是因为地形坡度和水土流失障碍作用较大，东部坡度较小、水土流失弱以及土壤剖面性状相对较好，农田生态性较安全；同时，安阳市、新乡市、濮阳市、焦作市、郑州市、开封市等的部分县（市）内存在较为严重的地下漏斗，农田地下水匮乏，农田生态安全受到严重威胁。

（2）农田生态安全分级

根据国内外学者对生态系统等级划分的研究，区间［0，30）为极不安全、区间［30，50）为不安全、区间［50，60）为临界安全、区间［60，80）为较安全、区间［80，100）为安全，本书根据以上划分方法将河南省农田生态安全评价结果划分为5个等级。

全省农田生态安全整体处于中等偏下水平，处于安全等级的县（市）有1个，处于较安全等级的县（市）有30个，处于临界安全等级的有20个县（市），处于较不安全的有50个县（市），处于极不安全等级的县（市）有23个。其中，只有正阳县处于安全等级，土壤剖面性状好、降水充沛以及地形坡度条件适宜农田环境；较安全等级主要分布在桐柏山—大别山山地丘陵区的东南部、黄淮海平原区的中南部和南阳盆地东沿的社旗县，黄淮海平原区的中南部地区整体地形坡度平缓、土壤剖面性状相对较好，桐柏山—大别山山地丘陵区的东南部降水充沛且植被覆盖度较高；临界安全等级主要分布在南阳盆地的东侧和豫东平原的西侧且呈散状分布，其中漯河市各区和临颍县存在地下漏斗且水资源承载力较弱，叶县和襄城县水资源承载力最差，新县坡度较大且土壤剖面性状相对较差，虞城县、唐河县、淮阳县面源污染比较严重；不安全等级主要分布在豫西丘陵区的东部、豫北平原区以及郑州市周边和商丘市、周口市等市区，豫西丘陵区主要受水土流失因素影响，豫北平原区主要受地下漏斗和水资源承载能力差等因素影响；极不安全等级主要分布在豫西丘陵区的西部、太行山山地丘陵区，在濮阳、安阳、郑州、平顶山等市区呈散状分布，主要受地形坡度较大、土壤剖面性状较差、水土流失严重、地下漏斗和水资源承载能力差等因素影响。

12.1.4 农田生态安全主要障碍因素诊断

根据农田生态安全评价结果，全省的农田生态安全状况基本上从南向北表现为由安全到极不安全，这种现象与年平均降水量的分布一致；从西向东表现为由极不安全到较安全，特别是豫西山地和太行山山脉地区表现最为明显，农田生态极不安全这种现象与地形坡度的分布大致相似；桐柏山—大别山山地丘陵区的东南部、黄淮海平原区的中南部和南阳盆地东沿的社旗县等地区农田生态较安全，且土壤剖面性状相对较好，濮阳、安阳、郑州、平顶山等市区农田生态极不安全，且土壤剖面性状较差，农田生态安全与土壤剖面性状分布情况之间存在着较强的相似性；同时豫西山地区的农田生态较豫东平原的农田生态明显不安全，这一现象与水土流失程度的分布也非常相似。因此，可诊断出地形坡度、年平均降水量、土壤剖面性状和水土流失程度 4 个指标对全省 124 个县（市）的农田生态安全影响程度最大，对提升农田生态安全性能的障碍程度也最大，虽然地下漏斗、面源污染、植被覆盖度、水资源承载力指数 4 个指标对农田生态安全也具有一定的障碍作用，但是障碍作用相对较弱，同等投资力度和整治强度下，改善地形坡度、年平均降水量、土壤剖面性状和水土流失程度要比改善地下漏斗、面源污染、植被覆盖度对于提高农田生态安全的效率会更高、效果会更明显，所以本书筛选地形坡度、年平均降水量、土壤剖面性状和水土流失程度为阻碍河南省生态化农田发展的主要障碍因子，并且将其作为河南省生态化农田的重点整治因素。

12.2 基于障碍因素的农田整治分区

12.2.1 障碍因素对农田的影响

地形坡度不仅是造成地质灾害和山地灾害的基本因素，地形坡度的大小也影响着滑坡、崩塌、泥石流和水土流失等发生的概率和强度。地形坡度大于 25°时，自然灾害严重，水土很难保持，农作物正常生长所需营养物质和元素的供需条件严重不平衡，农田生态环境不稳定，不适宜多种动植物的生存。地形坡度小于 25°时，农田生态环境与坡度负相关，地形坡度较大，坡地农田保水、保肥、保土性能差，易旱且灌溉困难；洼地农田一旦排水不及时，易涝、易盐碱化。地形坡度越小，农田生态环境越适宜，土壤动物和微生物活动强度大，农田生物种类多样。

年平均降水量主要是通过地表径流和雨水下渗两个过程来影响农田的生态

环境。河南省总体气候属于半湿润半干旱气候，水浇地和旱地面积占全省耕地面积的91.7%，需水量非常大。保持其他因素不变，适度范围内降水量越大，农田生态环境供水越容易满足，农田水循环越稳定，同时，降水通过地表径流冲刷农田区域的农药、化肥等有害物质残留，减缓农田环境污染。若适度范围内降水量小，雨水下渗微弱，农田缺水严重，土壤雨水涵养不能满足，与此同时农田灌溉来源转为地下水，区域地下水过度开采、水位下降，导致地下水漏斗严重或者形成新的地下水漏斗，不利于农田水环境的稳定。

土壤剖面性状的好坏决定了调节和供应农田土壤系统中水、肥、气、热能力的强弱，土壤剖面性状越好，越有益于农田生态环境的土壤系统水、肥、气、热协调性增强，土壤微生物及动物活动越活跃，越有利于农田环境的土壤生态交流，同时地面作物长势也相对优良。土壤剖面性状越差，农田土壤环境的水、肥、气、热协调性越差，不适宜多种土壤生物交流与物质运输，不利于土壤生物物种的扩散，最终导致土壤生境稳定性下降。

水土流失是农田环境遭受破坏的重要原因之一。在暴雨径流的冲刷作用下，水土流失造成了农田土壤的结构性破坏、土壤肥力降低、土壤硬石化、沙化、农田可耕面积减少、耕地面积不完整，抑制了土壤动物和微生物活跃性，影响作物生长发育和有效供水，加剧了农田区域干旱、洪涝等自然灾害的发生频率与程度，对农田生态安全具有致命的损害。

12.2.2 单项障碍因素整治类型区划分

(1) 地形坡度障碍因素分区

全省地形坡度分布东部平缓，西部陡峭，最大地形坡度达88.6°。地形坡度范围合理是农田作物正常生长的必要条件之一，根据作物需求，农田地形坡度在6°以下，作物长势较好，农田地形坡度在6°～15°时，农田作物长势逐渐变差，农田地形坡度在15°以上，作物长势更差，需要人为采取土地平整、修建水平梯田等技术措施改变农田的耕种坡度，以实现改善农田环境的目的。根据人为改变地形坡度难易程度的大小，划分坡度在15°以上为一级坡度，6°～15°为二级坡度，0°～6°为三级坡度。

一级坡度区主要分布在太行山山脉、伏牛山山脉、桐柏山—大别山山脉沿线，分布面积涉及全省总面积的12.21%，在三门峡市、洛阳市和南阳市等地市覆盖面积比较大。其中坡度在25°以上的土地占该区域面积的38%，不适宜作物生长，坡度在15°～25°的土地占该区域面积的62%，作物生长地形障碍比较大。在该类地区修建水平梯田可以改变农田的耕种地形坡度，增强该区域农田作物的耕种适宜性，同时对于一些对地形坡度要求比较严格的作物品种来说也能增加其种植空间，提高农田作物多样性。

二级坡度区主要是一些缓坡，对农田的种植存在一定的影响，分布在一级坡度区的边缘地区和豫东平原，较为分散，分布面积涉及全省总面积的15.96%，主要集中在豫西地区、豫南的信阳市南部和驻马店西部以及豫北的林州盆地周围。该类地区缓坡地形影响农田的排水和灌溉，洼地雨季易涝、易盐碱，坡地旱季易旱、保水保肥难，易造成农田作物长势不均匀，适当做农田土地平整可有效改善农田此类问题。

三级坡度区主要分布面积涉及全省总面积的71.83%，该类地区地形平缓，适宜农田正常耕种，不需要采取地形坡度整治措施，应尽量减少人类活动对农田的过度干预，保护农田生态环境。

(2) 年平均降水量障碍因素分区

全省年均降水量分布为南部多雨、北部干旱，豫南信阳市周围年均降水量最大，最高地区年均降水量可达1 300毫米，是豫北部分地区年均降水量的2倍之多。大气降水到达农田后主要以三种形式存在，即通过地表径流储存在河道、沟渠等的水，通过地表下渗形成地下水补偿水的这部分水资源，以及被大气蒸发掉的水资源。大气蒸发掉的水资源是难以再利用的，因此，地表径流的河流补给量和地表下渗的地下水补给量是农田灌溉主要可利用水资源。结合全省年平均地表径流量的分布情况、全省多年地下水可利用模数的分布情况以及现存的地下漏斗分布情况，对比全省广泛种植的大田作物（冬小麦、夏玉米）满足75%灌溉保证率的灌溉定额，划分了可充分井灌区、可充分引灌区、充分组合灌区、灌溉不充分区和严禁井灌区5个在年均降水量影响下的类型区。

可充分井灌区从洛阳市北部的新安县、洛阳市、孟津县和偃师市到郑州市西部的巩义市呈东西长条状分布，在南阳市的南召县、方城县和南阳市交界处呈南北长条状分布，覆盖面积非常小，近占全省面积的0.73%。该区可利用地下水资源丰富，仅依靠降水补给的地下水就能够满足大田作物的需水要求，并且不会使地下水位下降，而地表径流补偿的可以用河流用水不够丰富，不能充分满足作物正常所需要的水量，农田作物可主要采用打井灌溉，也可引少量河流用水灌溉农田。

可充分引灌区从信阳市、驻马店市西南部、南阳市的桐柏县和南阳市的北部、南阳市西南部市呈东南—西北走向的带状分布，覆盖面积占全省面积的21.55%。该区可利用河流水资源丰富，仅依靠降水地表径流过程补给的河流流量就能够满足河南省大田广泛种植的小麦和玉米的需水量，并且不会使常年河流水位下降，而依靠降水地表下渗过程补偿的可利用地下水量相对较小，不能充分满足作物正常所需要的水量，作物可主要引河流可利用水来灌溉农田，同时可有条件采用打井灌溉，但要严格限制地下水的开采，防止地下水位下降。

充分组合灌区主要分布在可充分引灌区的两侧和豫中、豫西北部分地区，覆盖面积较大，占全省面积的 26%。该区地下水和河流可利用水资源都不丰富，无论是降水地表径流过程补给的河流流量还是地表下渗过程中补给的地下水，都不能够满足河南省大田广泛种植的小麦和玉米的需水量，而二者之和是可以满足农田作物的需水要求的，因此可以选择合适的井灌和引灌组合方式合理灌溉农田，以保持地下水位和河流水位不下降。

灌溉不充分区主要分布在豫西、豫东和豫北地区，覆盖面积最广，占全省面积的 48.89%。该区地下水和河流可利用水资源都较为匮乏，即使把可利用的地下水和河流用水都用来灌溉农田，仍然不能满足小麦和玉米的需水量，如果继续开采地下水和河流用水必然会导致地下水位和河流水位的下降，造成农田生态环境的恶化。因此可适量种植耐旱作物，同时节水灌溉，缓解农田作物用水压力。

严禁井灌区主要集中在豫北地区的濮阳、安阳、鹤壁、新乡、焦作等地市和豫中的郑州、许昌、漯河等地市，以及豫东的开封市、商丘市等，其中以豫北地区缺水最为严重，覆盖范围占全省面积的 2.83%。该地区地下水极其匮乏，地下漏斗严重，同时年均降水量不能满足种植一年两熟的小麦和玉米的正常需水量，农田作物缺水的同时不能满足河流和地下水共同灌溉，可改变该地区种植作物类型，种植耐旱作物，发展旱作农业，严格限制打井开采地下水，减少因农田缺水而造成的生态环境的继续恶化。

(3) 土壤剖面性状障碍因素分区

全省土壤剖面性状类型复杂多样，整体是山地丘陵区土壤剖面性状比较差，平原区土壤剖面性状较好。根据河南省耕地地力评价中划分的土壤剖面性状类型，划分土壤剖面性状生态化农田整治类型区。划分了中壤底砂型、浅位厚层黏化、深位薄层少量砂姜、深位薄层少量石砾、深位厚层黏化、中黏底砂型、浅位薄层黏化、潴育型、轻壤身型、深位薄层黏化、无明显障碍、黏壤身型、中砂底黏壤型 13 种土壤剖面性状类型和非耕地为无限制区；将浅位石质接触、通体多量石砾 2 种土壤剖面性状类型划为退耕区；划分浅位薄层少量石砾、深位厚层少量石砾、深位厚层少量砂姜、通体少量石砾 4 种土壤剖面性状类型为种植结构调整区；划分浅位厚层多量砂姜、通体多量砂姜、深位石质接触、深位薄层多量砂姜 4 种土壤剖面性状类型为保护性耕作区；划分通体黏、砂身型、淹育型、潜育型、漂洗型、浅位薄层少量砂姜、通体少量砂姜、中砂底黏壤型 8 种土壤剖面性状类型为强干扰耕作区。

强干扰耕作区主要分布在豫东、豫北东部、信阳市北部和南阳盆地东缘的唐河县以及洛阳市北部等黄土丘陵地区，覆盖范围比较大，占全省面积的 15.26%。该区性状为通体黏的农田保水效果较好，透水、透气效果非常差，不利于农作物糖类的合成与积累；砂身型农田透气性、透水性较好，保水、保肥特性非常差；中砂底黏壤型农田中层沙质土壤不利于水肥的保持，下层黏土质地厚重不利于多余水分的排走；淹育型、潜育型、漂洗型农田多分布在信阳市、南阳市的唐河县、桐柏县和南召县等地，主要是农田的雨水排水不及时或供水不及时引起的，配套供排水设施可以有效改善农田土壤性状；性状为浅位薄层少量砂姜、通体少量砂姜的农田含有少量砂姜障碍，影响作物根部生长。

保护性耕作区主要分布在豫西山地丘陵区（尤其是栾川县和登封市）和信阳市的南边，覆盖面积占全省面积的 6.18%。该区农田土层中含有多量砂姜或者土层厚度较薄、石质接触明显，并且以深层石质接触土壤剖面性状的农田分布面积最大，占该区面积的 95.22%，是农田生态提升的较大障碍，但是整治困难大且成本高，应尽量减少强耕作活动对农田的干扰，适量采取休耕、少耕或免耕等方式维持农田现有生态环境水平。

种植结构调整区主要分布在永城市、新密市、南阳市，在漯河市、周口市和安阳市等也有少量分布，覆盖面积仅占全省面积的 1.36%。该区土壤层石砾、砂姜含量相对较少，土壤肥力较差，粮食作物产量低，并且粮食作物对土壤养分的强吸收反过来也会恶化农田的生态状况，因此该区已不适宜种植粮食作物。

退耕区主要分布在豫北太行山、豫南大别山沿线以及伏牛山南部地区，主要集中在南阳市、平顶山市和洛阳市，覆盖面积占全省面积的 18.98%。该区域由于土层薄和砾石含量较多，作物扎根难、土壤保水保肥难以及耕种难，土壤养分难以保证对农作物的供应，不适宜耕种，采取退耕还林还草等措施，可有效保持该区生态环境的稳定。

无限制区范围最广，在豫西、豫东、豫北、豫中、豫南和南阳盆地均有分布，覆盖面积占全省面积的 58.23%。该区包括水域等一些非耕地和土壤剖面性状较好的耕地。其中，耕地适宜农田作物的生长发育，应不限制该区农田生态发展，不需要采取土壤剖面性状因素整治措施。

(4) 水土流失程度障碍因素分区

全省根据受水土流失影响范围划分出水土流失区和无水土流失区。水土流失区主要分布在豫北太行山山地区、豫西黄土丘陵区、豫西山地丘陵区以及桐柏山—大别山丘陵区，其中以豫西黄土丘陵区的水土流失程度最为严重，最高年平均侵蚀模数可达 5 000 吨/千米^2，水土流失区域面积占全省面积的 49.95%。该区受水土流失影响，农田不能正常保水、保肥及保土，严重者可导致农田面积锐减，农田生态严重受损，需要加强水土流失治理，采取相关工程措施，保持水土，恢复农田生态环境。

无水土流失区主要分布在豫东、豫北平原区和南阳盆地区，占全省面积的 50.05%。该区水、土、肥保持良好，不需要采取水土流失整治措施。

12.2.3 河南省农田整治类型区划分

根据地形坡度（S1）、年平均降水量（S2）、土壤剖面性状（S3）和水土流失程度（U2）4 个障碍因素的分区结果，在 ArcGIS10.2 平台上实现 4 个障碍因素的整治区和不整治区栅格叠加，重新划分生态化农田整治类型区。

4 个障碍因素叠加后重新划分了 8 种类型区，但是类型区分布散乱栅格较多，分区边界不明显，需要勾勒类型区轮廓重新分区。经过对障碍因素叠加图进行突出边界整合后，得出 S2 障碍因素整治区、S2—U2 障碍因素整治区、S2—S3 障碍因素整治区、S2—S3—U2 障碍因素整治区、S1—S2—U2 障碍因素整治区、S1—S2—S3—U2 障碍因素整治区 6 个障碍因素整治类型区。

S2 障碍因素整治区分布范围最广，从豫北到豫西途径安阳市、鹤壁市、焦作市、郑州市、洛阳市呈东北—西南带状分布，从豫北到豫东途径濮阳市、新乡市东部、开封市东部、商丘市、周口市东部呈西北—东南带状分布，许昌市、漯河市到驻马店市等也有大面积分布且呈西北—东南走向，南阳盆地南侧分布呈三角之势，该区覆盖总面积为 60 536.83 千米^2，占全省总面积的 36.54%；S2—U2 障碍因素整治区主要沿豫北环太行山山脉，沿三门峡市西侧到灵宝市西侧，沿荥阳市、巩义市、孟津县、宜阳县、洛宁县等县（市），均呈东北—西南走向分布，在从郑州市南部、许昌市西部、平顶山北部、平顶山东部由北向南到信阳市、南阳市、驻马店市、平顶山市 4 个地市的交界处依次分布且范围较大，该区覆盖总面积为 23 250.27 千米^2，占全省总面积的 14.03%；S2—S3 障碍因素整治区主要在濮阳市、安阳市、鹤壁市、新乡市、郑州市、开封市、周口市、商丘市、信阳市等地分布，在信阳市的北部呈东西方向带状分布，横跨固始县、淮滨县、潢川县、息县、罗山县、正阳县，沿郑州市、开封市、周口市呈西北—东南方向分布，从安阳市、鹤壁市、新乡市呈东北—西南方向呈狭长条状分布，在濮阳市和商丘市内散状分布，覆盖面积为22 137.85 千米^2，占全省总面积的13.36%；S2—S3—U2 障碍因素整治区主要分布在新密市、伊川县、新安县、登封市、渑池县、南召县、淅川县东部以及信阳市中部和南阳市中部等地区，在信阳市内呈东西方向带状分布，横跨固始县、商城县、潢川县、息县、光山县、信阳市，该区覆盖总面积为15 900.42 千米^2，占全省总面积的9.6%；S1—S2—U2 障碍因素整治区主要分布在三门峡市、灵宝市、卢氏县、洛宁县和巩义市等县（市），覆盖面积为4 067.18 千米^2，占全省总面积的2.46%；S1—S2—S3—U2 障碍因素整治区主要分布在洛阳市、南阳市、平顶山市、三门峡市交汇处，桐柏县、泌阳县和确山县3个县交界处，沿豫北太行山山脉过济源市到三门峡呈带状分布，沿信阳市南侧呈东西细长条状分布，覆盖总面积为39 771.05 千米^2，占全省总面积的24.01%。

12.2.4 基于障碍因素的农田整治模式

综合河南省农田整治类型区特征和基于地形坡度、年平均降水量、土壤剖面性状和水土流失程度4个障碍因素的整治工程措施，河南省农田的整治可归纳为6种整治模式：

(1) S2 障碍因素整治模式

该区生态化农田只受年平均降水量障碍因素影响，涵盖了可充分井灌区、可充分引灌区、充分组合灌区、灌溉不充分区和严禁井灌区5个灌溉区，涉及80多个县（市），可根据灌溉区分布，分别采取机井基础设施配套与修建工程、河道整修工程、配套渠井联合灌溉设施建设、农田节水灌溉工程、蓄水保墒建设和发展旱作农业等措施。其中区内涉及可充分地下水灌溉农田的区域在南阳市、洛阳市、偃师市、巩义市等辖域内有少量分布，可开展机井基础设施配套与修建工程；在驻马店市辖区内，横穿正阳县、确山县、驻马店市、汝南县、遂平县等地狭长带状区域分布着可充分引灌区，可采取河道整修工程防治地下水超采，保障农田水环境安全；南阳盆地南侧的三角区、驻马店市东部沿线、郑州市东部以及横穿淇县、卫辉市、辉县、焦作市、博爱县、沁阳市等地的狭长带状区域为充分组合灌区，需要采取配套渠井联合灌溉设施的工程措施，以保证农田75%的灌溉保证率；郑州、开封、商丘、周口、许昌安阳、濮阳、鹤壁等大部分区域处于灌溉不充分区，水源匮乏，不能够充分灌溉农田，需要开展节水灌溉工程，配套蓄水池、水窖来储存降水，开拓新的水源、整理废弃河道和修建沟渠和水库，增加作物灌溉保证率和提升农田水源涵养能力；濮阳、安阳、鹤壁、新乡、焦作、郑州、许昌、漯河、商丘等市有25个县（市）内分布有地下漏斗，可发展旱作农业，严禁打井开采地下水，减少农业发展对农田水资源平衡的破坏，引导农田生态系统良性发展。

（2）S2—U2 障碍因素整治模式

该区生态化农田同时受年平均降水量和水土流失程度2种障碍作用，影响涉及县（市）较多，达62个县（市），整治可采取坡面蓄水与排水工程、木本植被种植和机井基础设施配套与修建工程、河道整修工程、配套渠井联合灌溉设施、农田节水灌溉工程、蓄水保墒建设和发展旱作农业等措施。该区整体地形坡度相对较平缓，在促进水土保持、减弱农田生态的恶化方面可采取合理设计蓄水沟和排水沟工程措施，减弱水流对农田的冲刷作用，种植灌木丛和木本植被促进水土的保持，同时对5个不同的农田灌溉区分别采取不同的工程措施，以增强农田水环境循环稳定。其中，长葛市和新郑市交界处一小面积区域存在地下漏斗，处于严禁井灌区，可采取蓄水保墒和发展旱作农业等措施；处于三门峡、洛阳、济源、焦作、郑州、平顶山北部以及安阳西北部等范围内的区域水源匮乏，不能够充分灌溉农田，处于农田灌溉的不充分区，需要建设农田节水灌溉工程，积极推广喷灌、微灌、管道输水、渠道防渗等技术，以提高农田灌溉水源的利用率；处于平顶山市中部和南部、南阳市的中东部和西南部、安阳西部、鹤壁西北部以及新乡中部的一部分区域的地下水和河流可利用水资源都不算丰富，可利用地表水与地下水合理配置与组合才能满足农田的充分灌溉，可采取配套渠井联合灌溉措施；可充分引灌区在驻马店市和方城县及其周围，驻马店市、信阳市和南阳市三市交界处均有分布，要求限制开采地下水，可充分引河水灌溉，可采取河道整修工程措施；南阳市、方城县和南召县三县（市）交界处，地下水资源充沛，处于充分井灌区，需开展机井基础设施配套与修建工程建设，满足农田灌溉需求，维持农田生态安全。

（3）S2—S3 障碍因素整治模式

该区生态化农田同时受年降水量和土壤剖面性状2种因素影响，且受影响面积较大。整治可采取河道整修工程、配套渠井联合灌溉设施建设、农田节水灌溉工程、蓄水保墒建设和发展旱作农业、培肥地力工程、深耕深翻、供排水系统修建工程、“粮改经”和退耕还林还草等措施。其中在信阳中北部区域地表水充沛，农田可充分引灌，可开展河道整修工程；在息县的中部和淮滨的中北部以及中牟县的大部分区域地表水和地下水虽不够充沛，但二者的合理配置与组合能够充分满足农田的灌溉需求，可采取配套渠井联合灌溉设施建设措施；开封市、周口市、商丘市、濮阳市、安阳市、鹤壁市、新乡市等地的大部分区域都处于农田灌溉的不充分区，需要推进农田节水灌溉工程建设，提高农田灌溉水源的利用率；清丰县、濮阳县、滑县西部、延津县北部、尉氏县、开封市西部等区域内分布有地下漏斗，处于严禁井灌区，可采取蓄水保墒和发展旱作农业等措施。同时，该区大部分区域都处于强干扰耕作区，需要增施有机肥，采取培肥地力工程，增加人为干扰以增强农田可耕性，对北方水浇地可采取深耕深翻措施，对南方水土推进供排水系统修建工程建设，促进水肥一体化。

（4）S2—S3—U2 障碍因素整治模式

该区生态化农田同时受年平均降水量、土壤剖面性状和水土流失程度 3 种因素影响，整治可采取机井基础设施配套与修建工程、配套渠井联合灌溉设施建设、农田节水灌溉工程、蓄水保墒建设和发展旱作农业、培肥地力工程、深耕深翻、供排水系统修建工程、免耕、少耕、休耕、“粮改经”、退耕还林还草、修建梯田以及蓄水沟等措施。在整治水土流失方面，需采取修建梯田以及蓄水沟、排水沟措施，并且同时适量种植灌木丛和木本植被，保持水土，减少雨水对土体的侵蚀。在土壤剖面性状方面，类型较多且分布复杂，淅川县的南部、南召县的南部、内乡县的中部、西峡县的中南部以及贯穿信阳市中南部的狭长带分布有土壤剖面性状障碍因素的退耕区，可采取退耕还林还草措施，大量种植木本植被和草地林地，以改善生态环境；强干扰耕作区主要分布在信阳市的中部、义马市、渑池县的中南部、新安县的南部、伊川县和宜阳县的东南部等区域，信阳区域多水田，可开展供排水系统修建工程，改善水田生态环境，洛阳、三门峡区域多水浇地和旱地，需采取深耕深翻措施，提升农田可耕性，同时开展培肥地力工程，增施有机肥增加耕地肥力；保护性耕作区主要分布在登封市内和信阳市区中部，可适当选择免耕、少耕或休耕等措施，缓慢恢复农田生态性；种植结构调整区主要分布在新密市中部，可改种芝麻、甘薯等经济作物代替原有粮食作物。在年平均降水量障碍因素方面，主要考虑农田的灌溉方式，可充分井灌区分布在新安县的南部，可开展机井基础设施配套与修建工程，维持友好型农田生态环境；信阳市、南召县的南部、西峡县的中南部等区域处于可充分引灌区，农田可充分引用河流用水灌溉，需要开展河道整修工程；新密市西部、登封市中部、内乡县中部、淅川县南部等区域处于可充分组合灌溉区，合理配置与组合井灌和引灌，能够充分满足农田的灌溉需求，可采取配套渠井联合灌溉设施的工程措施；伊川县、宜阳县北部、嵩县的东北部、义马市、渑池县的南部、新密市东部等区域处于灌溉不充分区，需要采取农田节水灌溉工程，推广喷灌、微灌、管道输水、渠道防渗等节水技术，提高农田灌溉水源的利用率。

(5) S1—S2—U2 障碍因素整治模式

该区同时受地形坡度、年平均降水量和水土流失程度 3 种障碍作用，地形坡度普遍较大，水土流失较严重、农田环境比较缺水，整治可修建水平梯田同时适当平整土地，建设节水灌溉工程、水土流失防治工程。对于坡地修建梯田，挖排水沟、蓄水沟，并种植灌木林和木本植被；对于田间的小坡和洼地可做土地平整项目，减少坡地旱、洼地涝的危害；推进节水灌溉工程，应用喷灌、微灌、管道输水和渠道防渗等工程节水技术，促进农田的节水灌溉，提高水资源利用率，增加作物灌溉保证率和提高水源涵养能力。既要在打井开采地下水时严格按照选址要求和严格控制开采量，也要严格控制河流引灌时的灌溉用水量，总之，农田供水量是有限的，在保证地下水和地表水安全的同时，可创新农田灌溉方式，适当种植耐旱作物，推广应用节水灌溉工程，实现节水减排和水源涵养，提高农田水资源的利用率和增加灌溉所需的水量，例如配套蓄水池、水窖来储存降水。

(6) S1—S2—S3—U2 障碍因素整治模式

该区域同时受地形坡度、年平均降水量、土壤剖面性状和水土流失程度 4 种障碍作用，整治时可采取修建水平梯田、土地平整、机井基础设施配套与修建工程、配套渠井联合灌溉设施建设、农田节水灌溉工程、培肥地力工程、深耕深翻、供排水系统修建工程、免耕、少耕、休耕、退耕还林还草、种植灌木丛和木本植被措施。全区需要修建梯田、适当平整土地，改善农田作业条件，开展坡地排水沟、坡地蓄水沟建设工程，种植木本植物和灌木林，以减弱风力、减缓水流，减少风蚀和土壤的流失，防治水土流失。该区土壤剖面性状较为复杂，涉及 3 个类型区，其中，强干扰耕作区分布较少，主要在三门峡市区的东部、洛宁县的北部、嵩县的中北部和禹州市西部等区域零散分布，需要增施有机肥，建设培肥地力工程，增加人为干扰以增强农田可耕性，对北方水浇地可增加深耕深翻措施、对南方水土修建供排水系统，促进水肥一体化；保护性耕作区主要在栾川县、新县等区域分布，可适当选择免耕、少耕或休耕等措施，缓慢恢复农田生态性；该区的其他区域基本都处于退耕区，可采取退耕还林还草措施，大量种植木本植被和草地林地，以改善生态环境。在年平均降水量障碍因素的区域差异化的影响下，该区涉及 3 个灌溉区，可充分引灌区主要分布在淅川县、内乡县、方城县、南召县、西峡县等各县的北部，信阳市的南侧以及桐柏县、泌阳县、确山县 3 县交界处，农田可充分引灌，可开展河道整修工程；栾川县的南部、嵩县的中部、淅川县的中部、鲁山县的南部和西部、辉县市的北部和林州市的南部等区域处于充分组合灌溉区，地表水和地下水虽不够充沛，但二者的合理配置与组合能够充分满足农田的灌溉需求，可建设配套渠井联合灌溉设施；该区的其他区域基本都处于灌溉不充分区，需要建设农田节水灌溉工程，提高农田灌溉水源的利用率。

12.3 针对不同障碍因素的农田整治措施

12.3.1 地形坡度障碍因素整治措施

地形坡度是河南省生态化农田最大的障碍因素，影响范围最广，平均障碍作用最大，在地形坡度障碍因素整治过程中，相关整治工程措施有：土地平整工程和修建梯田工程。

在一级坡度区，地形坡度过大，水、土、肥流失严重，土壤结构被破坏，农田生态恶化，可开展梯田修建工程，减缓坡地水、土、肥的流失，增强土壤结构性，提高农田可耕性和生态功能。在修建水平梯田时，地形坡度小的区域，梯田田面的宽度可修大一些，地形坡度大的区域，梯田田面的宽度可修建小一些，修建田坎时还应保证田坎的坚固性、稳定性以及尽量减少田坎占地。同时，相邻梯田之间增设台阶和通道，增加农田动物在各梯田之间的通过率，保证农田生态交流，上下梯田适当连接排水管道，提高灌溉水资源的重复利用率，同时避免水平梯田在雨季出现作物被淹的现象。

在二级坡度区，地形坡度较小，不但影响农户的耕作条件，影响大型机械的参与程度，进而降低农户的耕作效率，而且影响农田的灌溉与排水，影响农田水环境区域均衡性，造成坡地易旱、洼地易涝，影响农田生态安全。在生态化农田整治中可根据需要做农田土地平整工作，平缓坡地、填平洼地，合理设计平整方式及田坎高程，尽量使挖填土方量最小、挖填平衡，同时使平整后的田块满足机械作业、灌排、农作物耕种的要求，以改善农田耕作条件，使农田灌溉和排水顺畅，同时也能增强农田多种生物的生态交流。

12.3.2 年平均降水量障碍因素整治措施

年平均降水量在豫西、豫东、豫北和豫中等地区对生态化农田影响范围比较大，主要是通过农田灌溉方式和灌溉程度来影响农田作物的生存。全省大部分地区地表缺水，地下水位较低，特别是豫北地区有多处地下漏斗，农田水环境循环受阻，农田生态环境恶化。在年平均降水量障碍因素整治过程中，相关整治措施有：机井基础设施配套与修建工程、河道整修工程、配套渠井联合灌溉设施建设、农田节水灌溉工程、蓄水保墒和发展旱作农业。

在可充分井灌区，地下水充沛，河道可利用水流量相对较小，农田作物可以全部选择机井灌溉的方式，也可以选择大部分采用地下水井灌，一少部分采取河道的可利用水流量灌溉的方式。总而言之，可利用地下水机井灌溉是该区作物的主要灌溉方式，机井基础设施的修建和提升是该区农田作物种植生态环境友好的前提条件之一。大力开展机井基础设施配套与修建工程，不仅能够提升农田作物质量，而且还可以防止由于过度引流河道用水迫使河道常年水位急剧下降甚至枯竭等现象的发生。

在可充分引灌区，可利用地下水相对较少，而地表径流量补给的河道可利用水流量则较为丰富，该区农田作物的灌溉来源主要为河道的可利用水，加强河道整修力度，整理废弃河道，调控塘堰与沟道的蓄水，同时适地修建沟渠和水库，疏通河道，不仅能够减少地表径流流失量，而且还可以增加作物灌溉保证率和提高水源涵养能力，促进农田水环境的长期稳定。

在充分组合灌区，只有联合利用地表水与地下水，才能既满足农田的需水要求，又维持农田区域的地下水和地表水生态安全。该区农田的生态整治可采取配套渠井联合灌溉设施建设措施，合理选择机井位置和河道引灌点等，既不能过量开采地下水，又不能过度引用河流用水，保证常年地下水水位和常年河流水位不下降。

在灌溉不充分区，农田缺水较为严重，作物的灌溉量为可利用地下水和河流可利用水量之和，并且仍然不能满足农田 75％灌溉保证率。该区降水量相对较少，通过降水补给的地下水和地表水也都较为缺乏，特别是一些地区紧邻地下水漏斗区，地下水资源更为紧张，打井开采地下水时，要严格按照选址要求和严格控制开采量，同时河流引灌也要严格控制灌溉用水量。总之，在保证地下水和地表水安全的同时，可创新农田灌溉方式，适当种植耐旱作物，推广应用节水灌溉，实现节水减排和水源涵养，提高农田水资源的利用率。可配套蓄水池、水窖来储存降水，开拓新的水源。在推广节水灌溉时还需要注意大力发展工程节水技术，例如喷灌、微灌、管道输水、渠道防渗等，同时还要注重提高灌溉水源利用率、节约输配水和田间灌水、改良作物的灌溉制度、相关农艺管理等一系列节水问题，土壤水库的利用、雨水资源利用、采用稻田拦蓄水流等技术措施都可以提高水资源的利用率。

在严禁井灌区，也是地下水漏斗区，由于地下水被采空，降水量匮乏，农田水资源难以满足农田作物的灌溉需求，在生态化农田整治时可发展旱作农业，严禁开采地下水，减少农业发展对农田水资源平衡的破坏，引导农田生态系统良性发展。

12.3.3 土壤剖面性状障碍因素整治措施

农田生态安全受土壤剖面性状的障碍作用较大，提高土壤剖面性状，可减少土壤因素对农田生态安全的负向影响。在土壤剖面性状障碍因素整治过程中，相关措施有：培肥地力、深耕深翻、修建供排水系统、免耕、少耕、休耕、“粮改经”和退耕还林还草。

在强干扰耕作区，土壤障碍较少，土壤质地和含水状况较差，可对土壤剖面性状为通体黏、砂身型、中砂底黏壤型、浅位薄层少量砂姜、通体少量砂姜的农田在土地平整中增强深耕深翻，改善土壤质地，同时，加大农田耕作力度，培肥地力、增施有机肥料等措施可以改善土壤团聚体结构和土壤胶体的黏附性，增强土壤透气透水性或保水保肥能力，提高土壤肥力，并且还可以削弱部分石砾、砂姜对农作物根系的障碍作用，改善农田作物长势；对于淹育型、潜育型、漂洗型土壤剖面性状的农田，可修建水田供排水系统，同时加入可溶性有机肥，促进水肥一体化，保证水田供水与排水的及时性，改善水田性状。另外，该区农田施用适量有机肥，不仅能够在一定程度上提高农作物和微生物的生理活性，影响微生物组成、丰富度，同时还可以减少残留在土壤中的农药、对土壤具有毒害作用的重金属，改善土壤生态环境。

在保护性耕作区，土壤障碍层石砾、砂姜较多，土壤性状改良困难且见效非常慢，可按照不同程度采取免耕、少耕、休耕的措施，较少人为干扰，缓慢恢复地力，对作物秸秆和残茬重复利用以覆盖地表，也可减弱农田土壤的风蚀、水蚀破坏程度，增强土壤肥力，提高农田抗旱的能力，有效保护农田生态环境，促进经济、社会、生态三者效益的协调发展。

在种植结构调整区，土壤障碍层含有少量的石砾、砂姜，土壤肥力相对较差，是粮食作物产量低的主要原因，可采取“粮改经”的种植结构调整措施，以增强农田生态安全性，例如农田粮食作物改种芝麻、甘薯等。

在退耕区，土壤性状较差、生态环境已不适宜种植作物，而种植林木和草木能够有效改善该区生态环境，因此有必要采取退耕还林还草措施，以实现修复生态环境、加强生态环境安全等目标。

12.3.4 水土流失程度障碍因素整治措施

水土流失对河南省生态化农田影响范围非常广、作用强，而且易反复，水土流失面积大，治理周期长。在土壤剖面性状障碍因素整治过程中，可采取修建梯田、坡面蓄水、坡面排水、木本植被种植等措施。

在水土流失区，由于受强暴雨的冲刷作用，土壤侵蚀非常严重。在水土流失防治过程中，首先对坡地改建梯田，节水固沙，田坎附近及缓坡可多种植灌木丛和木本植被，以减弱风力、减缓水流，减少风蚀和土壤的流失。同时建设坡面蓄水工程和坡面排水工程，对坡面还要适量增加平行等高线方向的蓄水沟和沿等高线方向的排水沟，以减弱坡面径流速度和流量，能够在一定程度上有效防治水土流失，维持农田生态平衡。

12.3.5　地下漏斗障碍因素整治措施

河南省地下水超采面积超过了26%，任其发展将形成地下漏斗。据调查，超采区总面积44 393千米^2，其中：浅层地下水超采区面积14 195千米^2，深层承压水超采区面积27 996千米^2，岩溶水超采区面积5 471千米^2；浅层地下水超采区与深层承压水超采区重叠面积3 269千米^2。浅层地下水超采区主要分布在豫北平原及豫东平原，分别为：安鹤濮浅层水超采区、温孟浅层水超采区、新乡县浅层水超采区、郑州与开封市浅层水超采区。深层承压水超采区主要分布在郑州、开封、商丘、许昌、漯河、周口、永城等城区及周边区。这类地区农业灌溉保证率大大降低，对这类地区农田进行整治，主要应推进节水灌溉，包括喷灌、微灌、低压管道灌溉等。

12.3.6　面源污染障碍因素整治措施

河南省农田面源污染整治首先是源头整治。将畜禽粪便用作有机肥是保证农业养分循环的重要途径之一，但是，过度施用有机肥将导致土壤氮磷养分过量积累，农田面源污染风险增加，为此，区域内应保证种植业和养殖业均衡发展。水源保护区和重要水源敏感区，禁止发展集约化农业，在不影响水源保护的前提下，可适度发展有机农业，兼顾当地经济发展和水环境保护。推广科学施肥技术，通过合理减少农田养分投入，提高氮磷养分利用率，从而减少农田面源污染，主要措施包括：平衡施肥、适时施肥、多种施肥方式相结合、大力推广缓控肥料。推行农药减量增效使用技术，提高农药施用效率。针对旱地尤其是坡耕地，可以采用保护性耕作的土壤养分流失控制技术，如免耕技术、覆盖技术、等高耕作技术等，减少地表产流次数和径流量，降低氮磷养分流失。

其次是通过工程措施阻断农田面源污染过程。农田地表径流是氮磷养分损失的重要途径之一，也是残留农药等向水体迁移的重要途径。水田的田埂一般只有 20 厘米左右，遇到较强的降水时，很容易产生地表径流。将现有田埂加高 10～15 厘米，就可有效防止 30～50 毫米降水时产生地表径流，在田埂的两侧可栽种植物，形成隔离带，在发生地表径流时可有效阻截氮磷养分损失和控制残留农药向水体迁移。旱地建立生态拦截带，将旱地的沟渠集成生态型沟渠，同时在旱地的周边建一生态隔离带，由地表径流携带而来的泥沙、氮磷养分、农药等通过生态隔离带被阻截，将大部分泥沙，部分可溶性氮磷养分、农药等留在生态拦截带内，拦截带种植的植物可吸收径流中的氮磷养分，达到控制地表径流，减少地表径流携带的氮磷等向水体迁移。

12.4 农田整治技术研究

12.4.1 土地平整工程技术研究

土地平整是土地整理工程中的一项重要内容，土地平整的精度不但影响整理后的土地质量，而且关系到投资大小与效益问题。土地平整的中心任务是平整土地，使土地更适合种植或其他用途的需要。在进行土地平整工程设计时，应在满足灌排要求的基础上，合理调配土方，尽量做到挖填平衡；同时，土地平整要与水土保持、土壤改良措施相结合。

(1) 土地平整工程规划

①土地平整工程规划原则。a. 因地制宜。首先，土地平整工程规划受到项目区地形、地貌、土壤等自然因素的制约，不同地区自然特性与土地利用条件不同，规划的重点也不一样；其次，不同地区社会经济条件不同，土地平整工程规划也呈现不同的特点；最后，不同地区的农业耕种习惯与农业基础设施不同，也会影响到土地平整工程规划的内容。因此，土地平整工程规划不可拘泥于固定形式，应该结合项目区实际条件，因地制宜地进行。b. 综合考虑。作为土地整理项目规划的一部分，土地平整工程必须与道路工程、灌排工程、农田防护工程等规划相衔接，进行综合考虑，统筹规划，为其他工程的顺利实施创造良好条件，确保规划的科学可行。c. 远近结合。自然条件与社会经济状况是不断变化发展的，在进行土地平整工程规划时，应该树立动态观念，既要满足当前需要，又要与未来的发展趋势相衔接，实现可持续发展。d. 效益最佳。从经济层面上讲，土地平整工程规划应该合理设计田面高程，尽量减少挖填土方量。合理确定田块长宽与形状，尽量减少不必要的机械消耗与磨损。应合理布置田块方向，提高作物的光能利用率，加速作物物质积累等。从生态层面上讲，土地平整与田块的布置应该有利于防治风害、保持水土、防涝排渍

等，改善农田生产环境。从社会层面上讲，土地平整规划应该有利于土地的集约利用与农民增收，促进社会稳定。因此，土地平整规划应从经济效益、生态效益、社会效益三个角度考虑，确保规划的经济有效性、生态合理性与社会可接受性。e. 权属完整。规划过程中对田块的分割合并必然涉及诸多利益主体的相互关系，规划过程中如果忽略权属问题，会造成权属混乱或权属纠纷，导致农民集体与个人的利益受损，规划就不可能得到顺利实施，甚至影响社会稳定。因此，土地平整工程规划过程中应该尽量保持权属界线的完整，使同一户农民承包的土地尽量集中在同一田块上，方便田间管理与作业。

②土地平整工程规划的内容。a. 耕作田块的方向。耕作田块方向，一般指田块的长边方向。田块方向应利于作物采光、机械化作业、水土保持、降低地下水位、防风和运输，一般以南北向为宜。b. 耕作田块的大小。田块大小直接影响农田生产效率，制约着农田能量和物质循环。从生态的角度看，大型斑块比小型斑块内有更多的物种，更有能力维持和保护基因的多样性。小型斑块占地少，可分布在农田景观中，提高景观多样性，起到临时栖息地的作用。对于农田生态系统而言，过于分散的田块导致农田生产效率降低。农田田块的长度主要考虑机械作业效率、灌溉效率、地形坡度等，一般平原区为400～800米；田块宽度取决于机械作业宽度的倍数、末级沟渠间距、农田防护林间距等，一般平原区为200～400米。c. 耕作田块的形状。耕作田块形状直接影响机械作业的效率及田间生产管理。从环境美学角度考虑，耕作田块的形状影响规划后项目区的田间生态环境。为了给机械作业和田间管理创造良好条件，田块的形状应力求规整，还应结合现有沟、渠、路、林及其他自然界线，不能机械划分。农田斑块形状以长方形、方形为佳，其次是直角梯形、平行四边形，最劣为不规则三角形和任意多边形。d. 田块高程。田块高程设计的合理与否直接影响着田间平整工程量的大小以及灌排渠沟的布局，其设计应该本着节约成本、有利灌排的原则。不同地区，田块平整高程的设计应该因地制宜。如地形起伏较小、土层深厚的旱涝保收田的田面设计高程应重点依据填挖土方量的要求来确定；地形起伏大、土层浅薄的坡耕地田面高程设计在考虑平整工程量的同时，应根据地形特点，尽量满足灌排设施布置的要求；地势较低的低洼地，田面设计高程还应考虑水位要求，平整后的高程应高于常年涝水位0.2米以上；地下水位较高的农田，田面设计高程应高于常年地下水位0.8米以上。

（2）基于GIS的土地平整工程设计

农田平整工程设计，不仅难度大、耗时多，且精度不高，而借助GIS的数字地面模型、空间插值、空间叠加等分析技术，不但可以提高运算效率和精度，而且可用GIS技术进行3D可视化处理，清楚、直观地了解整理区的概况，便于从整体角度进行布局。

①基于GIS的农田田块辅助设计。农田整理中，合理地设计田块不但可以减少土方量，而且有利于提升灌溉均匀程度、使灌排水畅通。利用GIS的DTM分析和水文分析可辅助设计农田田块。

首先根据项目区的等高线和高程点，运用ArcGIS的3D分析模块生成项目区的DEM。其次根据不同高程生成高程分级图，参考项目区的土地利用现状道路和沟渠，划分农田田块，尽量避免同一田块跨越不同的高程级别。然后在DEM的基础上，利用ArcGIS的水文分析模块，对项目区进行水分析，划分与田块大小相当的小流域区，每一小流域区都有相同的水方向，以此为参考，确定每个田块的灌排水方面和种植方向。

②基于GIS在田面高程设计。合理的田面高程设计可以减少土方量，有利于田块排水系统的设计。利用GIS的DTM分析、分区统计等功能可以快速设计出田块的高程。

首先利用项目区等高线和高程点生成项目区的DEM模型。其次根据田块设计的成果得到田块设计矢量地图。然后利用ArcGIS的分区统计法，统计出每一田块的平均高程。最后根据排水系统要求对个别地块的高程进行调整，得到每一田块的设计高程。这种方法设计的高程可以保证每块田内的挖填方是平衡的。

③GIS技术在土方工程量计算及调配中的运用。一般大面积土石方工程量的计算主要有两种方法，一种是横断面法，也称截面法，另一种是方格网法。土方工程量的调配实际是运输上的问题，在这里主要探讨GIS在方格网法中的运用。土方工程量计算及调配，主要是运用GIS中属性数据库的功能模块及规划模型。其步骤为：

第一，对各网点和格网进行编号，并利用规则格网DEM自动获取各网点的相对地面标高，建立土方工程量计算数据库，并在项目区各农田田面设计标高确定的基础上，通过属性数据库管理计算项目区各田面施工高度；

第二，在土地整理现状图上，根据田面原有高程和田面设计高程，确定项目区格网内各田块的零点（既不挖也不填）及零线（指各相邻边线上的零点间连线，即项目区内各田块挖方和填方的分界线），通过GIS中属性数据的计算功能，输入相应公式进行统计计算，得出各格网挖（填）方工程量；

第三，根据各田块挖（填）方工程量情况，运用规划模型对调配方案进行优化。

12.4.2　农田灌排系统布设研究

(1) 灌排系统的组成

灌排系统主要包括取水枢纽、输水配水系统、田间调节系统和排水泄水系统等几个部分。

①取水枢纽。取水枢纽是根据田间作物生长的需要，将水引入渠（管）道的工程设施，如具有调节能力的闸坝与抽水站等。丘陵山区的主要取水枢纽一般为塘堰工程，平原低洼地区一般是提灌站。

②输水配水系统。输水配水系统是从水源地把水按计划输送分配到各个田块的各级渠（管）道系统，这类渠（管）道是常年存在的，称为固定渠道。按照等级不同，输配水的灌溉渠道可分为干渠、支渠、斗渠、农渠 4 类，输配水的管道系统可分为干管、支管、毛管等几级。各级渠道上一般还筑有调节、控制水流的建筑物如水闸、跌水、倒虹吸、涵洞、渡槽等来完成输水和配水任务，而管道系统则是通过阀门、水表、三通等来完成输水和配水任务。

③田间调节系统。田间调节工程又称为田间工程，包括毛渠、毛沟、输水垄沟、灌水沟等田间临时灌溉渠道，其主要任务是将来自末级灌溉渠（管）道的灌溉用水输送至田间，以满足作物需要的用水，保证作物的正常生长。田间多余的水量也要通过田间调节系统排除，保证作物免受渍害。田间调节系统一般依据农业生产和机械作业的需要随时填挖。

④排水泄水系统。排水泄水系统是由将田间积水排至容泄区的排水沟道以及相应排水工程建筑物所组成的系统，其主要功能有排除田间多余渍水与降低地下水位等。排水泄水系统一般由排水区内的排水沟系和蓄水设施（如湖泊、河沟、坑塘等）、排水区外的承泄区以及排水枢纽（如排水闸、抽排站等）几大部分所组成。排水沟系和灌溉沟系相似，按照等级不同可以将排水系统分为干沟、支沟、斗沟、农沟和毛沟。

(2) 平原区灌排系统设计方法

豫东平原区多采用地下水作为灌溉水源，田间灌排系统一般采用“农渠＋农沟”和“低压管道＋农沟”的方式，从节地节水的角度考虑，目前土地整理中提倡采用“低压管道＋农沟”的灌排系统。

①低压管道输水工程规划。井灌区的管网宜以单井控制灌溉面积作为一个完整系统，渠灌区应根据作物布局、地形条件、地块形状等分区布置，尽量将

压力接近的地块划分在同一分区。规划时首先确定给水栓的位置，给水栓的位置应当考虑到灌水均匀，若不采用连接软管灌溉，向一侧灌溉时，给水栓纵向间距可在40米与50米之间，横向间距一般按80～100米布置。在已确定给水栓位置的前提下，力求管道总长度最短。管线尽量平顺，减少起伏和折点。最末一级固定管道的走向应与作物种植方向一致，移动软管或田间垄沟垂直于作物种植行。管网布置要尽量平行于沟、渠、路、林带，顺田间道路和地边布置，以便于耕作和管理。尽量利用地形落差实施重力输水，同时各级管道尽可能采用双向供水。

灌溉管道系统中的输配水管道，一般是指支管（或毛管）以上的管网。在布置时既要考虑路径因素，又要考虑管网内压力的分布，以使支管（毛管）的出口压力一致，从而达到整个灌区灌水均匀的目的。当在支管进口安装压力调节器调节系统上的压力分布时。管道布置就可少受管内压力分布因素的影响。

对于由机井供水的低压管道输水灌溉系统，其管网布置有以下几种常见形式（图12-1）：a. 工字形布置。机井位于地块中间，设干、支两级固定管道。每隔40～50米设一给水栓，接软管两侧供水。b. 土字形布置。机井位于地块短边一侧的中部，可采用两级固定管道布置成土字形或王字形。c. 梳子形布置。机井位于狭长地块长边一侧的中部，由干、支两级固定管道组成。d. 一字形布置。地块窄长，机井位于地块中间或短边一侧的中部，只要在地块中间沿窄长方向布置一级固定管道即可。

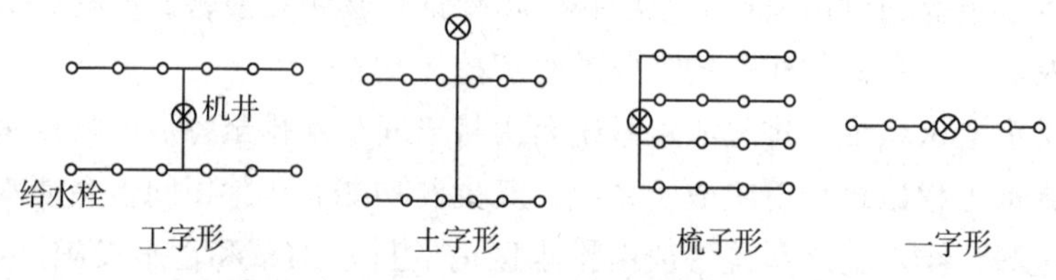

图12-1　低压管道输水系统管网布置

②输水与排水布设。本次研究的区域为平原区，在此仅讨论平原区田间输水管和排水沟的布置。在平原地区依据沟渠的作用和相对位置可分为如下两种布置形式：

灌排相邻布置（图12-2）。是指灌溉管道和排水相邻布置。这种布置形式适用于有单一坡向的地形和排水方向一致的地区。

灌排相间布置（图12-3）。灌溉相间布置就是灌道向两侧灌水，排水沟承泄两侧排水。这种布置形式是把灌渠设在高处，排水沟设在低处，这种方式主要适用于地形平坦或者有一定起伏的地区。

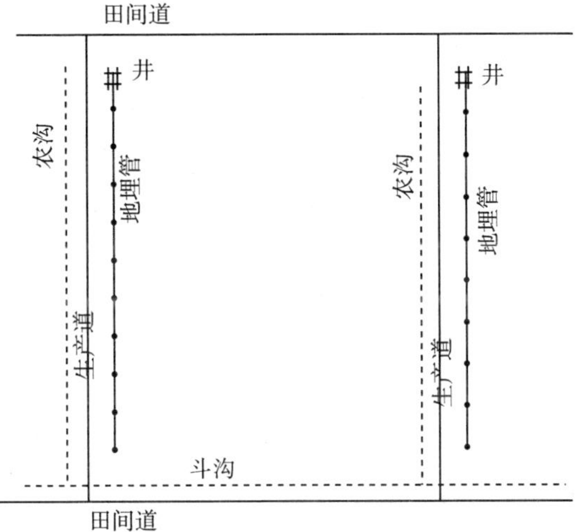

图 12-2　灌排相邻布置

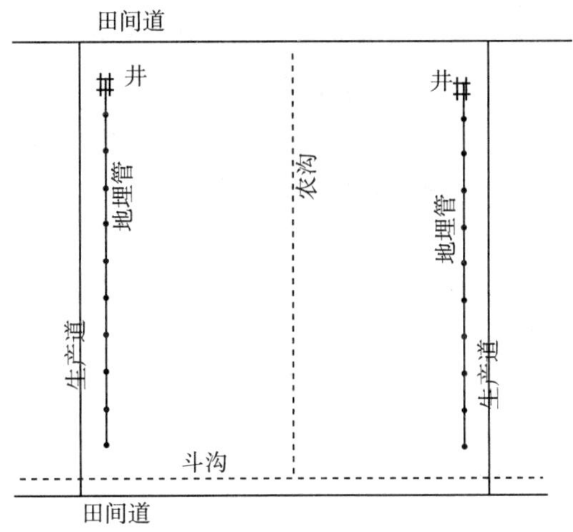

图 12-3　灌排相间布置

③井位的布置。机井工程规划的主要内容包括井数的确定、井的平面布置、井距、井位的确定等。

当浅层地下水多年平均补给量大于多年平均灌溉需水量，且以单井出水量控制灌溉面积布置的井距（L）大于井群抽水时单井的两倍影响半径 R（抽水时形成的降落漏斗边缘到井中心的距离）时，即 $L>2R$ 时，按单井控制面积来进行布井。单井控制面积按以下公式计算：

$$F=\frac{QTt\eta(1-\eta_1)}{m} \tag{12-7}$$

式（12－7）中：F——单井控制灌溉面积，公顷；

Q——单井出水量，米^3/小时；

T——灌溉周期，天，一般为7～10天；

t——每日抽水时间，小时，一般为16～20小时；

η——渠系水利用系数，一般为0.6～0.8；

η_1——干扰抽水的水量削减系数；

m——灌水定额，米^3/公顷。

对于方形布置，井间距L用式（12－8）计算：

$$L=100\sqrt{F} \tag{12-8}$$

根据各含水层地下水允许开采的模数ε和每个井的出水量Q，可按式（12－9）计算单位面积上的井数：

$$N=\varepsilon/QTt \tag{12-9}$$

式（12－9）中：N——某含水层每平方千米的井数；

ε——开采模数，米^3/（千米^2·年）；

Q——单井平均出水量，米^3/小时；

t、T——单井每日工作时数与每年工作天数，小时、天。

进行井群平面布置时，在确定井数与井距后，考虑地形与地下水流向以及灌溉方式等因素，并与沟、渠、田、路、林相配合，尽量按直线排列成行，做到灌排顺当，并使实际井距在计算井距与二倍影响半径之间，以便充分发挥井灌、井排效益，节约基建与运行管理费用。水力坡度较大的地区，应沿等水位线交错布井。水力坡度较小的地区，应采用方形网格布井。地面坡度大或起伏不平的地区，井应布置于高处，以便输水和控制最大的灌溉面积。地面坡度平缓地区，井应布置在其控制区中央。沿河地带，井应与河流平行布置。此外，还要充分考虑井位与输变电线路、道路、井带、排灌渠道等的合理结合。

（3）基于GIS的排水流向设计

本研究的输水系统是低压管道输水，对地形的适应性相对较强，而排水系统是水面沟排，必须按照由高到低的排水方向，方能起到排水的作用。本研究采用GIS的水文分析方法研究排水流向。

首先根据每个田块的设计高程，在田块的中心点处生成一个高程点。其次由这些高程点生成项目区的DEM。然后利用水文分析模块，分析田块平整后项目区的水流方向，以此为参考，设计项目区排水沟的排水流向。

12.4.3 田间道和生产路布局研究

田间道路系统规划是根据道路特点与田间作业需要对各级道路布置形式进

行的规划。搞好道路规划，有助于合理组织田间劳作，提高劳动生产率。根据田间道路服务面积与功能不同，可以将其划分为干道、支道、田间道和生产路四种。

（1）田间道路工程规划原则

首先，田间道路规划应因地制宜，讲求实效。由于道路工程规划受到地形地势、地质、水文等自然条件与土地用途、耕作方式等社会经济条件的影响，不同地区道路系统的规划就须根据当地的自然、社会和经济条件来确定其内容和重点。其次，田间道路规划应有利生产，节约成本。道路工程的规划应该尽力使居民点、生产经营中心与各轮作区、轮作田区或田块之间保持便捷的交通联系，要求线路尽可能笔直且保持往返路程最短，确保人力、畜力或者农机具能够方便地到达每一个耕作田块，促进田间生产作业效率的提高。同时，道路系统的配置应该尽可能地节约建设与占地成本，在确定合理道路面积与密度的情况下尽量少占耕地，尽量避免或者减少道路跨越沟渠等，以最大限度地减少桥涵闸等交叉工程的投资。然后，田间道路规划应综合兼顾。在进行道路规划时，要结合当地的地貌特征、人文特征，使项目区内的各级道路构成一个层次分明、功能有别、运行高效的系统，以减少迂回运输、对流运输、过远运输等不合理运输。农村道路是为农业生产服务的，要从项目区农业大系统的高度来进行规划，田间道、生产路要服从田块规划，与渠道、排水沟、防护林结合布局，不能为了片面追求道路的短与直，而破坏田块的规整。最后，田间道路规划应长远。由于道路系统是与人们生产生活息息相关的重要设施，随着社会经济的发展，人们对道路的功能要求越来越高，等级档次也呈不断提升态势，因此，道路系统的规划应该留有余地，为今后的发展留有空间。

（2）田间道和生产路布设方法

田间道和生产路同农业生产作业过程直接联系，一般在农地整理的田块规划后进行布设。田间道和生产路规划应根据有利于灌排、机耕、运输和田间管理，少占耕地，交叉建筑物少，沟渠边坡稳定等原则来确定。其最大纵坡宜取6%～8%，最小纵坡在多雨区取0.4%～0.5%，一般取0.3%～0.4%。

①田间道。田间道是居民点通往田间作业的主要道路。除用于运输外，还起田间作业供应线的作用，应能通行农业机械，一般设置路宽为3～4米，田间道又可分为主要田间道和横向田间道。

主要田间道是农村居民点到各耕作田区的道路。它服务于一个或几个耕作田区，如有可能应尽量结合干、支道布置，在其旁设偏道或直接利用干、支道；如需另行配置时，应尽量设计成直线，并考虑使其能为大多数田区服务。

当同其他田间道相交时，应采用正交，以方便畜力车转弯。

横向田间道亦可称为下地拖拉机道，供拖拉机等农机直接下地作业使用，一般应沿田块的短边布设。在旱作地区，横向田间道也可布设在作业区的中间，沿田块的长边布设，使拖拉机两边均可进入工作小区以减少空行。在有渠系的地区，要结合渠系布置。

②生产路。生产路的规划应根据生产与田间管理工作的实际需要确定。生产路一般设在田块的长边，其主要作用是为下地生产与田间管理工作服务。

在进行旱地生产路规划时，要考虑到平原区旱地田块宽度一般为400～600米。在这种情况下，每个田块可设一条生产路。如果田块宽度较小，为200～300米，可考虑每两个田块设一条生产路，以节约用地。

在进行灌溉区生产路规划时，可采用生产路设置在农沟的外侧与田块直接相连的方案。在这种情况下，对于农民下地生产与田间管理和运输都很便利。一般适用于生长季节较长、田间管理工作较多，尤其以种植经济作物为主的地区。此外也可采用生产路设置在农渠与农沟之间的方案。这样可以节省土地，因为农沟与农渠之间有一定距离。田块与农沟直接相连有利于排除地下水与地表径流，同时可以实现两面管理，各管理田块的一半，缩短了运输活动距离。一般适用于生产季节短、一年只有一季作物且以经营谷类为主的地区。

(3) 基于GIS技术的道路选线

GIS在道路选线和规划设计中应用的基本思路为：a. 利用DEM生成等高线；b. 根据道路纵向坡度的要求进行选线，并对线路进行拟合；c. 内插出道路起始点的地面高程，找出道路中轴线与等高线的交点，利用软件生成道路中轴线的三维坐标数据文件；d. 确定横断面的间距和横断面上量取地面高程的间距，利用DEM获取各横断面地面线；e. 根据各横断面中心桩的设计高程和坡降要求绘制纵横断面图，并计算开挖石方工程量。

12.4.4 农田防护林规划设计

农田防护林是布置在农田四周，以降低风速、阻滞风沙、涵养水源以及改善农田生态小气候等为目的的林网或者林带。农田防护林规划的主要内容包括：林带结构、林带方向、林带间距、林带宽度的确定以及树种的选择与搭配等。

(1) 林带结构

林带结构是指田间防护林的类型、宽度、密度、层次和断面形状等的综合，一般采用林带的透风系数作为划分林带结构类型的标准。林带透风系数是指林带背风面林缘1米处带高范围内平均风速与旷野的相应高度范围内平均风速之比。根据林带透风系数可以将林带结构划分为3种类型：紧密型（透风系数≤0.35）、疏透型（0.35＜透风系数＜0.60）和透风型（透风系数≥0.60）。

紧密型结构由乔木、亚乔木和灌木组成，是一种多行宽林带结构，一般由三层树冠组成，上下枝叶稠密，几乎不透风。该结构相对有效防风距离较短（仅为树高的10倍），且风积物易沉积于林带前和林带内，不适于田间防护林带采用。疏透型是由数行乔木与两侧各配置的一行灌木所组成，在乔木和灌木的树干层间有不同程度的透风空隙，林带上下透风均匀，相对有效防风距离较大（为树高的25倍），防风效果较好，且不会在林带内和林缘造成风积物的沉积。因此，该结构适合风害较为严重的地区。

透风型结构是指由乔木组成不搭配灌木的窄林带结构，一般由单层或两层林冠所组成。林冠部分适度透风，而林干部分大量透风，风害较轻地区的防护林可以采用该种结构。

（2）林带方向

农田防护林的方向一般根据项目区的主要风害（5级以上大风，风速不低于8米/秒）方向和地形条件来决定。一般要求主林带的方向垂直于主害风方向并沿田块的长边布置，而副林带沿田块短边布置。

（3）林带间距

林带间距的确定主要取决于林带的有效防风距离，而林带的有效防风距离与树高成正比例关系，同时与林带结构密切相关。一般林带的防风距离为树高的20～25倍，最多不超过30倍。因此，林带间距通常以当地树种的成林高度为主要依据，结合林带结构综合确定。

（4）林带宽度

林带宽度一般应在节约用地的基础上，根据当地的环境条件和防风要求加以综合分析确定。林带的防风效果最终以综合防风效能值来表示，即以有效防风距离与平均防风效率的乘积来表示。综合效能值越大，林带宽度越合理，防风效果也越好，反之则差。对于一般地区，田间防护林带以5～9行树木组成的林宽为宜。

（5）树种的选择与搭配

树种的选择应该按照“适地适种”的原则，选择最适宜当地土壤、气候和地形条件且成林速度快、枝叶繁茂、干形端直、不易使农作物感染病虫害的树种。树种搭配上要注意，同一林带树种只能选择单一的乔木树种，避免混交搭配。

12.4.5 土壤改良工程设计

(1) 表土剥离

平整后的土地应保持一定的肥力，为此平整时应尽量保留一定厚度的表土，这是保证当年增产的重要一环。据试验，保留表土25厘米左右的要比没有保留表土的棉花单产高出80%。但是，由于表土处理的费用在整地工程中所占比例较大，保留表土越厚，倒土工作量越大，用工量越多，因此，从增产要求与省工结合起来考虑，对是否需要处理表土、表土剥离的范围、面积和厚度应做具体分析。一般挖方处保留表土20～30厘米，填方超过50厘米时，必须使熟土上翻，回填熟土层厚20～30厘米。

根据土地平整设计，如果需动土地块上层为熟土层，不管是挖方地块还是填方地块都要进行表土剥离留用处理，如在农用地整理中，需动土地块为耕地，平整前就要将耕作层土壤予以剥离留用。对于开发、复垦工程，如果动土地块土层较薄或表土熟化程度较好，也要将表土剥离留用，比如土层较薄的丘陵地、表土熟化程度较好的河滩地、苇地；如果动土地块土层较厚，且表土和下层土壤的理化性状差别不大，就无须进行表土剥离处理。

(2) 土地翻耕

土壤翻耕的首要环节是土壤翻耕作业，在不同的季节里，应采用内翻和外翻交互使用方法，以达到更新土壤及提高肥力的目的。翻耕时期要越早越好，在尽量提早的前提下，要注意土壤水分的情况，一般土壤含水量占土壤持水量的60%～70%时最易翻耕，黏质土壤要注意选择适当时期翻耕。翻耕深度不宜太深，秋耕深应在20厘米左右。翻耕后的耕地，应无大土块，松碎，平整均匀。

对新增耕地，若表层缺少耕作土或熟土覆盖，则应对其进行翻松处理，翻松深度不少于30厘米，翻松后土团最大粒径控制在6厘米以内。

(3) 原土壤掺沙

土质以较肥沃的沙质壤土为好。土质黏重板结的地块，要通过掺沙、多施土杂肥、有机肥改良土壤；沙瘠地要适当掺黏土和多施有机肥改良土壤，才有利于作物的生长。当土壤过沙或过黏时，可采用沙黏互掺的办法改良土壤的物理性状，目的是增加土壤有机质和养分含量，改良土壤性状，提高土壤肥力。掺沙，又称客土，一般一份黏土加两三份沙。这种改良土壤的方法，在我国南北地区均可采用，具有增厚土层、保护根系、增加营养、改良土壤结构等作用。

压土最好在冬季进行，这样不仅可起到冬季覆盖提高土温的作用，而且土壤经风化沉实的时间较长，便于第二年耕作。压土工作要连年进行，土质黏重的应压含沙质较多的疏松肥土，含沙质多的可培塘泥、河泥等较黏重的肥土。压土的方法是把土块均匀分布，经晾晒打碎，通过耕作把所压的土与后来的土壤逐步混合起来。压土厚度要适宜，过薄效果不明显，太厚通气不良对树木根系生长不利，一般压土厚度为 5～10 厘米，经 3～4 年再压一次。

13 乡村全域土地综合整治

党的十九大报告首次提出乡村振兴战略，坚持农业农村优先发展，按照“产业兴旺、生态宜居、乡风文明、治理有效、生活富裕”的总要求建设发展乡村。开展村庄全域土地综合整治是着力解决乡村耕地碎片化、空间布局无序化、土地资源利用低效化、生态质量退化等问题的重要手段，对促进耕地保护，保障农村产业融合发展用地，提升乡村治理水平，打造集约高效的生产空间、宜居适度的生活空间、山清水秀的生态空间等有重要意义，可为加快推进乡村全面振兴、建设美丽中国提供有力支撑。本部分以河南省栾川县三川镇柳子村为例开展村庄全域土地综合整治研究。

13.1 规划思路

《中共中央、国务院关于建立国土空间规划体系并监督实施的若干意见》（中发〔2019〕18号）等系列文件的颁布，明确了我国要建立城乡统一的国地空间规划体系，该体系分为五级三类，即“国家、省、市、县、乡”五级，“总体规划、详细规划和专项规划”三种类型。村庄规划是城镇规划边界外的详细规划类型，土地综合整治规划属于实施性的专项规划。全域综合整治规划中，应充分与相关规划，特别是村庄规划对接，将村庄规划的用地布局、国土整治项目内容考虑进来，实现“多规合一”。村庄整治规划应充分结合乡村治理的特性，目前我国乡村在经济上实行包产到户的家庭联产承包责任制，在政治上实行村民自治制度。规划中应充分尊重村民的意愿，让部分村民参与到规划中来，才能在执行中调动村民“自下而上”的源动力，保证规划落地实施。在乡村振兴的新时期背景下，要改变乡村被“边缘化”的窘境，要在村庄规划过程中，以发展的眼光对待乡村，尽力挖掘乡村的多功能价值，推动乡村的多元化发展。

规划思路：首先是实施“多规合一”，将乡村建设规划、土地利用规划、土地整治规划、乡村产业规划、乡村振兴规划等合而为一。其次是突出乡村特色，不照搬城市规划，以村域内分部要素为对象，从优化空间、建设空间和生态空间为着眼点，以农田整治、村庄建设和生态保护入手，编制“山、水、林、田、湖、草、居”系统功能协调统一型的规划。然后是作为最基层的规划，要保证村庄规划可实施、能落地，既要将上位规划的控制指标和空间开发保护格局落在大比例尺的村级地图上，体现“自上而下”的系统性控制，又要赋予村民充分的村庄建设与治理自主权，体现“自下而上”的系统演化。

13.2 项目区概况

柳子村位于河南省栾川县三川镇北部，村委会驻柳子村而得名，土地总面积 585.31 公顷。

13.2.1 自然条件

(1) 气象条件

柳子村位于亚热带向暖温带过渡地带，属暖温带大陆性季风气候，山清水秀，气候宜人，雨量充沛，地处中纬度地带。太阳辐射较强，其中 6 月最强，11 月最弱，一年内大致规律是 2—6 月辐射递增，7—11 月辐射递减，年均日照 1 800 小时，光照不足，无霜期短（一般在 160 天左右），冬季长达 105 天以上。年平均气温 9.2℃，7 月温度最高，1 月温度最低，从 1 月到 7 月，气温逐渐升高，7—12 月气温逐渐递减，其中 9—12 月降温显著。年平均降水量 862.8 毫米，全年以夏季 6—8 月降水最多。柳子村属于高海拔亚热带气候，夏天昼夜温差大，7 月、8 月日平均气温在 22℃以下，是天然的避暑度假胜地。同时春、秋、冬三季也别具特色，可为四方游客提供独特的四季体验。

(2) 地形地貌

柳子村地处伏牛山山脉，属内陆深山区，三面环山，地势东西高、南北低，除柳子村中部有小面积平地外，其余地方都以山地为主，总体呈“两山夹一川”的地貌特征。村庄整体海拔在 1 210 米到 1 500 米之间，最低点高程 1 210 米，位于柳子村中部；最高点高程 1 500 米，位于柳子村东北部山顶。

(3) 水文及水文地质

柳子村境内流淌着一条由北向南的淯河支流北川河，现状水位较低。柳子村三面环山，地下水丰富，类型多为碎屑岩类孔隙裂隙水和碳酸盐岩类裂隙岩溶水，埋藏较浅，3～5 米可以见水，水质好，适宜饮用；地下水补给来源为大气降水，沿裂隙运移至低洼处出露成泉。柳子村地处南水北调中线工程丹江水库水源地。

(4) 土壤条件

柳子村土壤条件优越，有棕壤 281.17 公顷，占比 48.04%，其中泥质岩薄腐厚层棕壤土数量最多，达到 211.15 公顷，占比 36.07%；褐土 190.65 公顷，占比 32.57%，主要为泥质岩中层砾质始成褐土；潮土 113.31 公顷，占比 19.36%，其中两合土 92.66 公顷，小两合土 20.65 公顷。

13.2.2 社会经济条件

(1) 地理区位

栾川位于河南省西部，东与嵩县毗邻，西与卢氏接壤，南与西峡抵足，北与洛宁摩肩。三川镇位于栾川县西北部，西与卢氏县接壤，素有“栾川西大门”之称。柳子村位于三川镇北部，据三川镇镇区 2 千米，距栾川县城区 48 千米。

(2) 交通条件

国道 G311 由北向南穿过柳子村中心，栾卢高速出口距柳子村 20 千米。村委会附近设有公交站点，每天有两班发往县城的公交车。村内 12 个村民组全部实施了“村村通”工程，道路宽 3～5 米，为硬化水泥路面，由村口连接到省道。

(3) 人口状况

2015 年底，柳子村共有 712 户，2 719 人，目前村庄 60% 的人口常年在外。

(4) 经济状况

柳子村曾经属于国家级贫困区，村庄的主要产业是农业，但人均耕地面积 0.5 亩，玉米一年一季，亩均产值不足 1 000 元，山茱萸等园地人均面积 0.2 亩，近年来市场行情不好，效益低下。近年来，村庄开始转型发展苗木产业，前景乐观。村庄第二产业发展缓慢，目前有核桃加工厂和扶贫服装厂，核桃加工业具有区域比较优势，服装厂没有上下游的产业配套，比较优势不突出。村庄第三产业发展刚刚起步，具有发展乡村旅游产业的潜力，但因起步较晚，配套设施不足，接待能力有限。总之村庄的产业支撑能力不足，村民收入主要来自外出打工，人均可支配收入 9 175.24 元。

13.2.3 村容村貌

(1) 村庄布局凌乱，缺乏统一规划

村庄缺少规划管理，村民随意建房，整个村庄布局比较凌乱。有许多破旧无人居住的房屋，村庄整体环境较差。

(2) 村庄自然环境优美，人居环境较差

柳子村地处山区，村庄自然环境优美，但村民随意在房前屋后放置杂物，乱搭乱建，部分房屋杂草丛生，无人修剪，造成村内整体环境较差。

(3) 村庄缺乏活力

由于农业支撑能力不足，乡村产业发展滞后，大量劳动力外流，成年人大多进城务工，乡村只剩下老人和小孩，村庄缺乏活力。

13.2.4 基础设施和公共服务设施现状

(1) 基础设施

①供水。村内未普及自来水，现状生活饮用水主要来自村庄内部水井，3～5 米可见水源，水质、供水量基本满足农户生活需求。

②雨水、污水排水系统。柳子村尚无污水处理设施，村庄未建有雨污分流的排水系统，雨水和生活污水流向道路一侧的排水沟，最后从北川河排出。

③电力、通信。柳子村 2018 年对全村电路进行过统一维修整改，用电普及率达到 100%，完全满足农户日常生产生活需要，但电网分布密集、布局凌乱，影响村容村貌。

电信、移动、联通等各大运营商并存，4G 基站已经覆盖全村。项目区村庄网络已经普及，光缆全覆盖，固定电话实装较少，被移动电话替代，移动电话普及率达到 100%，有线电视、广播已普及。

④垃圾处理。由于距离镇区较近，村内未设置垃圾处理站，村委会并未采取在每个自然村配备垃圾桶、垃圾池的传统措施处理垃圾，而是直接将垃圾桶配备到农户家中，每户两个，每天有专门的垃圾车上门收集垃圾，统一运送到三川镇垃圾填埋场。

(2) 公共服务设施

村中建有村委会、文化大舞台和健身广场，紧邻村委会配备有生活超市和标准化卫生室。由于距离三川镇中心仅 2 千米，村民可就近享受镇区完善的公共服务设施，因此村内并未配备幼儿园、小学、中学以及养老院等设施。

13.2.5 产业发展状况

农业仍以传统家庭生产为主，柳子村人均耕地 0.5 亩，主要以种植玉米、土豆、山茱萸、向日葵为主，农作物一年一熟，亩均产值不足 1 000 元；苗木业刚刚起步，还未有收益。因农业产业无法支撑农户的日常生活开支，大量劳动力外流，从事非农产业。

工业以农产品加工为主，村内建有核桃加工场，生产核桃油、核桃连心木茶及核桃食品。由于受到核桃生长周期的影响（核桃成长期3—9月），工厂生产具有很强的季节性，每年9—12月能为柳子村提供20～30个劳动岗位，带动村内经济发展的能力有限。

第三产业主要是乡村旅游业，柳子村乡村旅游业刚刚起步，接待能力有限。村中建有栾鸟精品民宿酒店，共22间客房，每周有2～3天满房；每年为村集体经济增加收入2万元，带动10余户贫困户就业。村北双凤山上正在修建由本地商人投资的高级民宿酒店，在未来将会为柳子村提供一定的就业岗位。

13.2.6 土地利用现状

柳子村土地总面积585.31公顷。

生态用地面积376.87公顷，占土地总面积的64.39%。其中公益林、水域和自然保留地用地面积分别为371.49公顷、4.29公顷和1.09公顷。

农用地面积175.27公顷，占土地总面积的29.95%。其中耕地、园地、商品林、草地和其他农用地面积分别为72.33公顷、26.87公顷、47.66公顷、12.01公顷和16.41公顷。

村庄建设用地面积30.59公顷，占土地总面积的5.23%。其中宅基地、公共服务设施用地、基础设施用地、景观与绿化用地和村内交通用地分别为28.89公顷、0.81公顷、0公顷、0.35公顷和0.54公顷。

集体经营性建设用地0.39公顷，占土地总面积的0.07%。

交通水利及其他用地面积2.18公顷，占土地总面积的0.37%。

现状基本农田保护区面积为152.61公顷（合2 289.15亩）。

13.2.7 生态保护状况

柳子村以山地为主，森林覆盖率达到70%以上，在村庄西北部有南水北调重要水源地，生态保护状况良好。村庄缺乏雨水和污水处理设施，会造成少量的生活污染。

13.2.8 地质灾害状况

据《中国地震动参数区划图》(GB18306—2001)，栾川县地震基本烈度为6度，区域地壳的稳定性级别为稳定。栾川县地质灾害详查报告显示，三川镇发生的地质灾害有滑坡和不稳定斜坡两类，滑坡点有火神庙村抱犊寨景区南侧冲沟、火神庙村陈家庄组陈留富家后、姚家村李家庄组、姚湾村门子组、大红村江沟组、鱼塘沟村八组，不稳定斜坡在三川镇刘家庄西侧公路边。而项目区所在的柳子村近百年来，从未出现过相关地质灾害，因此地质灾害风险系数较低。

13.2.9　项目区问题与整治潜力

13.2.9.1　项目区问题分析

（1）村庄建设问题分析

①建设密集、布局凌乱。柳子村共有 12 个村民组，分布于 8 条山沟之中，由于地势坡度高，土地资源有限，房屋建设太过密集，且布局凌乱，住宅造型单调，村内道路过窄，部分房屋散乱分布在较远的山沟之中，与村集体脱节。

②一户多宅、浪费土地。村内存在很多年久失修，无人居住的土房，房主大多在其他地方建有新住宅，老房既浪费土地又可能会随时坍塌对附近其他房屋产生威胁；在村委会附近有新建的普惠金融村，新村与老村并存，建新村没有拆旧村，也没有处理好宅基地置换的问题，造成土地资源的浪费和一户多宅的现象。

③配套设施缺乏。柳子村的基础和公共服务设施大多建设在新建的移民小区，老村基本保证了村村通路和村村通电，但是由于居住分散，大量的现代配套设施由于成本过高而无法一一满足，导致设施水平低，保障率差，社会服务设施整体落后。

④村庄用地浪费。柳子村共有宅基地 28.89 公顷，农户 712 户，户均宅基地面积达到 405.8 米^2，相对较高，且村庄宅基地前后普遍存在着大量闲置地未加以利用，造成大量土地浪费。

本次村庄规划将按照新的村庄建设标准，从村庄发展的长远趋势出发，按照农户自愿参与的原则，拆除老村破旧、闲置房屋，将自愿搬迁的居民统一安置，配置好公共和基础服务设施。

（2）产业发展问题分析

耕地面积小，农业生产组织方式落后。人均只有 0.5 亩耕地，并且十分分散，不成规模，规模化经营困难。农作物生长周期长，亩均收益较低，农民从事农业生产的积极性低，并且农业发展缺少基础条件。

农产品加工产业虽然得到了一定的发展，但是技术附加值需要进一步提升。此外，农产品加工业季节性太强，并缺乏技术壁垒，很容易被替代。

乡村旅游产业发展缓慢。柳子村天然的地理、气候优势，为柳子村提供了发展乡村旅游业的基础，但目前民宿规模较小，接待能力有限；村庄整体景观环境未经系统打造，即使能满足旅客住宿需求，也满足不了旅客游玩和消费的需求。本次规划将着重改造柳子村整体景观环境，打造游玩消费场所。

(3) 生态保护问题分析

柳子村生态用地主要为林地，之前的飞播林地已成为茂密的森林，但也造成了柳子村林地生态系统物种较为单一的问题，一旦遭遇病虫害，林地生态系统的抵抗力非常弱。

13.2.9.2 土地整治潜力分析

(1) 农用地整治潜力分析

项目区地处山区，通过农用地整治增加耕地和提升耕地质量的潜力不大。

(2) 农村建设用地整治潜力分析

根据第三次全国国土调查数据，柳子村共有农村宅基地 28.89 公顷，农户 712 户，户均宅基地面积 405.8 米^2。经调查，村内存在大量废弃的老宅，同时还有大量村民希望放弃现有宅基地，迁出山沟。经过入户调查，共有 335 户农户同意搬迁，以老宅置换新宅，将老宅全部拆旧复垦。经测量统计，可拆除农村宅基地 11.69 公顷，经过村庄复垦可增加耕地 10.23 公顷。

(3) 未利用地开发潜力分析

根据第三次全国国土调查的土地利用现状数据，柳子村共有荒草地 12.01 公顷。经过调查与了解，这些荒草地之所以没有成为飞播林地，是因为之前为坡耕地，随着森林的繁茂，大量野生动物成为农业生产的隐患，因此这些土地逐步荒废了。如果实施土地平整和农田保护工程，部分地块可以开发为优质的耕地。经过实地调研以及与村委协商，最终确定将 6.40 公顷的荒草地开发为耕地。

13.3 村庄发展定位与规划目标

13.3.1 村庄发展定位

将乡村旅游产业确定为村庄发展核心，以高山避暑、休闲康养、农事体验、科普教育、文创旅游为主题，打造集“吃、住、行、游、购、娱”和“政、产、学、研、用、享”为一体的高山避暑基地、康养文创基地、红色旅游服务基地、农事体验与拓展训练基地、自驾休憩基地。同时辅以农产品加工业和特色农产品种植，建设“产业兴旺、生态宜居、乡风文明、治理有效、生活富裕”的乡村振兴示范村。

产业兴旺——以乡村旅游为主导产业，辅以特色农产品种植、加工辅助跟进，实现一、二、三产业融合发展。

生态宜居——规划科学合理，基础设施和公共服务设施配套完善，垃圾污水有效处理，田园景观优美，环境保护良好，人居环境适宜。

乡风文明——加强文化建设，继承、创新优秀乡土文化，推行诚信建设，建设良好的民风与家风。

治理有效——建立和完善以党的基层组织为核心，村民自治和村务监督组织为基础，集体经济组织和农民合作组织为纽带，各种社会服务组织为补充的农村治理体系。

生活富裕——拓宽村民的就业与收入渠道，让全体村民均能享受村庄发展的成果，促进农民致富增收。

13.3.2 村庄规划目标

13.3.2.1 村庄经济社会发展目标

(1) 人口发展目标

通过城镇化转移，到规划期末村庄向城镇转移人口40%。同时村庄接待外来常住旅游人口5 000人次/年。村庄常住人口稳定在2 500人以上。

(2) 产业发展目标

第一产业人口比重逐年减少到20%左右，第二产业人口比重增加到20%左右，第三产业人口比重增加到60%左右，人均GDP增速达到10%，服务业增加值占GDP比例达到60%。

(3) 生态宜居发展目标

①村庄内道路硬化、绿化达到100%；

②水冲式厕所普及率≥95%；

③生活垃圾收集率达到100%；

④污水处理率达到100%；

⑤村庄内有自建的活动场地和村民公园；

⑥村庄内无违章搭建的辅助用房；

⑦人畜生活分离，村民集中居住。

(4) 乡风文明发展目标

①社会治安满意和基本满意度≥95%；

②旅游服务游客满意度≥90%；

③村民邻里纠纷逐年减少，并达到邻里和谐；

④自觉遵守村规民约。

(5) 治理有效发展目标

①健全自治、法治、德治相结合的乡村治理体系；

②村民对村委两套班子满意度≥90%；

③村内财务公开，便于村民随时查询并监督；

④建立标准化的民宿服务体系；

⑤建立旅游服务评比体系；

⑥建立乡村旅游游客投诉电话和网络平台。

(6) 生活富裕发展目标

①村民人均年收入≥10 000 元；

②高中教育入学率近期≥90%；

③新型农村合作医疗参保率达到 100%；

④安全饮用水普及率达到 100%；

⑤有线电视入户率≥95%；

⑥电话入户率达到 100%。

13.3.2.2 村庄空间格局优化目标

根据发展乡村旅游的目标定位，旅游相关用地要适度集中布局，便于设施配套。根据项目区的自然禀赋及空间分布特征，以国道 G311 为发展纵轴线，沿其两侧布置。根据国家用地政策，村庄建设用地总规模不能增加，耕地保有量不能减少，因此需要通过拆除废弃和低效宅基地，置换产业发展用地指标。

13.3.2.3 村庄建设目标

(1) 村庄规模

将散乱分布的居民点进行集中整治，将部分基础设施差的空心村进行拆旧复垦，整治为耕地，村庄建设用地整治规模为 11.69 公顷。在基础设施较好、公共服务设施较完善的村庄规划安置区，安置规模为 3.11 公顷。大力发展第二产业和第三产业，商业服务业设施用地增加 4.08 公顷，增加工业用地 1.10 公顷，增加道路用地 0.46 公顷，规划期末村庄建设用地规模控制在 29.41 公顷。

(2) 公共服务和基础设施配套

本次规划按照“规模适度、服务配套、布置合理、方便使用”的原则，进一步优化配置服务设施。柳子村距城镇较近，公共服务设施与三川镇共享，本次规划不再配置。基础设施规划的重点是解决农户供水和排水问题，供水采取打井的形式，8～10户共享一口水井，采用无塔供水器为每户居民供水；排水目标是实现雨污分离，主要是规划配置村庄污水处理支管，每个居民组修建一个沉淀池，农户污水经过汇总沉淀后排入三川镇污水处理总管道。

（3）村庄风貌

统筹兼顾农村田园风貌保护。对保留的住宅，从风格和色彩方面进行统一控制引导，使之与传统风貌、周边环境协调。同时整治公共空间环境，保持村落空间肌理，使得村庄形态与环境相得益彰。新建的住宅与旅游服务设施要与传统的风格一致，与本地的山、水、林等融为一体。

13.3.2.4　村庄资源保护利用目标

（1）耕地和基本农田保护目标

实施最严格的耕地和永久基本农田保护制度，严格控制建设占用耕地；优化基本农田结构和布局，划定永久基本农田保护红线；加强农田建设，全面提升耕地质量。规划期内落实永久基本农田保护任务152.61公顷。

（2）建设用地保障和总量控制

落实最严格的节约集约用地制度，加大盘活存量建设用地，提高土地利用效率；优化建设用地结构，保障重点项目建设用地需求，规划建设用地从33.16公顷减少到29.41公顷。

（3）生态用地目标

优化生态用地布局，加强土地生态保护，建设生态宜居村庄。依托项目区范围内滑河支流的生态资源，保护水生态系统，维系村域绿网生态功能，促进水系与生态系统的良性循环，加强水环境保护。严格保护公益林地，保证371.49公顷的公益林地不减少。

13.3.2.5　村庄土地整治目标

规划期间柳子村安排3个高标准农田建设项目共52.14公顷，村庄拆旧11.69公顷，宜耕土地开发6.40公顷。通过综合整治，提高耕地质量，优化建设用地布局与结构，改善生态环境。

13.4　土地综合整治方案

13.4.1　土地整治、复垦与开发

13.4.1.1　农用地整理

2018年河南省国土资源厅出台《河南省国土资源厅关于改进管理方式切实落实耕地占补平衡的意见》（豫国土资规〔2018〕2号）文件，文件要求对

于历史形成的未纳入耕地保护范围的低效园地、残次林地以及废弃的坑塘、沟渠、农村道路等适宜开发的农用地，经县级人民政府可行性评估论证后，科学统筹纳入土地整治范围，新增耕地可用于占补平衡。

经过实地详细调研并充分结合村委、村民意愿，加强耕地与基本农田质量提升，规划期间柳子村安排 3 个高标准农田建设项目共 52.14 公顷。开展土地平整归并，实现田块尽可能集中连片，降低基础设施占地率，增加农田耕作层厚度。完善基本农田基础设施，配套农田排水等设施，完善田间道路，提高道路通达度和荷载标准，满足农业机械通行要求，完善农田电网，配备必要的输配电设施；加强农田防护工程建设，减少水土流失，改善农田生态环境。

(1) 土地平整工程

①土地平整方案。土地平整通过表土剥离、平整土地、削高填低、连片成方，适应农业机械耕作的需要，利于排出积水。村内大部分耕地分布在沟底，地形平坦，田块间有较小高差；少量耕地分布在坡地，土地平整为水平梯田。全部耕地均采用局部平整方案，在土地平整时需对原有耕地进行表土剥离，剥离厚度为 30 厘米。施工时，把剥离后的表土推至平整田块的一端，然后进行平整。平整之后，再把剥离的表土进行回填。回填厚度设计为 30 厘米；田面高差应在±5 厘米之内，平整后的田块田面 30～50 厘米深以内没有树根、石块，田面坡度为 1/2 000 左右，土地平整后耕作层地力应满足适种农作物的基本要求。

②耕作田块规模。村内沟底地势相对平坦，可以使用小型农机具，提高农业机械化程度，降低农业成本；考虑耕作田块面积、机械作业要求、灌排要求和地形、地貌的限制，依据实际情况确定田块长度一般为 60～200 米，田块宽度一般为 50～100 米，田块规模宜控制在 0.3～1 公顷；坡改梯整理的水平梯田长度依地形一般为 50～150 米，宽度依地形一般为 10～30 米，田块规模宜控制在 0.05～0.4 公顷，田坎高度一般为 1.5～3 米。

③耕作田块形状。为了给机械作业和田间管理创造良好条件，沟底田块形状要求外形规整，长边与短边交角以直角或接近直角为好，沟底自然边界曲线规划为地块的短边，这样既不影响机械作业又不浪费土地；坡改梯整理的水平梯田形状依实际地形而定。

④耕作田块方向。耕作田块长边的方向所受光照时间最长，受光照热量最大，多为南北方向，柳子村耕作田块方向因地形地貌等条件限制，部分田块布置方向将有适当调整。

项目区高标准农田建设面积 52.14 公顷，其中平坦地区农田建设面积

27.22 公顷，坡地梯田整理面积 24.34 公顷。针对沟底地势相对平坦的地块，土地平整采用填挖平衡优化的方法进行；坡地的梯田平整工作选用田块平均高程进行平整，尽可能地减少土地平整的土方工程量。在平整过程中，将农田建设区分为 100 个格田作为平整单元。

经计算，平坦区土地平整中，挖方面积 12.2 公顷，填方面积 15.1 公顷，土方的挖方量为 307 123.2 米^3，填方量为 307 362.7 米^3；其中表土剥离面积 24.5 公顷，表土剥离 48 907.9 米^3，表土回覆量 48 907.9 米^3。坡地梯田的土地平整中，挖方面积 12.3 公顷，填方面积 11.7 公顷，土方的挖方量为 317 872.8 米^3，填方量为 304 337.9 米^3；其中表土剥离面积 23.9 公顷，表土剥离 47 893.8 米^3，表土回覆量 47 893.8 米^3。

(2) 农田灌排工程

通过实际调查，结合当地水文气象、水土资源、作物组成、灌区规模、灌水方法及经济效益等因素，同时根据《河南省土地开发整理工程建设标准》(河南省国土资源厅，2010)，确定项目区大部分仍作为旱地，不规划灌溉设施；部分地形平坦、集中连片耕地设计灌溉保证率为 75%。

根据现场踏勘，结合当地灌溉习惯，采用井灌的方式进行灌溉，规划钢筋混凝土机井，井深 24 米，规划 3 眼，变压器 3 座，低压线 1 500 米，每眼井配成套水泵，200 米软管，将水源输送至田间地块。部分区域设置排水农沟，以排除田面多余水分，达到排涝、排渍要求；柳子村规划农田排水农沟 2 条，共 986 米，矩形断面，口宽 0.5 米，深度 0.5 米，干砌块石护面。

①排水沟设计流量：根据《土地开发整理项目规划设计规范》，排涝设计流量计算公式为：

$$Q_{涝}=q_{涝}F \quad (13-1)$$

式 (13-1) 中：$Q_{涝}$——排涝设计流量，米^3/秒；

$q_{涝}$——排涝模数，米^3/(秒·千米^2)；

F——排涝面积，千米^2。

项目区处于中低山区，排涝模数按下列公式计算：

$$q_d=R/3.5Tt \quad (13-2)$$

式 (13-2) 中：q_d——排涝模数，米^3/(秒·千米^2)；

R——设计径流深，毫米；

T——排涝历时，取 1 日；

t——每天排水时数，按自流排水取 24 小时。

查《河南省中小流域水文计算图集》，项目区 10 年一遇一日暴雨形成的径流深为 120 毫米，则项目区排涝模数为 0.694 米^3/(秒·千米^2)。

②排水沟横断面设计。排水沟采用自流排水方式，其横断面计算公式为：

$$Q=C\omega\sqrt{Ri} \tag{13-3}$$

式（13-3）中：ω——排水沟过水断面面积（米^2），$\omega=(b+mh)h$，b 为设计底宽（米），h 为设计水深（米），m 为沟道边坡系数；

R——水力半径，$R=\omega/X$，X 为湿周，$X=b+2h(1+m^2)^{1/2}$；

C——谢才系数，采用公式$\frac{1}{n}\cdot R^{1/6}$进行计算，n 为沟床糙率（n 取 0.02）；

Q——设计排水流量（米^3/秒）；

i——沟纵比（取 1/200）。

根据农田项目区地形及 5 年一遇一日暴雨形成的径流深度，结合当地其他土地治理项目修建排水沟经验，排水沟采用干砌块石护面。

在平坦农田区地形低洼侧修排水沟，沟体均采用干砌块石，设计矩形断面，上口宽 0.5 米，底宽 0.5 米，深 0.5 米，项目区共布设排水沟 986 米。

(3) 农田道路工程

为满足农业机械化作业、货物运输、作业机械向田间转移及为机械加油、加水、加种等需求，考虑周边的环境和原有的道路系统，在充分利用现有道路的基础上，设计田间道与生产路。

规划田间道为 4 米宽水泥路面，面层结构为 18 厘米厚 C25 水泥混凝土路面，抗折强度大于 4.0 兆帕，每 5 米设置缩缝一道；基层材料宜采用渗水性较好的碎石材料，路基压实度为 96%，基层厚度 18 厘米；路肩采用上顶宽 100 厘米素土路肩，边坡比 1∶0.5；田间道路面应高出地面 30 厘米；沟底平地田间道纵坡一般应小于 3%，坡改梯区域田间道路纵坡小于 5%。规划田间路 7 条，共长 2 506.94 米。

(4) 土壤改良工程

结合柳子村实际情况，从以下方面强化耕地生态化保护：

①稳定基本农田保护区。基本农田调整后不得改动，应努力培育地力，加强对基本农田保护的执法力度。

②建立耕作层土壤储备制度。由于土壤的形成需要经过很长的时间，因此，对于建设工程占用耕地的，必须将表面耕作层土壤剥离集中堆放，用于土地平整项目，提高新增耕地的质量。

③加强耕地生态化管理。土地整治是实现土地生态化的一个非常重要的方向，目的是促使土地用途从单一向复合方向发展，提高土地的利用率，产生较

大的社会、生态和经济效益。土地整治通过对田水路林村进行综合整治，调整土地关系，改善土地利用结构和生产条件，不仅可增加可利用土地的面积，提高土地利用率和产出率，同时可使土地利用结构向适宜性的方向发展，提高土地质量。

加大耕地深翻力度，可以加深耕作层，结合增施厩肥、绿肥等有机肥料，促使生土熟化，增加土壤团粒结构，保蓄土壤水分，增加抗旱能力。

推广配方施肥，增施有机肥，重视中、微量元素肥料的施用，改变施肥方式，采用合理的施肥方法，改善化肥施用结构，注意平衡施肥，合理施用化肥，适时采用叶面喷肥，微肥拌种等，防止对环境的污染。开展农产品产地保护，实施化肥和农药使用量“零增长”行动，力争到2020年化肥和农药的使用量实现零增长。

高标准农田建设项目区规划增施有机肥，对需增施有机肥改良的地块，选择具有改土性质的有机肥每公顷耕地施用4.5吨作为土壤底肥，有机肥施入土层不宜过深，以便于充分发挥其生物活性，同时按照每公顷30千克的标准配备土壤改良剂，采用机械翻耕耕作层，使有机肥与土壤充分混合，施肥后村民协助灌水，可有助于有机物的分解。采用有机肥应符合国家标准（NY525－2012），有机质含量分数（以烘干基计）≥45%，总养分（氮＋五氧化二磷＋氧化钾）的质量分数（以烘干基计）≥5%，水分（鲜样）的质量分数≤30%，酸碱度（pH）5.5～8.5，蛔虫卵死亡率≥95%，粪大肠杆菌群指数≤100个/克，外观颜色为褐色，粒状或粉状，均匀，无恶臭，无机械杂质。

通过推广秸秆还田、配方施肥等新技术、新肥料、新种植制度，培肥地力，协调生物与环境及生物与生物之间的关系，通过大力推广良种良法、农机农艺、农业结构调整、节水增产、标准化生产等综合配套措施，充分利用自然资源，改善耕地的农业种植环境，以创造出良好的经济、环境和社会效益。

经过土地整治工程、耕地生态化保护，使耕地平均等别由10.29等提升至10.20等，耕地质量提高。

13.4.1.2 农村建设用地复垦项目

通过实地调查，对现状村民住宅建筑质量进行评估，房屋建设时期可分为20世纪60年代至2000年、2000年至2010年和2010年以后3个阶段，多为一层砖瓦房，建筑质量较差。经过多次政府及村干部会议研究、召开村民代表大会，确定搬迁方案，90%以上村民代表同意搬迁方案并签字。确定拆旧地块总面积11.69公顷，通过拆旧工作，复垦可新增耕地10.23公顷。人均村庄建设用地面积由150米^{2}降低为90米^2，能有效提高土地集约利用程度，在不突破上位规划控制目标的前提下，达到土地集约节约利用的目的。

项目区内村庄搬迁后，需对废墟进行清运，并对地基进行清理。对复垦成的耕地进行土地平整。废墟的工程量按每平方米产生 0.45 米^3 计算，挖除地基方量。建筑物拆除，拆除设备用挖掘机（0.6 米^3 液压型）推倒碾碎，并将大块砖石采用自卸汽车（5 吨柴油）转移到塌陷坑处进行回填。

13.4.1.3 土地开发项目

柳子村针对荒草地进行开发适宜性评价，根据当地自然条件和丘陵地区的特性，评价是否宜耕。在评价时选择有效地形坡度、土层厚度、土壤质地、表层土壤肥力、土壤环境质量 5 个因子作为参评因素，以土地利用现状图斑作为评价单元，充分利用土地详查、后备资源调查和农业自然资源调查等成果，辅之以野外调查，获取项目区内每块土地的评价指标信息；为简化评价程序，本次土地开发适宜性评价主要采用的是极限值法，即一项指标达不到要求即为不宜耕。根据评价结果，确定宜耕土地开发 6.40 公顷，可新增耕地 5.47 公顷。

13.4.2 调整结构与优化布局

13.4.2.1 土地利用结构调整

村庄规划农业用地由 2019 年的 175.27 公顷调整到 2025 年的 179.06 公顷，占全村土地总面积的比例由 2019 年的 29.95％调整到 2025 年的 30.59％。规划期间净增加 3.79 公顷。

建设用地由 2019 年的 30.59 公顷调整到 2025 年的 29.41 公顷，占全村土地总面积的比例由 2019 年的 5.23％调整到 2025 年的 5.02％。规划期间净减少 1.18 公顷。

生态用地由 2019 年的 376.87 公顷调整到 2025 年的 376.85 公顷，基本保持不变。其中公益林 371.49 公顷，规划期间保持不变。

13.4.2.2 优化用地布局

用地布局优化主要体现在对村庄建设用地布局进行调整，通过建设用地增减挂钩，将废弃和低效利用的村庄用地拆旧复垦，置换乡村旅游产业发展用地。乡村旅游产业发展按照相对集中的原则，布局在国道 G311 两侧。

13.4.2.3 划定土地利用功能分区

根据村庄发展规划，对村庄的农村生产、生活、生态空间进行优化，合理划分农业生产、建设开发和生态保护等功能区，统筹安排生态、农业和建设空间。按照自然生态不破坏、耕地和永久基本农田数量不减少质量不降低的原则，优化调整村域空间布局。

（1）农业生产区

农业生产区为承担农村生产活动，实现农产品生产等功能的区域。将柳子村的耕地、园地、商品林地、草地和其他林地以及村庄整治复垦区等划为农业空间，面积 179.06 公顷。

（2）建设开发区

建设开发区包括村庄建设区和产业发展区，将规划期末村庄建设用地、经营性建设用地和交通水利及其他用地划为建设空间，面积 29.41 公顷。

（3）生态保护区

生态保护区是主要承担生态服务和生态系统维护功能的地域，以自然生态为主，主要包括生态林地、水域用地和自然保留地，面积 376.85 公顷。

13.4.3　耕地和基本农田保护

13.4.3.1　耕地和基本农田保护规模

村庄现行土地利用总体规划（2010—2020 年）确定的基本农田保护任务为 152.61 公顷，耕地保有量目标为 154.62 公顷。而 2019 年第三次全国国土调查结果显示柳子村共有耕地 72.33 公顷，耕地保有量无法满足现行规划的要求。

将分散的拟搬迁区域拆旧复垦，并将部分商品林和荒草地复耕，到规划期末，使耕地保有量不低于 87.15 公顷，基本农田保护面积不低于 152.61 公顷。

13.4.3.2　耕地与基本农田布局调整

规划期内，通过土地整治，增加耕地面积。合并零碎地块，促进耕地集中连片，调整优化特色农产品区域布局，以农业产业化经营为载体，加强特色资源的开发与保护，将土地整治和特色农业发展有机结合，大力发展优质富硒玉米、大豆、中草药等特色产业集群。优化村内水网布局结构，提升排洪、蓄水能力，并通过对河道、农田基岸的防护林建设，提高水土保持能力，促进农业生产区田水路林村合理布局，推动农田生态系统建设和完善。

现行的基本农田保护区与第三次全国国土调查成果套合后显示，基本农田保护区内仅有耕地 60.43 公顷，同时包括 2.53 公顷的建设用地和 1.07 公顷的河流用地，需要将建设用地和河流用地调出。根据《自然资源部关于开展全域土地综合整治试点工作的通知》要求，全域土地综合整治实施方案涉及永久基本农田、生态保护红线布局调整的，应编制永久基本农田调整方案和生态保护红线调整方案，由省级自然资源主管部门会同有关主管部门审核通过后，一并纳入全域土地综合整治实施方案实施。

柳子村属于国家级贫困县，精准扶贫和乡村振兴的任务艰巨，唯一的出路是充分利用高海拔地形和“两山夹一川”的地貌，发展乡村旅游产业，实现乡村振兴发展，而产业发展需要调整部分基本农田，以保证项目能合法落地。

根据柳子村现存耕地不足的实际，结合国家“藏粮于地，藏粮于技”的战略精神，以及原国土资源部和国家发展改革委员会《关于深入推进农业供给侧结构性改革做好农村产业融合发展用地保障的通知》的精神，形成以下基本农田布局调整思路：现行基本农田保护区内土层深厚、耕作层未破坏，且随时可以调整为耕地的园地、林地、草地、其他农用地等非建设用地，仍保留为基本农田。可将第三次全国国土调查成果中未划入基本农田保护区的耕地和园地，根据需要将高等别、集中连片的耕地和园地调入基本农田保护区。将村庄振兴中产业发展需要占用的基本农田，以及现状建设占用的基本农田等调出。基本农田调整后，基本农田数量不减少，质量不降低，集中连片程度有提高。经统计，规划期内需要调出基本农田 13.76 公顷，调入基本农田 14.81 公顷，调入比调出多 1.05 公顷，基本农田调入比调出面积增加了 7.63%。调整后基本农田保护区内耕地、园地面积增加，结构更加合理，土地质量更高。

13.4.4　生态环境保护

13.4.4.1　生态保护格局

村域内生态用地面积 376.87 公顷，占村域总面积的 64.39%，其中公益林 371.49 公顷，占土地总面积的 63.47%。公益林、商品林和园地合计面积占村域总面积的 74.98%。淯河支流北川河南北纵穿村域，公益林和河流构成了柳子村的基本生态空间保护格局。

发挥柳子村林地多、生态好的自然资源优势，大力发展生态旅游业。开发林地资源的复合功能，打造乡村生态产业链，促进农村三产融合发展。进一步盘活林地自然资源，允许集体经济组织灵活利用现有生产服务设施用地开展相关经营活动。鼓励各类社会主体参与生态保护修复，对集中连片开展生态修复达到一定规模的经营主体，允许在符合土地管理法律法规和土地利用总体规划、依法办理建设用地审批手续、坚持节约集约用地的前提下，利用 1%～3%治理面积从事旅游、康养、体育、设施农业等产业开发。深化集体林权制度改革，全面开展森林经营方案编制工作，扩大商品林经营自主权，鼓励多种形式的适度规模经营，支持开展林权收储担保服务。完善生态资源管护机制，设立生态管护员工作岗位，鼓励当地群众参与生态管护和管理服务。进一步健全自然资源有偿使用制度，研究探索生态资源价值评估方法并开展试点。

13.4.4.2 生态修复格局

(1) 水域生态廊道

北川河河道经过前期多次治理，目前是一条石砌河道。由于河道多年未经整治，存在河道淤泥、景观无特色等问题，根据村庄发展乡村旅游的规划定位，急需打造一条环境优美的水域生态景观长廊。

规划期内，切实改善河道生态和景观，把河道打造成集生态、文化、休憩等功能于一体的重要生态景观廊道。主要通过清淤、修建阶梯拦水堤坝、设计二级亲水人行步道等方式进行生态修复和景观打造。

(2) 村庄生态绿化

在村庄内部结合零星空地设置若干处墙角绿化，见缝插绿。增加庭院绿化，优化人居环境，鼓励居民种植花卉、植物。重点对村内大街小巷、房前屋后、荒坑、荒片、废宅积存的秸秆、杂物、建筑材料、废弃物进行清理，确保无卫生死角。

13.4.4.3 生态修复项目

柳子村的生态系统主要为村域林地生态系统及河流生态系统。林地生态系统主要通过划定生态红线，确定生态保护空间，原则上按禁止开发区域的要求进行管理。虽然之前的飞播林地已成为茂密的森林，但也造成了柳子村林地生态系统物种较为单一的问题。为改善林地生态系统植被生物多样性，以栾川乡土树种为基础，以彩叶树种为特色，因时制宜，适地适树，坚持生物多样性原则，打造稳定型、复合型生态森林系统；采用乔灌花草（包括大型乔木、小乔木、花灌木和地被植物等）相结合的群落式种植方式，将速生树种与慢生树种相结合，常绿树与阔叶树合理搭配，打造多种景观效果，创造多种经济收益。根据树种四季颜色特征和不同种植位置需求，白皮松（四季常绿）、黄栌和血皮槭（秋季变红）可以选择在山坡种植，雪松（四季常绿）、血皮槭（种在房前屋后）和七叶树可以独立造景。其中，白皮松可以布置庭院独景，七叶树可以种植成行道树。规划期间计划植树 11 129 棵。

13.4.5 村庄品质提升

13.4.5.1 规划定位

从村庄实际出发，以“两山”理念为指导，秉持创新、协调、绿色、开放、共享的发展理念，坚持生产、生活、生态“三位一体”全面规划。基于当地特有的高山气候条件和良好的山、水、林、田、园、居等多种要素资源，对该村空间规划的定位为高山避暑、休闲康养、农事体验、科普教育、文创旅游一体化发展的宜居宜业乐园和文创旅游胜地。将该村打造成集“吃、住、行、游、购、娱”和“政、产、学、研、用、享”等功能为一体的美丽山村。为住在这里和游在这里的人们提供吃有机农产品、喝甘甜山泉水、呼吸纯净空气的自然生态体验。

13.4.5.2 规划构思

通过对村庄现状资源和条件的深入调研和分析，村庄的空间规划主要从空间布局、民居建筑、公共景观、山林植被和河流整治等几个方面考虑。总体空间布局：在充分尊重现状的基础上，延续原有村庄聚落形态，居住空间采用树状有机生长和点状分布的形式进行布置，使生态、生活和生产空间有机耦合；在民居建筑的营造上尽量采用当地乡土建筑材料和建造工艺；在公共景观营造方面充分挖掘地域高山文化特色，并把特色符号元素景观化利用，对已建成的老旧开放空间进行有机更新；在山林植被方面，遵循适地适树、因时制宜、维持生物多样性、乡土植物景观化配置等原则，打造健康稳定的森林生态系统，营造富有自然生态气息、低养护低管理的宅旁绿地；基于村庄水源保护地的宏观定位，对流经村庄的河流进行生态化治理和资源化利用，在流经村庄的上下游建立雨水花园和湿地公园，对水质进行初级净化，对河岸进行景观化处理，打造多种亲水空间，为人们提供休闲游憩场所。

13.4.5.3 规划方案

(1) 村庄总体布局

村庄空间规划的总体布局结构为“一心、两线、五点、八沟”。

“一心”：该处为整个村庄发展的核心空间，集聚科普展示馆、自驾露营地、农事体验园、民俗花街等多种空间。

“两线”：文旅发展轴：轴线两端为山上高端民宿，中间为村庄的核心发展空间。滨河景观带：该轴线沿穿越村庄的省道和河流蜿蜒而上，主要景观节点沿线展开。沿途经过村庄入口、湿地景观、村庄核心发展空间、跌水景观和彩叶观赏基地等节点。

“五点”：分别为湿地公园、山林小筑、特色民宿、雨水花园、彩色乐园等景观节点。

“八沟”：利用村庄原始聚落所在的山沟，打造特色民居、山地游憩、野外探秘等景观。

（2）重要景观节点规划

根据发展乡村旅游产业的主体定位，沿国道G311两侧，规划乡村旅游服务设施，打造乡村景观节点，提升村庄品质。内容主要包括：科普展览中心、特色商业街、游客驿站、自驾露营地、民宿客栈、村民服务中心、茶馆酒肆、农事体验园、山林小筑、高端民宿、村民社区、产业园区、湿地公园、雨水花园、先人故居等。

研学教育和亲子农业体验教育是柳子村要打造的支柱产业，因此规划有农事体验园和科普展览中心两个重要节点。科普展览中心为钢木结构混合、自由采光的玻璃顶建筑，其中包括红色宣传教育厅、摄影作品展示厅、动植物标本科普展示厅、农事器具科普展示厅、农产品制作流程展示厅等功能空间。农事体验园将打造成一个集观光采摘、农耕体验、农场直供、科普教育、休闲娱乐为一体的山地特色农场，包括农业体验、家庭亲子活动、农业科普、亲子农耕生产等农业体验项目，让人们在自然的环境中参与农业耕作，享受农耕文化带来的乐趣。

需要配套高水平的旅游服务设施，根据需要打造游客驿站、自驾露营地、科普展览中心、村民服务中心、特色商业街、茶馆酒肆和民宿客栈等重要节点。

随着20世纪60年代的一批拥有资产、有退休金的城市干部和职工逐步退休，乡村养老成为一个朝阳产业，柳子村的优美环境和悠闲田园生活对这一批退休职工将产生巨大的吸引力。此外，随着我国中产阶级的崛起，以及“80后”和“90后”走向社会经济的舞台中心，人们更愿意为个性化和高品质的服务付费。因此利用环境优美和空山静谧的条件可以打造高品质的文创基地和康养中心，本次规划在村庄的西部山上和山脚下构建一山林民宿群。延续原有聚落肌理，采用树状自由生长的平面布局形式，民宿在山林中呈散点式分布，为外来游客提供林中康养、山中文创等空间。山脚下是由砖木等乡土材料，结合乡土建筑特色符号，建成的特色文创共享小屋；山坡林中为木制小屋或树屋，可在此尽情呼吸纯净空气，健身康养；山顶有一草亭，可鸟瞰山下村庄的核心发展空间。

利用流经村庄的北川河，打造一条沿河景观带。对现状河道进行生态化治理，清理杂草，在上游和下游关键位置设置雨水花园和湿地公园，对雨水资源进行收集净化再利用，并利用自然地形高差，用自然石块堆砌水坝2～3处，形成小型瀑布叠水景观，沿河岸景观带设置步行道和亲水平台，供人游憩观赏。河流驳岸采用垂直石砌驳岸处理，上下共两级平台，河岸上沿道路为一级步道，常水位处为二级栈道，两级平台通过石阶相连接。基于“渗、滞、蓄、净、用、排”的理念，在村内河流的下游，河道开阔处，设置一小型湿地公园，栽植水生植物，经过村庄的河水先流入湿地公园净化后再流入主河道，并设置木栈道，供人们游玩、垂钓、观景等。

（3）道路系统规划

①道路布局。沿用现有的农村道路系统，根据生活和生产的功能需要对原有道路和街道进行改造，为安置小区和特色商业街等重要规划节点重新配置道路。整个道路系统共分为五个等级，一级道路为穿越整个村庄的现状省道，宽 10 米；二级道路为连接各居民点和重要节点的新建道路，宽 6 米；三级道路为居民点内部和主要生产道路，宽 4 米；四级道路为林中支路，宽 1.5～3 米；五级道路为人行道、林中步道、滨河栈道等，宽 1～1.5 米。

②路面铺装导引。村内道路、人行道、登山步道、滨水步道、亲水栈道等路面铺装均采用砖、瓦、石、木等乡土生态材料铺砌，尽量减少对自然生态环境的扰动和破坏，使人工路面乡土化、景观化。广场、步行街铺装可采用透水砖横铺、竖铺，条石、卵石拼铺等多种铺砌方式；庭院铺装尽量采用砖石、卵石、瓦片花样铺砌，营造自然生态的景观效果；湿地公园的亲水栈道、滨河步道可采用木栈道加围栏的形式；登山步道可采用废弃枕木、石板、防腐木等铺装形式。

（4）居民住宅和安置社区规划引导

①现状民居建筑风格状况。深入调查研究后发现柳子村的传统建筑有着极具当地特色的建筑风貌和景观，可总结出柳子村的建筑肌理特色为：庑殿顶、灰瓦、红色的椽子、明檐（透气）、白墙。

经过沿途的调研，发现栾川县城、三川镇、柳子村新型的建筑基本都采用徽派建筑的风格：黛瓦粉墙。

②民居建筑风格概念性设计。柳子村共有农村宅基地 28.89 公顷，农户 712 户，户均宅基地面积 405.8 米^2。经调查，村内存在大量废弃的老宅，同时还有大量村民希望放弃现有宅基地，迁出山沟。经过项目组成员一个星期的入户调查，共有 335 户农户同意搬迁，以老宅置换新宅，将老宅全部拆旧复垦。这些老宅大部分都是 20 世纪五六十年代建造的砖木结构的坡屋顶瓦房，基本上都岌岌可危，无人居住，破损严重、年老失修。由于当地欲将民宿产业作为以后的主导产业，所以建设新民居是势在必行的一件事情。

新民居的建筑风格要符合当地的建筑肌理，不能突兀和格格不入，要顺应当地的建筑色彩和建筑语言，但要采用新的建筑材料和建筑方法。现将新民居的特色大致总结如下：基本采用砖混结构的二层坡屋顶结构，风格上继承徽派建筑特色，但要用“明檐”这一特色建筑语言继续讲述柳子村的故事，让人们能记得住柳子村，一次次地回味柳子村。“明檐”是以前居民建造房屋放置在房屋南立面上部用来通风的预制建筑材料。

③新建社区规划。a. 建筑单体概念性设计。根据现代生活习惯，柳子村希望新住宅既能保持人们独立的生活空间，又能方便人们照顾亲人。调查组与居民进行广泛而深入的访谈后认为，设计住房一梯两户，共 6 层，层高 3 米，每户两室一厅 75 $米^2$ 左右比较合适。b. 新建安置社区选址设计。新建安置社区选址基本要求是要位于村中的平坦地带，靠近国道 G311，交通便捷，采光充足，环境优美等。经过充分考察和论证，选择了村中南部的山前空地。该位置东侧为山的缓坡地带，适宜居住，住宅坐东朝西，在山地地区，具有良好的居住条件。c. 新建居住小区规划设计。新建居住小区选址在南北狭长地带，且住宅楼坐东朝西，根据实际情况，在选址范围内规划了一条宽为 6 米的小区路，呈 L 形贯通小区北、西两侧，将小区划分为 3 个组团，在每个组团内规划了宽度为 3 米的尽端式宅前路，方便居民出行。住宅楼呈行列式双联排布置，日照间距系数设计为 0.9，每栋楼之间的间距为 16 米左右，保证住宅都能得到充足的日照，同时，行列式也容易产生过堂风，可保证住宅的良好通风。在小区的西侧靠近出入口的地块规划有一座 2 层的村民活动中心，使居民拥有了一个能交流活动的公共空间。居住区设计分 2 期建造，1 期规划建造 14 栋 6 层居民楼，基本能容纳 168 户、504 人；2 期规划建造 16 栋 6 层居民楼，设计容纳 192 户、576 人。

（5）基础设施规划

①给水规划。柳子村项目区村民的生产生活用水基本以机井为水源，建造无塔供水设施供应用水，因现有机井数量不够且年久失修，已经严重影响到村民的生产生活，急需新建机井。

经实地调查，柳子村现有机井 15 眼，均已不出水或者水位很低，基本已无法使用。经过和当地村民干部研究与现场考察，柳子村需在原有井附近打井 15 眼、新址新打机井 31 眼，共计新打井 46 眼。

根据项目区已成井资料，经现场踏勘和与当地水利专家共同讨论，确定机井采用管井，井孔径 500 毫米，内径 300 毫米，井深 8 米，井管采用钢管，滤水管外围周边填滤料，封口采用黏土封填。农户自配井用潜水泵。

②排水规划。村内修建有连通三川镇污水处理中心的污水处理管道，但尚未连接到每个农户的家中，需要在村里铺设排污支管连接至村里现有的排污

干管。

考虑项目区的实际情况，以无毒、经济、耐用、安全为原则，排污支管采用PVC管，根据相似项目管径选取经验和标准管材型号，排污支管管径选110毫米管件，共计11 641.07米。

③污水净化工程设计。如果将生活污水直接排入市政管网的排污干管，长期排放会引起管道堵塞，加剧水质污染的问题，所以必须将生活污水经由化粪池净化后再排入排污干管。现如今一般采用预制玻璃钢化粪池，它具有结构简单、有效容积大、科学导流、不易堵塞、无须专人管理的优点，且可整体安装，施工速度快，比传统钢筋混凝土化粪池经济。根据《09BSZ3－1 BZHC玻璃钢化粪池选用及安装规范》，使用对象为住宅建筑，污水滞留时间为24小时，农村每人每日用水定额设为150升/(人·天)，玻璃钢化粪池选用规格为：BZHC－4A 3个，BZHC－6A 2个，BZHC－7A 3个，BZHC－9A 1个，BZHC－13A 1个。

④防灾减灾规划。a. 消防规划。消防安全布局整治。村庄内严禁储存易燃易爆化学物品。村庄各类用地中建筑的防火分区、防火间距和消防通道的设置，均应符合农村建筑防火的有关规定。在村委会、文化活动场地等公共区域设置普及消防安全常识的固定消防宣传栏；易燃易爆区域应设置消防安全警示标志。建筑消防整治。村庄民用和公共建筑的耐火等级、允许层数、允许占地面积及建筑构造防火要求应符合农村建筑防火的有关规定；既有耐火等级低的老建筑有条件时应逐步加以改造，采取提高耐火等级等措施消除火灾隐患。消防通道。消防通道沿村庄主次道路基本呈环状布置，并且设置平坦的回车场，尽端式回车场的布置不小于12米×12米。消防通道宽度不小于4米，转弯半径不小于8米，并符合国家《建筑设计防火规范》(GB50016)的有关规定。设施规划。村庄按“八有”标准建设，要有专兼职防火员、成立义务消防队，制定防火公约，设置消防宣传栏，明确村庄消防水源，配备一定的消防设施器材，要有防火巡查、防火档案。义务消防队址设在村委会，与村庄警务室合用。b. 防洪防涝规划。柳子村境内流淌着一条由北向南的淯河支流北川河，现状水位较低。历史上并没有洪涝灾害的记载。由于河道多年未经整治，存在河道淤泥、景观无特色等问题。规划实施时应对河道内垃圾进行清理，疏浚河道，利于河流行洪排涝。c. 防震防灾规划。设防标准：依据《中国地震动参数区划图》划定的范围，项目区内地震基本烈度为6度，重要建筑和生命线工程按7度抗震设防。规划目标：通过实施规划，逐步提高村庄的综合抗震防灾能力，当遭受相当于地震基本烈度7度的

地震时，生命线工程基本安全，并基本上不发生次生灾害，人民生活基本正常。

⑤花园式公墓项目。目前柳子村没有统一的殡葬用地，殡葬已成为村民生活中最大的难题。本次规划本着节约土地，方便群众，改气易俗的思路，在望夫沟和南沟之间一条废弃山沟内，利用灌木林地，打造一个花园式公墓，方便村民殡葬的同时，还进行商业化运营。整个园区共分为入口停车休憩区、普通树葬区、高端定制区、奢侈艺术区、山顶游憩区五个部分。公墓用地面积0.98公顷。

(6) 公共空间景观导引

村庄公共空间包括公共广场、公共厕所、景观墙面、宅旁空间等，对这些空间的整治和改造应遵循建筑材料乡土化、景观化的原则。公共景观建筑采用自然采光和自然通风式设计，以保证后期的节能减排和减少管理维护。

(7) 绿化种植规划

以栾川乡土树种为基础，以彩叶树种为特色，坚持因时制宜，适地适树，维持生物多样性、低养护、少管理的原则，打造复合型、稳定型绿地生态系统；植物配置形式采用乔灌花草相结合的群落式种植方式，将速生树种与慢生树种相结合，常绿树与阔叶树合理搭配，打造多种植物景观效果，创造多种生态和经济效益。

常绿乔木：采用当地适生树种，雪松、白皮松、龙柏，可在宅旁、庭院、公墓等场所种植，可群植、列植或独立造景。

落叶乔木、花灌木：七叶树，又称菩提树，可在路旁、停车场、广场等场所种植；青桐树，又名梧桐树，是鸾鸟栖息的重要树种，可结合鸾鸟文化场所种植；核桃树，为当地特色产业树种，可产业化种植，亦可在广场、庭院中独立造景；黄栌、血皮槭、银杏、栾树、红叶李均为彩叶树种，可在山坡成片种植，也可在村内搭配建筑独立成景；山茱萸为当地特色树种，其红色果实尤为美观；水杉可群植、列植于山林、水边；辛夷、木槿、山茶树、山樱花、山桃树、贴梗海棠、蜡梅等均为新规划树种，用来丰富村庄整体植物景观的季相和色相，可群植于山坡上，独立于庭院中，或用于公共空间植物造景等。

水生植物：芦苇、黄菖蒲、水葱等，在河流驳岸处，湿地公园和雨水花园等处种植，既有观赏作用，又能净化水质。

地被草花：萱草、向日葵、蜀葵、秋英等，可在路边、宅旁花池等地种植，是体现乡土气息的重点。

13.5 产业发展规划

13.5.1 村庄发展SWOT分析

13.5.1.1 发展优势

(1) 村庄自然环境优美

绿水青山就是金山银山，柳子村自然生态环境非常优美，山、水、林、田、居等景观要素齐全。东西两翼为山林，中部为平川农田，山沟内为居民点，村中有河流，既有高山流水，又有空山静谧，还有田园悠闲，构成一幅优美的山水田园景观。

(2) 有独特的高山气候条件

柳子村地处豫西高寒山区，村庄的最低海拔1 210米，年平均气温9.2℃，是中原地区难得的夏日避暑胜地，可以让中原地区的游客便捷地体验到独特的四季风光。可以为中原城市群、关中平原城市群、长江中游城市群等三大都市圈的旅游人群，近距离提供高山避暑服务，以及高原四季体验服务。

春季满山的山茱萸花和迎春花竞相盛开，受气温影响花期较晚，可以弥补“人间四月芳菲尽”的遗憾，到山中寻觅春天的足迹。夏天更是清爽宜人，风景独特，“云山胜地敛峰岭，风泉清所奏琴筝”，炎炎夏日享受晚上十几度气温的清凉。秋天的山景多姿多彩，“停车坐爱枫林晚，霜叶红于二月花”，三川镇也是栾川县的彩叶基地。冬季的柳子村更有别样的北国风光，“千里冰封，万里雪飘”，白雪可经冬不化，别具风采。

(3) 无灾害风险

村庄土壤条件非常优越，石质山地土壤仅占5.86%，而泥质山地土壤占74.78%，这奠定了柳子村农业和生态服务业的开发基础，没有生态退化的隐忧，也没有山洪泥石流的风险，可以大力推进农旅、园旅和林旅等复合性开发。

(4) 空气质量好

村庄水土条件好，草木繁盛，仅公益林地就占土地总面积的63%，加上园地和草地就占土地总面积的77%，林木资源丰富，且盛产中草药材，适宜苗木种植。丰茂的植被带来了清新的空气，空气中富氧离子含量高，非常适宜康养。

(5) 神奇的传说故事

柳子村从空中俯视，酷似一只飞翔的鸾鸟，村庄历来都有“鸾栖之地”的传说。鸾鸟是古代传说的神鸟，《淮南子·卷四·地形训》中写道："羽嘉生飞龙，飞龙生凤凰，凤凰生鸾鸟，鸾鸟生庶鸟，凡羽者生于庶鸟。"栾川古时西部鸾鸟群栖，所出伊水名鸾水，地名鸾川，宋朝以前通写鸾川，元人修宋史，始定栾川，沿袭至今。柳子村盛传是鸾鸟的栖息之地。

(6) 人力资源丰富

村庄目前有 712 多户，2 719 人，虽然青壮年劳动力大多在外打工，但都是离土不离乡，只要条件允许，随时都能返乡创业或返乡就业。通过乡村产业振兴，大量劳动力可服务于发展现代农业经营、农产品加工、旅游服务等行业。

(7) 拥有一个干事创业的村级领导班子

柳子村配备有强有力的村级领导班子，村支书为栾川县人大代表、知名企业家。村"两委"工作积极性很高，干事创业的愿望强烈，有自己的发展思路，在群众中威信高，有较强的号召力和影响力。村里有一定的经济实力，在外发展较好的成功人士开始回村投资兴业。村庄目前成立了招商办、产业办、金融办三个机构，也成立了农村合作经济组织，可发挥组织优势，把乡土人才用起来，带动产业发展。

(8) 村民返乡创业积极性高

随着"全景栾川，全域旅游"发展战略的实施，村民返乡创业的积极性不断高涨，在乡村能人的带动下，村庄呈现出良好的腾飞态势。村支书郭建新，从玉米加工小作坊干起，发展为栾川县农产品与核桃加工知名企业带头人。2017 年 9 月 12 日，生意做得顺风顺水的郭建新"临危受命"，选择回到家乡柳子村担任村党支部书记，提出了发展核桃加工产业、做大休闲农业、发展乡村旅游等诸多建议，立志带领村庄走向振兴之路。李进宗兄弟是知名的矿业企业家，同样于 2018 年回村投资 1 500 万元发展乡村旅游精品民宿。在这些知名人士的带领下，将会有更多的村民选择返乡创业。

(9) 特色农产品加工潜力巨大

在独特气候和环境的孕育下，该村盛产有机生态农产品。首先是玉米，3 月种植 9 月收获，具有超长生长季，其间不需要病虫害防治，籽粒饱满，颜色金黄，香味独特，已成为栾川县的名优商品。其次是三川豆腐，选用当地特产黄豆精制，并配以当地自然酸浆点成，质地细腻嫩滑，筋而松软，味道鲜美，佐以青红辣椒，色香味俱全，历来为人们所喜食。佛手豆腐做出佛手形状，再用纯植物油炸制成，色泽金黄、外焦里嫩，久吃不腻，是当地历史悠久的名优小吃。最后还有土豆粉、核桃油、松针粉、高山松林土鸡及土鸡蛋等特色农产品。目前这些优质农产品加工已走上产业化发展的道路，随着对加工工艺的进一步研发，以及经营能力的提升，农产品加工产业必然崛起。

（10）交通区位条件持续改善

国道G311穿村而过，位于栾川旅游环线上。周边有抱犊寨、望牛岭、抱龙湾等旅游景观。南侧紧邻三川镇镇区。可发展为栾川全域游的一个重要节点。此外栾卢高速2020年通车，村庄距最近的高速出口仅20千米。国道G344和省道S521也即将通车，这些都可方便地为柳子村导入客流。

13.5.1.2 发展劣势

（1）村域产业不足

村域产业方面：农业生产方式传统，耕地面积小，人均只有0.5亩耕地，并且十分分散，不成规模，只能种植玉米、土豆等，农业发展缺少基础条件，没有形成规模，土地粮食产出较低，产业分布散乱，品种单一；现有的第二产业基本处于以传统型和粗放型生产为主体的阶段，在产业结构上存在着劳动密集型多、技术密集型少、生产领域少的特点，且总量不大、规模较小、竞争力不强，而且柳子村属于丹江口水库水源保护区域，产业发展受限，只能发展简单的农产品加工业，有污染风险的产业，如养殖等不能发展；第三产业尚未起步，虽然有良好的旅游资源，但距离县城和其他中心城市较远，特色不突出，没有产业化。

（2）村庄建设落后

村庄建设方面：民宅空置率较高，占35%，宅基地浪费严重；村庄布局散乱，无典型山村建筑物，无重要历史文化遗迹，无特殊历史文化传承，整体建筑风貌杂乱；村民分散居住在8条沟里面，村落道路、景观、文化、卫生设施等配套不完善，旅游服务设施缺乏；基础设施不完善，生活生产用水保证率很低，排水、污水处理系统不健全，村内主干道缺乏路灯等照明设施，基础设施建设投入需求量大。

（3）生活环境有待改善

宅前及村庄河道随意排放垃圾，污染严重；厕所多为旱厕；村庄绿化及公共休闲绿地不足。

（4）村庄缺少活力

农民家庭收入不足，劳动力外流严重，目前在村里居住的人口只有40%，留村人口老龄化严重。

（5）相关规划与政策的限制

项目区地处南水北调丹江水库的水源地保护区，禁止发展污染型的产业，禁止土地过度开发，要严格保护生态环境。

柳子村在栾川县城乡总体规划（2016—2035 年）中为基层村，不是中心村，也不是传统村落，这就限制了柳子村基础设施与公共服务设施的发展。

村庄大部分用地类型为公益林，占村庄面积的 63%，根据国家相关政策，公益林地禁止开采，三川镇土地利用总体规划为柳子村下达的基本农田保护任务为 152.61 公顷，基本农田保护区几乎涵盖了所有的耕地和园地，村庄产业发展严重受限。

13.5.1.3　发展机遇

(1) 政策机遇

为落实国家生态文明建设的要求，促进乡村旅游的发展，国家发布了相应的政策。其中，2017 年中央 1 号文件中明确指出，充分发挥乡村各类物质与非物质资源富集的独特优势，利用“旅游＋”“生态＋”等模式，推进农业、林业与旅游、教育、文化、康养等产业深度融合。2017 年 5 月发布的《关于推动落实休闲农业和乡村旅游发展政策的通知》，旨在促进引导休闲农业和乡村旅游持续健康发展，加快培育农业农村经济发展新动能，壮大新产业、新业态、新模式，推进农村一、二、三产业融合发展。同时县、镇政府的大力支持也是快速发展的又一重要的政策机遇。

(2) 市场机遇

在全国旅游业快速发展的大背景下，乡村旅游受到了越来越多人的青睐。数据显示，2012—2017 年我国休闲农业与乡村旅游人数不断增加，从 2012 年的 7.2 亿人次增至 2017 年的 28 亿人次，年均复合增长率高达 31.2%，增长十分迅速。目前已完成发改委等 14 部门印发《促进乡村旅游发展提质升级行动方案（2017 年）》中接待人数超过 25 亿人次的发展任务。在良好的市场背景下，柳子村具有独特的自然资源条件，交通便利，深度开发旅游资源将是一个发展机遇。

13.5.1.4　发展挑战

柳子村周围可能会出现众多休闲旅游乡村，因此需抢占先机，占领一定市场。

另外生态环境的保护对产业发展提出了更严格的要求，经济发展应与环境保护相互协调，在不影响二者共同发展的前提下，各自采取战略性发展策略，更好地引导村域发展。

13.5.2　产业发展定位

柳子村产业发展刚刚起步，传统的农业生产支撑能力明显不足，造成大量青壮年劳动力外流，村庄发展动力不足。实现乡村振兴中的产业兴旺的要求，首先需要对村庄产业发展方向进行准确的定位，这又需要从村庄的外部环境和内部比较优势两方面综合分析。

2015年中国旅游出游大数据分析显示，旅游市场将逐渐出现以下新特点：优美景色和便捷交通是游客出行的主要考虑因素；游客以逃离城市喧嚣，追寻静谧度假生活为主要动机；偏好山水资源和娱乐场所的旅游目的地；以山地运动等为代表的生态型运动体验产品更受欢迎；特色餐饮和住宿对游客吸引力最大；旅游纪念品和特色商品更能够激起游客的购买欲望。同时，旅游消费市场涌现出了多种类型的市场主体，如千禧世代、银发族、户外旅行者、亲子市场、她市场、自驾车市场和新农人市场，这些市场消费特征多样化，消费规模扩大化，为旅游业发展奠定了良好的市场基础。

栾川旅游主要客源市场集中于省内，洛阳本地市场占比最大；栾川旅游客源市场半径已扩大到800千米；过夜游客比重明显增加，72%的游客选择停留1～4天，20%的游客停留7天及以上；最吸引市场的资源是山水和乡村；家庭游市场是栾川最大的专项市场；62.7%的游客会选择夏季到栾川旅游；61.39%的游客来栾川旅游会选择农家乐住宿；栾川旅游信息的获取以口口相传最为广泛；市场人群以中青年游客居多；日消费水平集中分布于500～800元。

柳子村的核心优势是“生态＋人和”，她具有独特的气候、优美的环境和强有力的村级组织。因此柳子村产业发展定位是以乡村旅游产业为核心，以创造全新的“山地生活”为愿景，围绕“山宿、山养、山农、山飨、山娱、山创、山节”七大要素，打造高山生态康养、亲子农事体验、文创基地和自驾游网红打卡地等旅游主题。同时配套发展现代农业和山地农产品加工产业，为旅游产业发展解放农业劳动力，且可充分利用旅游淡季劳动力资源从事农产品加工。

13.5.3 产业发展规划

13.5.3.1 第一产业

结合国家开发银行和农业发展银行对发展休闲农业项目的政策性贷款，大力建设休闲农业乡村游示范村。调整农业种植结构，引入“休闲农业、景观农业、艺术农业、生态农业、可持续农业”的发展理念，通过一、二、三产业的融合发展，实现旅游与农业的融合发展，延伸农业产业链，拓展农业产业功能，增加农业效益，带动农村发展、农民致富。重点发展农业观光、农事体验、亲子农场等旅游产品；通过品质与包装提升开发农业旅游商品；加大创新力度，打造以农业为依托的乡村创客基地。

依托丰富的林业资源，挖掘林业生态产业优势，将林业与旅游业相结合，拓展林业资源的功能，增加林业价值。通过“林下种、林中游、林上采、林间养、林缘加工”等形式，将林业经济结构不断拉长，重点开发森林养生、森林娱乐、森林休闲等旅游产品。

依托栾川伏牛山山区中草药种植的良好产业基础，贯彻落实国家关于中医药健康养生产业的发展思路，重点针对养生康体市场，通过养生度假项目建设、养生旅游商品开发以及养生餐饮等的研发，将中医药养生与旅游充分结合。

13.5.3.2 第二产业

首先大力发展农产品加工产业，优先发展核桃加工产业。柳子村和周边村核桃原料充足，大多是百年以上的传统核桃，品质优良，营养价值高，而且富含硒元素。同时核桃加工生产季节在秋冬季，正好错开了旅游的旺季，可充分利用好劳动力的闲暇时间，留住劳动力，让村庄保持活力。

其次是发展无污染的衣服加工业，目前利用扶贫项目资金，村庄已建成了一座服装厂，围绕乡村旅游，可开发特色乡村旅游服饰产品。

13.5.3.3 第三产业

结合项目区自身优势大力发展高山乡村旅游产业。以冷凉气候为优势，以高山避暑养生为主线，结合三川镇彩叶林观光基地，发展乡村民宿，打造中高端乡村旅游度假避暑新亮点。

（1）高山生态康养产业

借鉴德国、日本森林疗养的先进经验，开发森林康养项目，推进深层次森林产品建设。开发建设集养老、休闲、度假等功能于一体的新型康养中心，主要建设内容包括养老地产、康养中心、远程医疗及休闲娱乐配套设施。

（2）亲子农事体验

依托优美的山地田园风光，逐步打造以亲子农事体验教育为主题的系列项目，包括家庭亲子活动、农业科普、农耕生产等全方位的农业体验项目，让人们在自然的环境中参与农业耕作，享受农耕文化带来的乐趣。

（3）文创基地

利用柳子村安静、清新、凉爽和生活节奏缓慢等特色，以文化创意性旅游为引爆点，打造一个林间文创基地，集文化创作、休闲旅游为一体，吸引教师、研究员和公司到此开展“旅游＋创作”活动。

（4）自驾游网红打卡地

依柳子村优质的环境，将营地休闲旅游与生态保护和农业休闲相结合，在尊重场地的基础上，布局营地结构，以高端度假为主，以低成本的度假产品为补充，打造双凤山下星空露营地。重点建设登山步道、绿屋顶木屋群、星空帐篷屋等。

（5）山地民宿

开发建设具有豫西地域文化特色的精品民宿项目，新建生态野奢民宿、精品民宿、自驾露营地。

（6）特色商业

打造以特色山地农产品、农事体验和山村美食为主题的特色商业街，以“三川印象”为品牌，开发玉米糁、土豆粉、豆腐等土特产品。以“鸾”文化为切入口，发展鸾鸟系列文创产品，如明信片、雨伞、纸胶带、日历等。发展“前店后坊”式农事体验型购物场所。深度挖掘三川特色餐饮文化，充分利用本地玉米、土豆、豆腐等特色美食资源，包装一批三川特色小吃。

14 河南省生态空间治理与修复实践

生态环境破坏容易修复难。在废弃矿山生态修复治理中，河南省按照宜耕则耕、宜林则林、宜园则园、宜水则水的原则，因地制宜，恢复生态环境，实现对土地资源的再利用。面对千疮百孔的废弃矿山，河南省各地采取一矿一策，分类施策，初步建立了政府、企业、社会资本等多元化融合的治理模式。如今，河南省已经形成了三种废弃矿山修复治理模式。其一，以宝丰县、郏县为例，河南省国土资源投资开发管理中心与地方政府合作参与废弃矿山修复治理模式；其二，以济源、焦作为例，财政资金先期投入，地方政府做好整体规划，开展招商引资模式；其三，以永城等地为例，政府引导民间资本参资入股，修复治理废弃矿山，转型发展旅游产业。

14.1 煤矿塌陷地的治理与复垦

14.1.1 河南省煤矿塌陷地的现状

河南是中国主要产煤省份之一。全省 135 个市、地、县中，有 70 多个有煤炭资源赋存，煤系地层总面积达 62 815 千米^2，占全省总面积的 37.9%。河南省矿区的煤炭开采方式主要为井工开采，对土地资源的破坏主要是地下采煤形成的塌陷地。至 2012 年，河南省现有的 8 000 多家煤炭企业，都不同程度地存在地面塌陷隐患，经初步调查，矿山开采塌陷地 478 处，塌陷面积累计 39 500.87 公顷。

14.1.2 河南煤炭塌陷地的分类与分区

河南省的煤炭资源分布范围较广，涉及山地、丘陵、平原等多种地貌类型。通过对河南省各个矿区现场调查资料、遥感图片以及搜集到的相关资料进行数据整理分析，并根据土地破坏情况、复垦条件、区域特征等各因子的分析比较，将河南省煤矿塌陷地分为以下 5 种类型。

①山区塌陷地。在山区，开采塌陷对植物的影响情况主要与区域气候和地

质条件有关。一般情况下，山区开采塌陷对植物的影响不大。但在某些干旱的山区，如河南省西部的一些矿区，由于开采塌陷引起的地表非连续变形（裂缝、台阶、塌陷坑、滑坡）发育，地表水流失严重，土壤微气候变得更为干燥，造成农作物减产。该类型的塌陷地在河南省矿区出现较少，主要分布在西部的一些煤矿。

②位于黄土塬区和丘陵区的塌陷地。位于黄土塬区的塌陷地主要分布在三门峡；位于丘陵区的塌陷地主要分布在郑州、洛阳、三门峡、鹤壁、新乡、焦作、平顶山、许昌和济源。在黄土塬区，气候干燥，生态环境脆弱，地下煤炭资源的开采，导致地表下沉，使地面水土流失严重，对植物生长不利。在丘陵地区，开采沉陷对植物的影响既有有利的一面，又有不利的一面。当地下开采使地表上凸部分下沉时，将减小地面凸凹不平的程度，使地面变得较平坦，对植物生长有利；当地下开采使地表下凹部分下沉时，将增大地面凸凹不平的程度，同时使地面坡度变陡，对植物生长不利。

③不积水的坡耕地。此类塌陷地一般位于塌陷区的外围区，地貌变化不太大，一般不积水，塌陷深度在0.1～1米，塌陷后地表坡度向塌陷盆地中心倾斜，地表不平，容易跑水跑肥，使农用地的土壤肥力越来越低，成为中低产田。这类塌陷地一般地处平原，主要分布在鹤壁、新乡、焦作、平顶山和许昌。

④季节性积水区。位于坡耕地与常年积水区之间，塌陷深度在1～2.5米。当雨季来临时塌陷区因积水而成为绝产地，当旱季来临时地下水位下降，塌陷地会出现返渍返盐，变成盐碱地。这类塌陷地一般地处平原，主要分布在永城、平顶山的一些矿区。

⑤常年积水区。该类塌陷地又可以分两种情况：常年积水的浅水位塌陷地，地表下沉深度2米左右，一年四季积水，但是积水深度随季节变化大；常年积水、塌陷深度较深的塌陷地，一般深度在2.5米以上，范围较小。常年积水区主要分布在塌陷区的中心，由于地下潜水位较高，导致塌陷区常年积水，给矿区土地和生态环境带来了严重的影响，主要分布在永城、平顶山的一些矿区。

河南省地貌显著的特点是北、西、南三面为山地、丘陵和台地，根据各矿区自然条件，将河南省煤矿塌陷地划分为4个区，即：郑—平煤矿塌陷区，陕—洛煤矿塌陷区，安鹤—焦济煤矿塌陷区，永夏煤矿塌陷区（表14－1）。各区内地貌性质基本一致，充分体现了土地利用方向和土地复垦潜力的一致性。

表 14-1 河南省煤炭塌陷地分区

分区名称	涉及县市
郑—平煤矿塌陷区	郑州的新密、登封、新郑；平顶山的鲁山、宝丰、叶县、汝州；许昌的禹州、襄城
陕—洛煤矿塌陷区	三门峡的陕县、渑池、义马；洛阳的新安、宜阳
安鹤—焦济煤矿塌陷区	鹤壁市辖区；新乡的辉县；焦作的马村、中站、修武；济源
永夏煤矿塌陷区	商丘的永城

14.1.3 不同类型塌陷地的复垦模式

根据前面对河南省煤矿塌陷地的分类结果，将塌陷地土地复垦模式分为以下5种类型。

①山区塌陷地的复垦模式。由于地表下沉造成干旱和水土流失严重，道路交通运输条件差，距离城市较远，城市的扩张对其土地价值的影响甚小。该类塌陷地应主要复垦为林牧业用地，用于植树造林，保持水土，防止地质灾害，改善生态环境，提高植被覆盖率。

②位于黄土塬区和丘陵区的塌陷地的复垦模式。位于黄土塬区的塌陷地应优先复垦为林牧业用地，植树造林，改善矿区生态环境。位于丘陵区的塌陷地主要复垦为林牧业用地，减少丘陵区水土流失，为改善矿区的生态环境提供有利的条件。对此类塌陷地应以“林牧结合、以林牧促农”为复垦方向，大力营造侧柏、刺槐、油松等用材林、水源涵养林，种植杏、枣、柿子、核桃等果木林，栽种牧草，封山育林和植树造林相结合，提高森林覆盖率，保持水土，改善生态环境。

③不积水的坡耕地的复垦模式。采取工程措施，如推土机或人工整平措施，如果塌陷地落差大，采取梯田平整方式，如果坡度起伏大，可采取台田平整方式。塌陷土地恢复后可以大力发展立体种植生态农业，种植大田作物，实施三高一优农业。对于靠近城镇和农贸市场的坡耕地，可适当种植经济作物。对于有很好的特种种植经验的塌陷区，可适当发展特殊种植业，如花卉、药材、石榴、梨、桃等。

④季节性积水区的复垦模式。开挖疏浚排水沟，控制地下水位，重建排灌水利工程和道路林网，恢复农田基本设施，在此基础上，采取基塘复垦措施，挖深垫浅，塌陷深处挖塘，用以饲养鱼类或者种植水生植物，浅处抬田，治理成梯级田，形成小平大不平的格局。有足够充填物的地区，可采取充填复垦方

式，恢复成农用地。对于季节性积水塌陷地，基塘式规模利用和发展立体生态农业是最理想的综合利用途径。果基、菜基、林基等模式在平顶山矿区都有很成功的示范模式，可大力推广。

⑤常年积水区的复垦模式。常年积水的浅水位塌陷地的复垦方法是：维持水体不变，直接作为灌溉水源或矿区湿地，治理成水产养殖用地，有条件的地方，可治理为风景旅游用地。常年积水、塌陷深度较深的塌陷地的复垦方法是：直接以煤矸石或粉煤灰向塌陷处充填至原地面标高，可用于住宅基建和非农建设，此种复垦方法不仅避免了大量堆积煤矸石对土地的占用、压损，而且增加土地面积，减少了环境污染。

14.1.4 不同分区塌陷地的复垦模式

根据前面对河南省煤矿塌陷地的分区结果，将塌陷地土地复垦模式分为以下几种类型。

①郑—平煤矿塌陷区复垦模式。郑—平煤矿塌陷区位于郑州市、许昌市、平顶山市的辖区之内，是河南省主要的粮棉油烟作物产区。该区地处嵩箕山脉与黄土丘陵岗地、冲积平原的过渡地带，土壤类型主要以潮土、棕壤为主。区内主要河流有沙河、颍河等，有昭平台、白龟山等大型水库，地表水为农田灌溉提供较为丰富的水源。本区由于煤炭资源开发造成大面积地面塌陷、崩塌、地下水疏干等地质灾害发生，区内沉陷最大值可达 14.7 米，塌陷盆地下沉最深达 14 米，煤炭开采多集中在人多地少的丘陵岗地区，造成了对耕地资源和生态环境的严重破坏。

其复垦模式是：在矿山环境治理的基础上，采取工程措施和生物措施进行平整土地和改良土壤；增加农电设施，完善灌溉排沟渠等农田基础设施；对陡坡耕地进行退耕还林，对缓坡耕地进行综合整治，提高耕地质量和耕地生产力。

②陕—洛煤矿塌陷区复垦模式。陕—洛煤矿塌陷区位于三门峡市义马、陕县和渑池等市县，洛阳市新安县、宜阳县境内。该区地处熊耳山、崤山前沿和邙山黄土丘陵地带，土壤类型有立黄土、红黏土、油黄土等。区内干旱少雨、植被稀少、水资源短缺、生态环境脆弱，是河南省水土流失最严重的地区。区内黄土地区地下水埋藏较深、资源量较贫乏，不具备供水条件，盆地与河谷地带地下水补给条件好，水资源丰富。

其复垦模式是：对塌陷地进行平整；加强对黄土丘陵地的综合治理，采取生物措施、工程措施和农艺措施，逐步治理水土流失，建设防护林工程，改善生态环境；以积水工程、坡改梯工程、道路工程为重点，加强农田基本建设，增加农业抗御自然灾害的能力，并不断提高耕地质量和尽快提高农业生产水平。

③安鹤—焦济煤矿塌陷区复垦模式。安鹤—焦济煤矿塌陷区位于鹤壁市鹤山区、山城区和淇滨区，新乡市的辉县市，焦作市的马村区境内。由于地处太行山东麓，地形复杂，由山地、丘陵、洪积平原、黄土台地等构成；土壤以棕壤、褐土为主。该区岩溶裂隙发育、含水层富水性，地下水资源丰富。矿区地下疏排水可作为农田的灌溉水源。该区沉降深度最高达 6 米。由于含煤区多位于山前洪积平原或山前倾斜平原，导致农田受损严重。

其复垦模式是：通过对区域内的塌陷地采取工程、生物等措施进行平整土地和改良土壤，提高耕地质量；完善塌陷区内的水利、电力设施，充分利用区域内非矿井水和南水北调水源；营造防护林网，改善农田生态环境。

④永夏煤矿塌陷区复垦模式。永夏煤矿塌陷区位于永城市境内，区内地势平坦，地下水资源丰富，土壤类型主要为潮土、风沙土和砂姜黑土等，地处冲积平原区，资源开发造成较大规模的地面沉降，完全丧失种植条件。

其复垦模式是：通过采取相应的工程复垦和生物复垦措施，以复垦为耕地为主、复垦为养殖用地为辅，缓解矿区日益突出的人地矛盾，有效补偿耕地数量，提高土地利用效率；科学布设塌陷区内的排灌系统，完善塌陷区内的水利、电力设施，提高农田抵御旱涝等自然灾害的能力；加强农田防护林网和生态林建设，改善农田生态环境。

14.2 矿山废弃地的生态修复

14.2.1 矿山废弃地概念

“废弃”一词从字面意思来看，即弃置不用、抛弃或遗弃。显然地，“废弃地”就是被人们弃置不用的土地，它包括农业、工业、城镇建设等不同使用类型的土地在发展过程中所产生的各种没有充分利用的一部分土地。那么，“矿山废弃地”就是指因矿山开采、选矿、加工等活动终止后，破坏、污染、遗留或占用的未经治理而没法使用的土地，如露天采矿场、选矿场、排土场、尾矿库及其周边受到严重污染的土地等。

14.2.2 生态恢复的原则

(1) 可持续性

在矿山废弃地生态恢复过程中应当注重环境保护，避免对生态环境造成二次破坏。恢复植被群落与演替，改善土壤质量，使其恢复到自然生态状态，提高受损生态系统的活力及稳定性。由于不同程度的采矿活动以及所处位置的差异性，所产生的废弃地环境状态也不同。因此，应当根据其所在区域的特点，对不同类型的矿山废弃地采取不同的生态恢复途径，充分利用本土资源，因地制宜地进行综合治理。

(2) 系统性

矿山废弃地生态恢复是一个系统工程，在恢复过程中应当进行全面考虑，统筹兼顾，充分结合本地区的自然地理特点、经济发展状况以及社会人文特点等要素，按照自然生态系统的规律、原则和方法，构建生态安全格局，实现资源的合理利用与保护。

(3) 场所性

场所性强调场所精神，指人所必须面对和适应的实在和预设的力量。“场所精神”是“场所”所特有的精神特质，它是由挪威城市建筑理论学家克里斯汀·诺伯格舒尔茨（Christian Norberg－Schulz）于1979年提出的。当人们长期生活在一个可达的、熟悉的地方时，会产生一种对当地自然环境以及文化环境的满足感和归属感，那么这个地方也就成了他们生活和生命中的一部分，也是一种对场所的印迹和记忆。矿山废弃地是感知采矿历史和文化的重要场地，人们在这里可以充分意识到历史、社会及自然环境的改变。尊重场所性，也是尊重自然的体现，应当在满足生态恢复要求的基础上对场地进行有选择的保留，使这些有意义的场所体现出一种新的生命价值。

14.2.3 生态恢复的对策

(1) 水系整治

矿山废弃地对于水系的破坏主要针对地表水和地下水，而其自身产生的废水包括矿坑水、选矿尾水和废石淋漓水。对于受污染严重的矿山废水，要经过水系净化，如加入化学药剂，使污染物分解沉淀，待水质达到排放标准后才能进行二次利用。近年来，用于农业面源污染控制的生态拦截技术逐渐发展起来，通过构建系统拦截泥沙和径流，利用系统植物去除氮、磷等污染物质，例如构建拦截坝、生态沟渠等。除此之外，对于地表水和地下水的污染可通过构筑人工湿地对污染物进行去除。人工湿地技术发展于20世纪70年代，已成为一种较为普遍的污水生态处理技术。人工湿地的作用系统为填料——水生植物——微生物，它通过一系列化学、物理和生物过程（如沉淀、过滤、吸附、生物转化及水生植物吸收微生物降解作用）达到去除氮、磷，净化污水的效果。

（2）边坡治理

对于矿山废弃地边坡的生态恢复应当按照地层岩性、坡度以及坡面的松散程度等的不同采取有针对性的措施，使整个生态系统达到良性循环的状态。边坡治理的首要工作是清除危石，稳定边坡，降坡削坡，彻底消除因岩石崩塌等带来的安全隐患，然后再对已经处理过的边坡进行植被恢复，常用的方法有：

①喷播绿化护坡。目前常用的有两种方法：第一种方法是液压喷播植草护坡，即利用水力机械向护坡上面大面积喷播草籽；第二种方法是厚层基材植物护坡，即将拌和均匀的厚层基材与草籽的混合物使用经过改进的混凝土喷射机按照一定的厚度均匀喷射到护坡面上，这种方法可以通过复合材料网、锚杆以及植物根系的力学加固等来实现。

②客土植生植物护坡。采用特定的混合料基材和种子配方对边坡进行防护和绿化，此法常用于整体稳定和有一定坡度的矿山边坡。

③土工网垫植草护坡。土工网垫是由聚丙烯和聚乙烯制成的塑料网，呈三维结构，内可填充泥土和草籽，其网孔可以被植物的根系所穿过，这种方法可以使草皮、网垫以及泥土层很坚固地结合在一起，从而形成一种绿色复合防护层。

④框格植草护坡。用毛石、卵石或预制的空心砖等材料干砌成正方形或菱形框格骨架，然后在框格中间植草。这种方法可以截留降水，防止地表水对坡面的过量冲刷，控制水土流失。

⑤植生袋护坡。将含有肥料、种子的无纺布全面附贴在专用的 PVC 网袋内，然后在袋中装入适量的种植土，依据边坡形状对垒起来，最终实现边坡绿化的效果。雨水在植生带的立体网状纤维层内流动，可以减弱其形成的径流对地表土壤的冲刷。

⑥香根草技术植被护坡。香根草属于禾本科香根草属，是众所周知的水土保持和斜坡固定植物，其根系十分发达，生长迅速，向地下纵深发展，具有很强的生态适应性，如抗旱、抗寒、耐酸碱等。

⑦人工植生盆护坡。在坡面的凹凸地形上用砖或碎石砌筑植物盆，然后内填营养土并种植藤本、灌木或小乔木，此种方法一般不用于坡度大或坡面平整的边坡。

⑧平台法护坡。在边坡上设置平台，然后在其上回填土，并种植攀缘藤本植物、灌木或乔木。此种方法也可以在开采过程中进行，采取适当的工程措施使开采后的边坡呈梯形台阶状，台阶宽度一般不应低于 5 米，高度不应大于 10 米，其土层厚度宜大于 1 米。

(3) 渣石处理

对于在矿山开采过程中产生的废弃矿渣，以及边坡整治后产生的废渣石，可根据废弃渣石的类型及块（粒）度大小，将废弃块石铺设在矿区范围内较低洼的地方，粒度较大的或大块的铺设在最下面，碾压密实，并逐层向上回填，最后在碎砾石上再进行覆土绿化，选择种植一些耐旱、耐贫瘠、易成活的植物。钼矿石中主要有价金属有钨和锌，采完钼矿以后，钨和锌就以尾矿的形式被废弃掉，这样一来就会造成矿产资源的很大浪费。因此，采用合理的技术措施对尾矿资源进行二次开发回收利用，不仅增加了尾矿的综合利用率，而且还可以使其变废为宝，进而形成一条可持续发展的道路。

(4) 土壤修复

矿山废弃地的土壤条件表现为无生产能力、不能利用甚至失去全部土壤，而土壤基质的改良是生态修复的关键。栾川县矿山废弃地土壤主要为棕壤，石砾较多，若要达到长期效果则需要对其进行植被覆盖，而植被的覆盖首要考虑因素是土壤的肥力，可以通过使用松土精来解决土壤的板结问题。其具体操作方法为将松土精掺 30～40 千克的土撒施在植物蔬菜等的根部附近，然后浇水即可。对于一些露天开采区，其废弃地根本没有土壤覆盖，对此需进行覆土处理，最常用且有效的方式就是回填表土。在地表土壤未被破坏之前，先将表层及亚层土壤取走保存，取土的过程中尽量保留土壤结构和防止土壤养分流失，待工程结束后，再运回原处利用。覆盖表土厚度一般在 5～10 厘米，若要种植果树及农作物则厚度不小于 50 厘米。对于原地表土无法保留的地区，可采用客土法，即将异地挖取的熟土覆盖在其表层，并通过施用氮素、引进微生物和植物种子等方式对土壤的理化性质进行改良，从而为矿山废弃地的植被恢复创造基础条件。

(5) 植被复垦

矿山废弃地土壤立地条件差，岩石裸露且无生物的作用，土壤有机质含量低，进行植被恢复时要综合考虑各因素。在进行植被恢复时，要遵循先草后木的原则，乔灌草合理搭配，立地条件良好的区域可进行大面积的植树造林，而土壤贫瘠的区域优先考虑水土保持，在沿等高线且与坡面水流正交的地方进行植被营造。造林要点为春季造林，穴状整地，穴深 0.3 米，穴径 0.4 米，株行距 1 米×2 米，品字形排列，两个树种行间混交，比例为 1∶1。位于一般区域的采矿场底部和排渣场顶部的植被可采用营造栎类纯林的方式恢复。造林要点为采用扣杯直播技术，春季播种，选择鱼鳞坑方式整地，坑长 0.8～1 米，深 0.3 米，宽 0.5～0.8 米。对于排渣场边坡的植被恢复可采用油松和紫穗槐混交的模式，6 月中上旬开始造林，采用人工撒播的方式。采场的边坡区域可种植爬山虎等藤蔓植物。春季栽植，穴状整地，株距 0.6 米，规格为 0.3 米见方。但由于藤蔓植物难以爬到边坡的相应高度，该技术还需深入研究。

(6) 人文景观重建

矿山废弃地作为一种工业文明的遗迹，深刻地记载了矿山开采发展的历史，在这里，人们可以看到人为活动所带来的场地历史变迁。在对栾山县矿山废弃地进行生态恢复时，应当适时地延续和保存人们对场所的精神记忆，融入历史文化、人文地理、乡土植被、风俗习惯等地域性要素，形成当地特有的人文景观，体现出采矿历史文化的独特韵味。

14.2.4 保障机制建设

矿山废弃地生态恢复受到多方面因素的影响，是一个复杂的系统工程，它不仅包括社会、经济、生态的因素，而且还包括用地性质、规模、类型等因素。为了保证栾川县矿山废弃地生态恢复工程的顺利进行，在此提出一些有针对性的保障措施。

(1) 完善法律法规体系

目前，栾川县在矿山废弃地生态恢复整治方面尚未建立完善的法律法规体系，因此，采矿废弃地的生态恢复应尽快纳入法制化管理，明确采矿企业在合理开发矿产资源的同时，也应担负起保护生态环境的重任。制定公平合理的行政管理责任认定办法以及矿山废弃地生态恢复管理的法规体系，做到有法可依，违法必究。

(2) 建立高效的管理机制

矿山废弃地的生态恢复是一个动态过程，在这一过程中，应当建立政府监督、公众监督、媒体监督、专家监督等共同监督的社会机制。在矿山开采前，应依据有关法律、资源情况，对开采后可能造成的生态破坏类型和程度，采矿企业的技术能力及生态恢复的经济能力等进行相应的风险评价，以达到提前预测的目的；在进行矿山废弃地生态恢复前，建立风险评价体系及治理工作必须达到的标准，并把其纳入各级部门政绩考核考评指标体系。

(3) 建立采矿全过程生态恢复机制

金属矿山从开采生产到闭矿各个阶段都会对生态环境产生或多或少的影响，但是就目前的情况来看，大多数企业都是在闭矿后才开始对废弃地进行生态整治与复绿，即“先破坏、后修复”。由于企业在矿山开采过程中用时较长，一些临时闲置或者已经没有利用价值的土地应当给予及时的生态恢复，这些地方均可以分阶段分步骤地进行生态治理和复绿，实现边生产边治理，这样可以极大地降低修复难度与费用，缩短恢复时间。对于采矿初期挖掘的山体表层土壤应当进行较好的隔离保存，并用于矿山废弃地的生态恢复治理。

(4) 多渠道资金投入

矿山废弃地生态恢复工程的实施需要花费大量资金，对于生态可持续发展全靠单方面的力量是无法实现的。因此，除了政府部门的筹资以外，还应当充分调动各方面的积极性，拓宽资金渠道，鼓励企业、公民及其他社会团体通过资助、捐赠等多种方式来筹措建设资金，争取建设资金来源多样化。

14.3 黄河下游滨河湿地的生态修复

14.3.1 小浪底大坝建设对沿岸湿地的影响

滨河湿地是指河流两侧的河漫滩和低湿地，被洪水周期性淹没，常年或间歇性积水。滨河湿地是河岸带的重要组成部分，与河流邻接，水陆界面特征更加典型，是陆地生态系统与河流生态系统进行能量、物质和信息交换的重要过渡带，边缘效应显著，生态系统结构、过程和功能独特，在维持生物多样性、能量与物质平衡、保护河流水质与区域生态安全等方面扮演着重要作用。滨河湿地有特殊的水文特征，具有调蓄洪水、涵养水分、调节气候、降解环境污染物和维持生物多样性等生态功能，被誉为“地球之肾”。湿地具有丰富的生产、生物资源，为人类提供大量的食物、原材料生产和旅游资源。在人类活动的干扰作用下，滨河湿地生态系统结构和生态过程遭到严重破坏，导致生态功能减弱，滨河湿地已经成为我国生态环境问题最为突出、经济发展和生态环境保护矛盾最为尖锐的地区之一。

河流建坝是人类活动影响河流生态系统的最典型形式之一，大坝建设在促进区域社会经济发展的同时，也产生了一定的负面影响，由此引发的诸如水文情势变化、生境的破坏等生态环境问题，影响了流域和区域的可持续发展。由于发电等经济效益的需要，大坝的蓄水和调洪降低了河流自然泛洪的频率和强度，沉积物流入下游受到阻碍，植物扎根和繁衍的栖息地遭到干扰，不利于下游滨河湿地植物群落的形成，同时水流调控和泥沙悬浮物的截留效应还影响下游河道的水沙特性，使湿地的水、沙及生物的补给规律发生变化从而改变坝下河岸带植物群落多样性。处于下游的湿地改变了河道累积合力，湿地动植物生境因上游来水量和频率的改变而遭到破坏，生态系统类型和结构发生了改变，由此引发的生态累积效应进一步导致了下游湿地面积的萎缩。

小浪底工程是治理黄河的关键水利工程，自建成以来在灌溉、防洪、减淤、发电等方面均取得了巨大的社会经济效益。与此同时，随着对洪水、泥沙的有效控制，引起下游滨河湿地化学、物理和生物过程的变化，河流两侧滩区尤其是滨河湿地的水文特征、植被、土地利用结构等也发生了一系列的显著变化，闸坝的控制改变了河流的自然季节流量模式，引起洪水频率、洪水峰值水位、沉积物输送、河岸地下水流动等一系列河流水文过程与特征的改变。滨河湿地与河流直接相邻、联系紧密，筑坝引起的河流水文情势变化，不可避免地会引发滨河湿地生态系统结构和生态过程的强烈变化，进而影响到水质保护、生物多样性维持等生态系统服务功能的正常发挥。如果不采取有效的生态保护措施，其造成的生态后果将是长期的、难以挽回的。

14.3.2　黄河滩区功能区划分

黄河干流两侧滩区水文条件存在显著差异，决定了两岸滩区功能区的划分也存在较大差异。根据黄河干流两侧滨河湿地水文交错带和生态修复关键地带的研究结果，将黄河干流两侧的滩区分别划分为 4 个功能区，即河床自然湿地（Ⅰ带）、生态修复关键地带（Ⅱ带）、水文交错地带（Ⅲ带）和河漫滩外围区域（Ⅳ带）（图 14－1）。

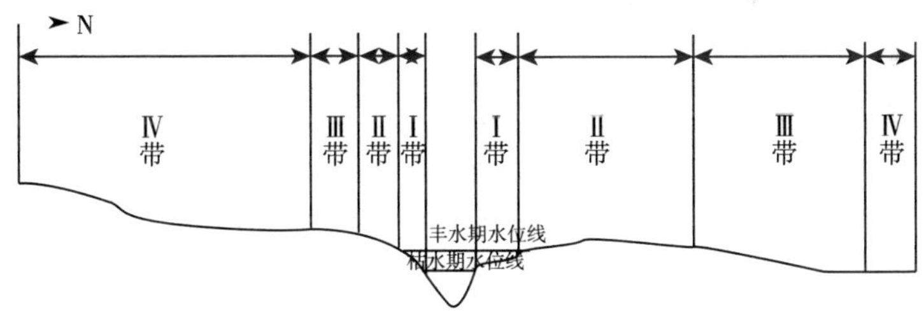

图 14－1　黄河滩区湿地分区示意图

黄河北岸，黄河主河道外侧的嫩滩及其河心洲，是鸟类和两栖类爬行动物等的主要栖息地和繁殖场所，该区域为典型滨河湿地的河床自然湿地，是湿地保护的核心区；距离河道 1 000 米左右的区域内地下水与河流联系非常紧密，应作为典型的滩区生态修复关键地带；距离河道 2 000 米左右的区域内地下水与河流联系较为紧密，为典型的滩区河流地下水的水文交错带；距离河岸 2 000 米以外的区域，地下水与河流的水力联系不明显，为河漫滩的外围区域。

黄河南岸，黄河主河道外侧的嫩滩与河心洲是鸟类和两栖类爬行动物等的主要栖息地和繁殖场所，为典型滨河湿地的河床自然湿地；距离河道200米左右的区域内地下水与河流联系非常紧密，应作为典型的滩区生态修复关键地带；距离河道400米左右的区域内地下水与河流联系紧密，为典型的滩区河流—地下水的水文交错带；距离河岸400米以外的区域，地下水与河流的水力联系不明显，为河漫滩的外围区域。

14.3.3 滨河湿地修复途径

(1) 河床自然湿地，建成湿地保护区

黄河主河道两侧的嫩滩、河心洲是鸟类和两栖类爬行动物等的主要栖息地和繁殖场所，生物多样性丰富。目前，黄河北岸高强度的农业开发利用使得大部分区域的农田直抵河岸，河水侵蚀河岸现象严重，每年沿岸滩区土地被河水冲蚀100米；黄河南岸河道外侧嫩滩仍零星保存着一部分自然湿地，主要为自然生长的湿生草本植物。该区域紧邻主河道，对农业非点源污染控制和河流水质保护具有重要意义，发挥了巨大的生态环境效益，因此，应该作为核心区严格保护，建成湿地保护区。首先，对该区域实施封禁，全面停止农业开垦行为，禁止河道挖沙、渔猎和旅游开发等人类活动的干扰。其次，保护或恢复湿地植物。一方面，对于残存的自然湿地，仍保持自然的植被状态，尤其是春季及夏初一些鸟类的繁殖期，要严格禁止人畜进入；另一方面，对于已经开垦的区域，应停止农业开垦，利用黄河自身的水文周期、植物种子资源及自然肥力，依靠自然的力量进行湿地的生态修复。在河床自然湿地植被保护和恢复的过程中，要在封禁地界放置醒目的标牌，植物生长期严格禁止人畜进入；植物生长末期可以允许周围社区居民有计划、有组织地适时收割芦苇等湿生植物，但严禁冬季烧荒和放牧。

(2) 生态修复关键地带，建成植被缓冲区

滨河湿地生态修复关键地带是黄河干流两侧滩区的一个地下水位浅且与河水水力联系非常密切的区域。研究结果表明，黄河北岸，距离河岸1 000米以内的区域为滨河湿地生态修复关键地带；黄河南岸，距离河岸200米以内的区域为滨河湿地生态修复关键地带。该区域土壤质地为砂性土，容重小，导水性强，保水保肥能力差，地表农耕活动肥料的利用率低，易流失造成河水污染。因此，该区域也应进行保护，禁止农业开发利用，并根据微地貌特征，进行合理的近自然湿地恢复，建成植被缓冲区。

河岸带植被通过固定、吸附、沉淀、铵化、硝化、反硝化和植被同化等作用，有效去除农田退水和暴雨径流中的氮、磷等营养物质，减少农业非点源污染、改善水环境质量，发挥着廊道、过滤器和屏障等多重作用。研究区为典型的河漫滩，耕地与河流间无缓冲带，在进行植物优化配置时，应遵循以乡土植物为主、适地适树和乔、灌、草相结合的原则与可行性原则。在充分考虑植被缓冲带功能的基础上，结合植被的生长特性，合理地进行该区域植被的配置。第一，在易塌岸的区域构建自然防护林带。黄河干流两侧滨河湿地易坍塌的地方可以合理种植人工林形成自然的防护林，能够起到护岸固堤的作用，也可以为大型鸟类提供栖息地，此外，还可以形成近自然的隔离带，从而减少和屏蔽耕作等人类活动的影响。防护林的林木以固土能力强、耐淹、耐旱、耐盐碱、耐瘠薄的深根乡土乔、灌木为主，乔木选择小叶杨和毛白杨等；湿地灌木选择柽柳、紫穗槐等。种植时要注意稀疏适中，以利于透盐性植物野艾蒿、油芒等以及野大豆等乡土野生草本植物衍生，并能够通过植物根系的提取和反硝化作用，达到对上游农业污染的屏蔽作用。两岸防护林的建设，可以防护河岸被河水冲刷侵蚀，增强了河岸的稳定性，也可以防止泥沙进入河道，避免发生水土流失，此外，两岸形成的绿色长廊也为鸟类和其他生物提供了觅食和繁衍的场所。第二，在防护林外侧构建灌、草结合的植被带。防护林外侧选择种植以灌、草为主的植物，一方面用于吸收流入湿地的大量营养物质；另一方面能够截留地表径流，从而使降水径流等地表水转化为地下水。植被缓冲带应种植耐水的湿地灌木，如柽柳、紫穗槐等，在水土流失较为严重的地带以紫穗槐种植为主，其他地带以柽柳种植为主。草本植物应选择芦苇、水烛和水蓼等乡土湿地植物，结合滩区微地貌特征，确定其合理的分布，在地势低洼和易积水处以水烛和水蓼种植为主，在缓丘则以芦苇种植为主。此外，可以撒播根系发达、固土能力强和耐淹耐旱的乡土植物草种，如狗牙根、牛鞭草和蔗草等。灌、草植被缓冲区的建设，增加了植被覆盖率，改善和提高了生态环境质量；从源头上保护和改善了河流水质，拦截了流入河流的污染物；此外，还能够将地表径流转化为片状流，从而提高了入渗量。第三，在河渠（入河）交汇处构建近自然人工湿地。农业排水沟渠是连接农田和河流水体的通道，不仅具有排水功能，而且具有人工湿地的生态功能，能够通过植物吸收、土壤吸附和生物降解等作用，降低进入下游水体中农业非点源污染物的含量，从而改善和保护河流水质。在河渠的交汇处应建成近自然的人工湿地，在充分考虑植被根系发达、茎叶茂盛、生物量大和耐污能力强的基础上，结合该区域土壤环境，在河岸种植乡土植物小叶杨、柳树等乔木进行固岸护坡；近水面种植芦苇、草等护坡植物；河道中种植挺水植物如芦苇和水烛。芦苇、水烛等挺水植物夏秋季生长旺盛，冬春季枯萎，在植物生长期能够有效地吸收流经水体中的氮、磷等农业非点源污染物；在冬季植物残体死亡后，组织周围社区居民进行有组织、有计划地收割，从而防止二次污染。此外，植物地上部分也为鸟类和昆虫等生物提供觅食和繁衍的场所。

(3) 滨河水文交错地带，建成人工湿地

滨河水文交错地带的地下水与河流水力联系较为密切。研究结果表明，黄河北岸，距离河岸1 000～2 000米的区域为滨河水文交错地带；黄河南岸，距离河岸200～400米的区域为滨河水文交错地带。该区域允许适度的人类活动，可以建成荷塘、鱼塘等人工湿地，但是应该尽量减少农业非点源污染，确保河流及地下水水质不受污染。荷塘和鱼塘是具有湿地的功能和属性的人工湿地，莲藕是当地社区居民在滩区种植的重要经济作物类型，鱼塘养殖也是滩区重要的土地利用类型，两者均是当地社区居民重要的经济来源，合理开发荷塘和鱼塘可以有效地改善当地社区居民的生活水平。种植莲藕在获取显著的经济效益的同时，还能够在其生长的过程中吸收大量的营养物质，从而减少氮磷等污染物对河流及地下水水质的影响。与农田相比，莲藕种植过程中人为管护相对较少，可以在一定程度上减轻人为干扰。鱼类养殖应遵循上层、中下层和底层鱼类放流相结合的原则，放养鲫鱼、鲤鱼、鲢鱼等土著鱼类，一方面，通过食物链达到净化水质的目的；另一方面，可以为鸟类等生物提供更多的食物资源。在植被缓冲区外围规划种植莲藕、适度规划发展鱼塘养殖，一方面可以照顾居民对自然资源利用的需求、稳定居民收入；另一方面，荷塘和鱼塘等人工湿地也为鸟类狭窄的河床湿地栖息地提供缓冲区、扩展区和觅食地，对维持湿地生物多样性具有一定的意义。

荷塘种植过程中禁止施用高致毒和高残留的农药，科学合理进行施肥，以减少农业非点源污染排放；鱼塘排放的废水营养物质丰富，对河流及地下水水质会产生一定的影响，应科学进行养殖，减少换水周期，排放的废水用于农作物或林地灌溉，禁止直接排入沟渠。

(4) 河漫滩外围区域，建成农作物种植区

旱地耕作是研究区社区居民的传统土地利用方式，完全禁止耕作是无法被接受的。因此，为照顾当地社区居民的意愿，在尽量减少农业面源污染排放的情况下，在滨河水文交错带之外的区域，允许当地社区居民适当开垦，建成农作物种植区。农业种植应以发展生态农业、观光农业为主，一定要严格规划和管理，建成现代的产业园区。在道路两侧可以种植瓜果、蔬菜等经济作物，建成果蔬种植产业园区；在其他土地资源丰富的区域种植品种优良的小麦和玉米等粮食作物。果树选用耐贫瘠、耐旱且经济效益好的品种，如核桃、西瓜、韩国梨等；蔬菜选择有观赏价值和可供采摘的番茄、黄瓜、丝瓜和茄子等。同时，对果蔬种植园区进行统一技术指导、统一供种、统一销售。黄河滩区现代农业的发展，一方面可以提高当地社区居民的经济收入，另一方面也为剩余劳动力提供了就业的机会，使当地社区居民在家门口打工成为“新常态”。目前，黄河滩区已经建设了部分果蔬种植园区，取得了比较好的效果。如温县黄河滩区种植了近 5 000 亩的核桃林，武陟县建设了近 2 000 亩滩区薄皮核桃基地、精品杂果基地，孟州市在黄河滩区建成了万亩无公害果品生产基地、千亩韩国梨生态示范园、3 000 亩速生核桃示范基地，在改善黄河滩区生态环境的同时，也提高了当地社区居民的经济收益。

农业种植应禁止种植棉花等病虫害高发作物，农田化肥施用量要科学合理，尽量减少农业非点源污染物的排放。农业种植过程中严禁施用高致毒、高残留农药，同时，滩区严禁毒杀、捕杀鸟类行为的发生，尽可能减少对湿地鸟类的影响。

(5) 适度发展生态旅游

湿地生态旅游是湿地生态保护走向良性循环发展的方向之一。上述植被缓冲区、荷塘种植和鱼塘养殖的人工湿地以及农作物种植区等可以适度规划，开展以湿地观鸟、徒步观光、荷塘荡舟、鱼塘垂钓和自然教育为主题的生态旅游，把黄河湿地建成以滨河景廊、水上活动区以及农业园区为主要功能区的特色旅游景区。

第一，在保护区外建设旅游服务接待处，做到区外服务、区内旅游。如建立观鸟的专卖商店，出售鸟饲料、照相及摄影设备及材料等。第二，将植被缓冲区和荷塘连成一片，建成以“荷塘月色”为主题的生态植物园，努力打造滨河景廊观光区，园区内的植物以本土植物为主，建设的过程中应体现风景林的特色，在提供科学研究和观赏的同时，也要为游客提供游憩活动项目以满足公众“回归自然”的愿望。第三，将荷塘和鱼塘等人工湿地建成水上活动区，开发荷塘荡舟、采摘莲蓬等休闲娱乐项目，建设水上垂钓中心，在每个鱼塘里搭建钓鱼台，鱼塘旁边建供休息的小木屋。第四，发展特色农业观光，开发以“采摘休闲、观光农业”为特色的游客参与性强的旅游产品。应根据市场需求生产具有观赏、食用等功能的特色瓜果和蔬菜。沿道路两侧建设具有观赏价值和采摘品尝参与性强的瓜果园和蔬菜园，如核桃园、梨园和黄瓜园、番茄园、丝瓜园等，根据各种瓜果蔬菜的成熟期，开展不同的采摘节，让游客可以在观赏到多种多样的瓜果蔬菜的同时，直接参与进来，充分体验农业生产的过程。

通过滨河湿地保护区、休闲渔业、特色农业观光等生态旅游产业的建设，逐步将黄河滩区打造成中原城市群的休闲旅游产业带，满足当地社区居民的经济诉求。如孟津湿地保护区目前已开发的“黄河荷花风景区”，每年举办一次的“洛阳会盟荷花节”以及开发的湿地观鸟、荷塘荡舟、采摘莲蓬、鱼塘垂钓等旅游项目收益呈逐年增长趋势。生态旅游的发展，在满足当地社区居民经济利益和就业需求的同时，也很大程度上减少了其对湿地资源的依赖，实现了真正意义上的湿地保护。

15　新时期国土空间整治的体制机制创新

15.1　整治制度创新

15.1.1　制度创新的原则

国土空间整治走向生命共同体建设，是一种新的范式和方向，应注意制度创新。具体来说，必须围绕生命共同体建设的价值取向，坚持必要的基本准则，坚持国土空间整治制度创新。

（1）更有利于满足人的综合需求

生命共同体建设的本质是构建人与自然和谐的新型关系。因此，国土空间整治制度创新要更有利于满足人类基本的生产生活需求，包括基础设施、食物供给、交通运输、人身安全；保证自然动植物的生存环境，不随意侵占生物生存空间；不污染任何陆地、水域、空气环境。同时，整治过程中能够关注物质资源的稀缺性，只采用最少的、所必需的工程措施。

（2）更有利于生态空间实行有机整合

制度创新要更加关注人、动物、植物、环境等生命共同体中各方角色的有机整合。要从更高层级上探寻人与自然的和谐共存。以鸟类生息环境的生命共同体建设为例，国土空间整治制度创新要有利于土地利用空间、水资源利用空间、地形地貌空间、森林树种空间、鸟类食物链空间等在一个复杂组合状态之下的环境构造。

（3）更有利于社会空间扎根本土历史

生命共同体建设需要扎根本土历史风俗，助力文化传承，平衡本土历史风俗与其他社会文化的相互碰撞，发扬社会公众参与理念，致力于人与人、人与社会的友好和安定，构建与自然和谐并实现可持续发展的社会空间。它需要把一个区域的文脉、历史、文化、邻里和社区的物质形式当作一个活的生命来对待，当作一种文化的形式和一种文化体系来对待，而且要根据它的生命和文化以及生存状态来进行维护、保持、整治、发展和更新。因此，国土空间整治制度创新的指导原则是以自然复原为基础的文化复兴，是一种在理论框架下“上善若水”的建设理念和“格式塔”式的社会自然复合系统设计。

(4) 更有利于精神空间实现生命的共生

生命共同体建设需要在同步完善物质需要、景观美学、自然生态、社会文明的基础上，打造城乡的精神风貌，使其具有文化象征性：丰饶的自然景象，易辨别的地理环境，表现区域特征的人文景观，令人能够联想到与当地历史文化风俗有关的物质或非物质符号。创新国土空间整治制度的重要方向和准则，就是要有利于社区文化保护、调和与创造的平衡，有利于后现代主义场景建设，使国土空间整治助推生命共同体建设成为人们的一种意识、思维和宗旨，并融入其中成为其生命的组成部分。

15.1.2 制度创新的路径方案

国土空间整治之所以要走向生命共同体建设，最根本是为了更好地解决人类发展的长远利益与眼前利益之间的矛盾。要实现这一目标，制度创新的路径必须找到一个既考虑激进和保守，又适合大多数人的方案。否则，任何过于激进或者保守的选择，都不利于国土空间整治走向生命共同体建设。

(1) 改善生命共同体建设的硬环境

要从有利于生命共同体建设的角度，从强制性制度、选择性制度和引领性制度三个不同维度，改善国土空间整治的公共行政、规划设计、权益保障、资金融通、工程建设、运营平台、奖惩政策和赏罚制度，改善有利于制度创新的实施机制，包括激励约束机制、社会参与机制、学习创新机制等。比如，改善当下的耕地占补平衡制度，走向产能占补平衡和生态占补平衡的制度创新，就是改善生命共同体建设硬环境的重要举措。国土空间整治硬环境改善的主要责任人是政府及其相关组织。

(2) 改善生命共同体建设的软环境

所谓软环境主要是指社会文化，包括价值体系、道德标准、评价标准、赏罚标准、舆论环境和教育环境。软环境改善的核心思想是生命文化，这是一种介于纯粹的自然主义和沉底的理性主义之间的新型文化。它需要重新拟定国土空间整治的思想主旨和指导原则，并据此修改国土空间整治的各种教科书、技术标准、政府规章、验收评价体系和道德伦理意识。国土空间整治软环境改善的主要责任人应该是广泛的联盟，包括政府、社团、学校、媒体等。

(3) 改善人的意义世界和精神品格

与软硬环境的强力建设和推行不同，改善人的心智和内心世界是一个更加需要长期坚持的世纪工程。比如对生态时间的经验，是农民对自然的皈依，他们因此融入自然，就像农作物一样；而且农民的身体节奏，也在很大程度上受生态时间的支配。国土空间整治走向生命共同体建设，需要人“为天地立心”，需要对全部生命和非生命的关怀，需要强化“绿水青山就是金山银山”的意义世界，需要内化尊重自然、顺应自然和保护自然的精神品质。在这一进程中，我们不仅需要传统文化，更需要建构文化传统。

15.2　整治组织创新

15.2.1　建立完善共同责任机制

坚持国土空间整治政府负总责，建立完善政府领导、部门合作、上下联动、公众参与的工作机制，进一步明确各级政府及其组成部门职责分工，各有侧重、形成合力，共同推进国土空间整治工作。

15.2.2　强化国土空间整治规划效力

严肃规划目标任务的约束力，严格按照规划确定的目标和任务，科学安排年度计划和重点任务，确保国土空间整治按照规划目标和任务有序推进。强化规划在国土空间整治活动中的核心地位，国土空间整治项目立项审批必须依据国土空间整治规划，各类国土空间整治活动必须符合国土空间整治规划，确保国土空间整治活动按照规划明确的目标方向有序开展。

15.2.3　加强国土空间整治责任考核

根据各地区目标任务和各部门职责权限，科学分解国土空间整治规划任务，对国土空间整治规划确定的任务落实情况实施目标管理和考核评价。目标管理和考核评价结果计入各部门和各地相关考核项，作为政府督查和组织人事考核依据。

15.3　规划体系创新

中共中央关于《深化党和国家机构改革方案》提出组建自然资源部，由其统一行使所有国土空间用途管制和生态保护修复职责，建立空间规划体系并监督其实施，这是推进国家治理体系和治理能力现代化的重要举措，同时也是“绿水青山就是金山银山”发展理念的重要体现。

15.3.1 构建刚性-弹性结合的规划体系

我国的政治体制和经济发展阶段决定了我国的空间规划体系是垂直型结构，即国家、省、县三级联控型空间规划体系。构建垂直型的空间规划体系需要根据改革方案的要求统筹国家国土资源用途管制和生态修复职责，建立刚性管控与弹性布局相结合的体系。这不仅是落实国家深化改革方案的体现，也是空间规划体系的重要着力点。其中，刚性管控主要管控生态控制区和区域性基础设施的用地界限，对于重大基础设施和重大民生保障项目的用地变动，须报原审批机关批准。弹性布局方面，一方面在总用地规模不变的前提下，可适当调整建设用地的边界，增强总用地面积的使用弹性；另一方面，对于一些重点更新区、城乡接合部用地功能不明确的地块，可适当留白，待开发条件成熟再确定用地的功能。对于一些在城镇开发边界的复合区域地块，也实施弹性动态管理，符合生态农业转换规则的地块可以在条件符合后，通过综合整治实现地块功能的转换。

15.3.2 明确“三区三线”管控重点

空间规划领域的深化改革使得对“三区三线”的界线划定及重点管控成为当下社会各界关注的重点议题。尤其是垂直型的空间规划体系，更是要求空间规划体系的构建要明确“三区三线”的管控重点，实施分级分类的差异化管控策略。针对生态控制区内的用地，要严格控制生态区的新增建设用地项目，并规定开发的强度为低度，推进生态区用地减量化。另外，由于各地的保护重点和发展目标不同，各地“三区三线”的划分重点也不一样，所以，允许各地划分具有当地特色的“三区三线”。空间规划体系须促进城乡接合部地区与集中建设区的建设；推动集中建设区新增用地与绿化隔离地区低效用地减量捆绑挂钩，强化土地资源、实施成本、收益分配和实施监管统筹管理。通过梳理各类保护法、保护条例、各类规划管控条例中对人类行为的管控措施，基于各分区的主体功能，制定空间规划重点管控措施，结合空间开发强度，管控三类空间、六类分区。

15.3.3 搭建“智慧空间”的基础平台

国家治理的现代化要求空间规划体系充分利用当前的信息平台，搭建数据共享的“智慧空间”基础平台，实现空间规划数据的共享。首先，借助当前已有的数据库，整合国家、省、市、县、乡五级规划体系的空间数据信息，统一多规环境下的空间数据精度；其次，划分建设用地、农用地等各类用地的空间管制区，对各管制区的数据进行整合，构建多尺度、可叠加、精度高的空间管制区信息库，以备空间规划总数据平台信息共享；再次，充分利用最新的土地更新现状数据，辅助利用地理国情数据，打造“智慧型”的规划信息管理平台；然后，构建包含多个规划图层的在线共享、交叉融合的空间规划智能数据库，将建设用地、交通、市政、农林等多个层次的用地数据叠加在一起，使空间规划数据在“一张图”上显示，便于智能地调取各种层面的数据；最后，将专家知识库也融入“智慧空间”基础信息平台。在构建“智慧国土”信息平台的基础上，考虑将不同层面、不同行业的专家知识库嵌入共享数据库中，以备为空间规划的变动提供多角度的专业决策支持。

推进山水林田湖草生命共同体建设，是人类存在本身的内在价值，完成生命共同体的化育和建设，是人类的历史选择和神圣天职。事实上，国土空间整治走向生命共同体建设不仅是为人类自身，也为其他生活在地球上的生命，我们有保护和恢复自然环境的义务。生命共同体意义上的国土空间整治原则，是承认人类并不是生活在这个星球上的唯一物种，其他的物种也具有与生俱来的价值。之所以要推进国土空间整治走向生命共同体建设，基本理由有两个：一是人与自然平等共享，二是确保未来的发展能力。

因此，未来的国土空间整治，必须走向建设山水林田湖草生命共同体的东方文明，以“共”为起点，以“生”为核心，寻找新的国土空间整治技术原理、发展新的国土空间整治技术形态、构建新的国土空间整治技术实现方式、改革完善国土空间整治机制和体制，实现“物我共生”和人与自然和谐发展，营造生命生存繁衍的“桃花源”。

参 考 文 献

鲍星羽，2019. 基于城市品质提升的存量低效用地再开发方案研究［D］. 杭州：浙江大学.

毕凌岚，刘毅，钟毅，2017. 多方互动的乡村营建中乡规民约作用机制研究［J］. 城市规划（12）：82－89.

曹海林，2005. 村落公共空间演变及其对村庄秩序重构的意义——兼论社会变迁中村庄秩序的生成逻辑［J］. 天津社会科学（6）：61－65.

曹帅，金晓斌，韩博，等，2018. 从土地整治到国土综合整治：目标、框架与模式［J］. 土地经济研究（2）：133－151.

曹宇，王嘉怡，李国煜，2019. 国土空间生态修复：概念思辨与理论认知［J］. 中国土地科学，33（7）：1－10.

陈荣蓉，叶公强，杨朝现，等，2009. 村级土地利用规划编制［J］. 中国土地科学，23（3）：32－36.

陈蔚珊，柳林，梁育填，2016. 基于POI数据的广州零售商业中心热点识别与业态集聚特征分析［J］. 地理研究，35（4）：703－716.

陈锡文，2018. 实施乡村振兴战略，推进农业农村现代化［J］. 中国农业大学学报（社会科学版），35（1）：5－12.

丁凡，伍江，2017. 城市更新相关概念的演进及在当今的现实意义［J］. 城市规划学刊（6）：87－95.

段亚明，刘勇，刘秀华，等，2018. 基于POI大数据的重庆主城区多中心识别［J］. 自然资源学报，33（5）：788－800.

段亚明，刘勇，刘秀华，等，2019. 基于宜出行大数据的多中心空间结构分析——以重庆主城区为例［J］. 地理科学进展，38（12）：1957－1967.

范胜龙，杨玉珍，陈训争，等，2016. 基于PSR和无偏GM（1，1）模型的福建省耕地生态安全评价与预测［J］. 中国土地科学，30（9）：19－27.

傅建春，王锐，叶鹏飞，2016. 河南省采矿区土地复垦分区与整治策略［J］. 测绘科学，41（8）：76－81.

高晓琴，姜姜，张金池，2008. 生态河道研究进展及发展趋势［J］. 南京林业大学学报（自然科学版），32（1）：103－106.

郭蕊蕊，2018. 河南省农田生态安全评价与整治分区研究［D］. 郑州：河南农业大学.

郭亚东，何长元，任辉，2018. 尺度变化与村级土地利用规划成果空间数据表达［J］. 国土资源科技管理，35（4）：71－80.

韩贵峰，孙忠伟，2018. 城乡规划 GIS 空间分析方法［M］. 北京：科学出版社.

河南统计年鉴委员会，2015—2019. 河南统计年鉴［M/OL］. http：//www.henan.gov.cn/zwgk/zfxxgk/fdzdgknr/tjxx/tjnj/.

贺建军，张维维，2014. 我国县域城市品质评价指标体系构建与实际测度——以浙江省慈溪市为例［J］. 现代城市研究（2）：9-14.

贺雪峰，2017. 谁的乡村建设——乡村振兴战略的实施前提［J］. 探索与争鸣（12）：71-76.

贺勇，孙佩文，柴舟跃，2012. 基于“产、村、景”一体化的乡村规划实践［J］. 城市规划，36（10）.

黄晓星，郑姝莉，2015. 作为道德秩序的空间秩序——资本、信仰与村治交融的村落规划故事［J］. 社会学研究（1）：190-214.

贾文涛，2013. 以生态文明理念为引领大力推进国土综合整治——党的十八大报告学习体会［J］. 中国土地（2）：26-27.

黎斌，贺灿飞，黄志基，等，2017. 城镇土地存量规划的国际经验及其启示［J］. 现代城市研究（6）：39-46.

李爱民，袁浚，2018. 国外城市更新实践及启示［J］. 中国经贸导刊（27）：61-64.

李春晖，郑小康，牛少凤，等，2009. 城市湿地保护与修复研究进展［J］. 地理科学进展，28（2）：271-279.

李玲，侯淑涛，赵悦，等，2014. 基于 P-S-R 模型的河南省土地生态安全评价及预测［J］. 水土保持研究，21（1）：188-192.

李鹏山，2017. 农田系统生态综合评价及功能权衡分析研究［D］. 北京：中国农业大学.

李天虎，陈春，孙阳，等，2019. 城镇存量低效用地再开发模式选择路径研究——以重庆市江北区为例［J］. 重庆工商大学学报（自然科学版），36（1）：90-96.

李文越，李昊，张悦，2017. 北京乡村产业发展困境和规划应对——以柳庄户村为例［J］. 小城镇建设（1）：41-47.

李宪文，2012. 城乡统筹的村级土地利用规划基本问题研究［J］. 中国土地科学（1）：67-70.

林祖锐，刘婕，杨冬冬，等，2016. 整合与重构：偏远山区系统乡建的规划应对——以阜平县寿长寺等 4 村搬迁整合规划为例［J］. 建筑学报（8）：74-78.

刘朝晖，2017. 村落保护的空间规划与文化价值重构［J］. 浙江大学学报（人文社会科学版），47（5）：118-128.

刘晓丽，2016. 基于河南省国土资源“十三五”规划的土地整治模式研究［J］. 安徽农业科学，44（21）：179-181.

刘新卫，杨磊，梁梦茵，2013. 土地整治工作促进美丽中国建设［J］. 中国发展，13（6）：81-85.

刘新卫，2015. 构建国土综合整治政策体系的思考［J］. 中国土地（11）：43-45.

刘彦随，2018. 中国新时代城乡融合与乡村振兴 [J]. 地理学报，73 (4)：637 - 650.

马存琛，华钰蓉，陆明华，2019. 基于生态发展角度的乡村景观研究进展 [J]. 江苏林业科技，46 (1)：49 - 52.

裴欢，魏勇，王晓妍，等，2014. 耕地景观生态安全评价方法及其应用 [J]. 农业工程学报，30 (9)：212 - 219.

戚荣昊，杨航，王思玲，等，2018. 基于百度 POI 数据的城市公园绿地评估与规划研究 [J]. 中国园林，34 (3)：32 - 37.

乔小雨，陈龙乾，余纪云，等，2010. 经济快速发展时期城镇土地利用存在的问题与对策——以河南省为例 [J]. 决策探索（下半月）(4)：22 - 25.

秦端羚，2015. 城市规划与土地利用规划协调发展途径——以重庆市涪陵区为例 [J]. 规划师，31 (S1)：49 - 51，61.

邱士可，熊长喜，2018. 河南省地理国情蓝皮书（2018 版）[M]. 北京：测绘出版社.

全石琳，司锡明，冯兴祥，1985. 河南省综合自然区划 [M]. 郑州：河南科学技术出版社.

申端锋，2006. 二十世纪中国乡村治理的逻辑：一个导论 [J]. 华中科技大学学报（社会科学版）(4)：103 - 109.

宋泽，2014. 矿业废弃地再利用策略研究 [D]. 天津：天津大学.

孙晓兵，孔祥斌，温良友，等，2019. 华北集约化农区耕地细碎化特征及其整治模式研究——以河北曲周为例 [J]. 农业现代化研究，40 (4)：556 - 564.

汤景明，翟明普，付林胜，2012. 森林植被恢复研究进展 [J]. 湖北林业科技 (3)：35 - 39.

唐迎迎，高瑜，毋瑾超，等，2018. 海岸带生境破坏影响因素及整治修复策略研究 [J]. 海洋开发与管理，35 (9)：57 - 61.

王丰涛，2011. 1931—1936 年河南省土地整理考察 [D]. 开封：河南大学.

王国强，2016. 河南自然条件与资源 [M]. 北京：商务印书馆.

王景新，支晓娟，2018. 中国乡村振兴及其地域空间重构——特色小镇与美丽乡村同建振兴乡村的案例、经验及未来 [J]. 南京农业大学学报（社会科学版），18 (2)：17 - 26，157 - 158.

王磊，孙君，李昌平，2013. 逆城市化背景下的系统乡建——河南信阳郝堂村建设实践 [J]. 建筑学报 (12)：16 - 21.

王世东，2010. 河南省煤矿塌陷地复垦模式研究 [J]. 矿业研究与开发，30 (4)：81 - 83，100.

王威，胡业翠，2020. 改革开放以来我国国土整治历程回顾与新构想 [J]. 自然资源学报，35 (1)：53 - 67.

王威，贾文涛，2019. 生态文明理念下的国土综合整治与生态保护修复 [J]. 中国土地 (5)：29 - 31.

王亚迪，左其亭，刘欢，等，2018. 河南省水土资源匹配特征及均衡性分析 [J]. 人民黄河，40 (4)：59-63，68.

王振坡，张安琪，王丽艳，2019. 德国城市更新之镜鉴 [J]. 团结 (5)：32-35.

魏克循，1995. 河南土壤地理 [M]. 郑州：河南科学技术出版社.

温焕铃，华璀，卢远，2020. 龙州县“小块并大块”土地整治扶贫新模式 [J]. 现代农业科技 (2)：261-264.

吴大放，刘艳艳，刘毅华，等，2015. 耕地生态安全评价研究展望 [J]. 中国生态农业学报，23 (3)：257-267.

吴诗嫚，叶艳妹，林耀奔，2019. 德国、日本、中国台湾地区多功能土地整治的经验与启示 [J]. 华中农业大学学报 (社会科学版) (3)：140-148，165-166.

吴宇哲，许智钇，2019. 休养生息制度背景下的耕地保护转型研究 [J]. 资源科学，41 (1)：11-24.

夏剑琴，2018. 村级土地利用规划编制研究——基于广州市的实践 [J]. 当代经济 (9)：96-99.

肖春艳，2015. 小浪底大坝下游滨河湿地退化特征及修复途径研究 [D]. 焦作：河南理工大学.

徐保根，赵建强，薛继斌，等，2012. 村级土地规划中的农村居民点用地方式适宜性评价 [J]. 中国土地科学 (1)：27-31.

杨静，2004. 英美城市更新的主要经验及其启示 [J]. 中国房地信息 (11)：60-62.

杨振山，龙瀛，Nicolas Douay，2015. 大数据对人文—经济地理学研究的促进与局限 [J]. 地理科学进展，34 (4)：410-417.

尹珂，肖轶，2011. 村级土地利用情景决策系统及其应用 [J]. 中国生态农业学报，19 (3)：704-711.

余亦啸，2015. 城镇低效用地再开发研究 [D]. 长沙：湖南农业大学.

俞孔坚，李迪华，韩西丽，等，2006. 新农村建设规划与城市扩张的景观安全格局途径——以马岗村为例 [J]. 城市规划学刊 (5)：38-45.

禹文豪，艾廷华，2015. 核密度估计法支持下的网络空间 POI 点可视化与分析 [J]. 测绘学报，44 (1)：82-90.

郧文聚，宇振荣，2011. 土地整治加强生态景观建设理论、方法和技术应用对策 [J]. 中国土地科学，25 (6)：4-9，19.

郧文聚，宇振荣，2011. 中国农村土地整治生态景观建设策略 [J]. 农业工程学报，27 (4)：1-6.

张宁波，2014. 山水·田园·人居——井冈山市茅坪新村建设规划 [J]. 规划师 (2)：66-72.

张强，张怀超，刘占芳，2018. 乡村振兴：从衰落走向复兴的战略选择 [J]. 经济与管理，32 (1)：6-11.

张秋霞，张合兵，刘文锴，等，2017. 新郑市耕地生态安全动态预警研究［J］. 水土保持研究（1）：256－264.

张锐，刘友兆，2013. 我国耕地生态安全评价及障碍因子诊断［J］. 长江流域资源与环境，22（7）：945－951.

张漪，田朋朋，王鹏飞，2017. 洛阳栾川县矿山废弃地生态恢复对策研究［J］. 环境影响评价，39（3）：89－93.

中国国土资源报，2018. 自然资源部耕地保护司负责人解读《关于严格核定土地整治和高标准农田建设项目新增耕地的通知》［J］. 国土资源，201（4）：40－41.

朱道林，杨邦杰，郧文聚，等，2017. 中国乡村发展的土地资源基础与制度保障［J］. 中国发展（2）.

邹戴丹，2014. 城镇低效用地再开发路径研究［D］. 上海：华东政法大学.

图书在版编目（CIP）数据

新时期河南省国土空间整治路径与实践／陈伟强等著．—北京：中国农业出版社，2021.3
ISBN 978-7-109-27902-5

Ⅰ.①新… Ⅱ.①陈… Ⅲ.①国土整治—研究—河南 Ⅳ.①F127.61

中国版本图书馆 CIP 数据核字（2021）第 022878 号

中国农业出版社出版
地址：北京市朝阳区麦子店街 18 号楼
邮编：100125
责任编辑：潘洪洋
版式设计：杜 然 责任校对：沙凯霖
印刷：北京中兴印刷有限公司
版次：2021 年 3 月第 1 版
印次：2021 年 3 月北京第 1 次印刷
发行：新华书店北京发行所
开本：700mm×1000mm 1/16
印张：16
字数：270 千字
定价：58.00 元
